女光明年貳拾歲

男明鎰年叁拾伍歲

男思旺年貳拾貳歲　白丁

男明孝年貳拾肆歲　白丁

敦煌社會歷史文獻釋録第一編

策劃、主編：郝春文

英藏敦煌社會歷史文獻釋録

第六卷

郝春文、趙貞編著

助編：劉屹

SSAP
社會科學文獻出版社
SOCIAL SCIENCES ACADEMIC PRESS (CHINA)

本書第六卷　係

國家社會科學基金項目（第二期）

上海市哲學社會科學規劃重大課題

本書出版得到國家古籍整理出版專項經費資助

敦煌社會歷史文獻釋録

凡例

一　本書係大型文獻圖集《英藏敦煌文獻》的文字釋録本。其收録範圍、選擇内容均與上書相同。但增收該書漏收的部分佛教典籍以外文獻；對於該書未收的佛經題記，因其具有世俗文書性質，亦予增收；對於該書所收的部分佛經，本書則予以剔除。凡屬增收、剔除之文書，均作説明。

二　本書的編排順序係依收藏單位的館藏編號順序排列。每號文書按正背次序排列，背面以『背』（V）表示。文書正背之區分均依文書原編號。發現原來正背標錯的情况，亦不改動，但在校記中加以説明。

三　凡一號中有多件文書者，即依次以件爲單位進行録校。在每件文書標題前標明其出處和原編號碼。

四　每件文書均包括標題、釋文兩項基本内容；如有必要和可能，在釋文後加説明、校記和有關研究文獻等内容。

五　文書的擬題以向讀者提供儘量多的學術信息爲原則，凡原題和前人的擬題符合以上原則者，即行採用；不符者則重新擬題。

六　凡確知爲同一文書而斷裂爲兩件以上者，在校記中加以説明；若能直接綴合，釋文部分將徑録綴合後的釋文。

七　本書之敦煌文獻釋文一律使用通行繁體字釋録。釋文的格式採用兩種辦法，對有必要保存原格式的文書，以忠實原件、反映文書的原貌爲原則，按原件格式釋録；没有必要保存原格式的文獻，則採用自然行釋録。一件文書寫於另一件文書行間者，分别釋録，但加以説明。保存原格式的文書，原文一行排不下時，移行時比文書原格式低二格，以示區别。

八　釋文的文字均以原件爲據，適當吸收前人的研究成果。如已發表的釋文有誤，則徑行改正，並酌情出校。

九　同一文書有兩種以上寫本者，釋録到哪一號，即以該號中之文書爲底本，以其他寫本爲參校本；有傳世本者，則以寫本爲底本，以傳世本爲參校本。

一〇　底本與參校本内容有出入，凡底本中之文字文義可通者，均以底本爲准，而將參校本中之異文附於校記，以備參考。若底本有誤，則保留原文，在錯誤文字下用（　）注出正字；如底本有脱文，可據他本和上下文義補足，但需將所補之字置於〔　〕内；改、補理由均見校記。

一一　原件殘缺，依殘缺位置用（前缺）、（中缺）、（後缺）表示。因殘缺造成缺字者，用

□表示，不能確知缺幾個字的，上缺用［　　］表示，中缺用［　　］表示，下缺用［　　］表示，一般佔三格，但有時爲了保持原文格式，可適當延長，視具體情況而定。

一二　凡缺字可據别本或上下文義補足時，將所補之字置於□内，并在校記中説明理由；原文殘損，但據殘筆劃和上下文可推知爲某字者，徑補；無法擬補者，從缺字例；字跡清晰，但不識者照描，在該字注以『(？)』，以示存疑；字跡模糊，無法辨識者，亦用□表示。

一三　原書寫者未書完或未書全者，用『(以下原缺文)』表示。

一四　原件中的俗體、異體字，凡可確定者，一律改爲通行繁體字；有些因特殊情況需要保留者，用（）將正字注於該字之下。

一五　原件中的筆誤和筆劃增減，逕行改正；出入較大的保留，用（）在該字之下注出正字，并在校記中説明理由。

一六　原件中的同音假借字照録，但用（）在該字之下注出本字。

一七　原件有倒字符號者，徑改；有廢字符號者，不録；有重疊符號者，直接補足重疊文字；均不出校。有塗改、修改符號者，只録修改後的文字；不能確定哪幾個字是修改後應保留的，兩存之。有塗抹符號者，能確定確爲作廢者，不録；不能確定已塗抹的

文字，則照録。原寫於行外的補字，徑行補入行內；不能確定補於何處者，仍照原樣録於夾行中。

一八　原件中的衍文，均保留原狀，但在校記中注明某字或某字至某字衍，並説明理由。

一九　文書中的朱書和印跡，均在説明中注明。

二〇　本書收録與涉及的敦煌文獻，在標明其出處時，使用學界通用的略寫中文詞和縮寫英文詞，即：

『斯』：倫敦英國國家圖書館藏敦煌文獻斯坦因（Stein）編號

『北敦』：北京中國國家圖書館藏敦煌文獻編號

『Ch BM』：倫敦英國國家博物館藏敦煌絹紙畫編號

『Ch IOL』：倫敦英國印度事務部圖書館藏敦煌文獻編號

『S.P』：倫敦英國國家圖書館藏敦煌文獻木刻本斯坦因（Stein）編號

『伯』：巴黎法國國立圖書館藏敦煌文獻伯希和（Pelliot）編號

『Дх.』：聖彼德堡俄羅斯聯邦科學院東方學研究所聖彼德堡分所藏敦煌文獻編號

『Ф.』：聖彼德堡俄羅斯聯邦科學院東方學研究所聖彼德堡分所藏敦煌文獻弗魯格（Флуг）編號

目録

斯一四四一背

斯一三八一　華嚴經卷第卌六題記

釋文

紙廿四張〔一〕。

說明

此件《英藏敦煌文獻》未收，現予補録。

校記

〔一〕『廿』，《敦煌遺書總目索引》、《敦煌遺書總目索引新編》均釋作『四十』，誤；『四』，《敦煌遺書總目索引》、《敦煌遺書總目索引新編》釋作『二』，誤。

參考文獻

Descriptive Catalogue of the Chinese Manuscripts from Tunhuang in the British Museum, London, 1957, p.42（録）；《敦煌遺書總目索引》一三六頁；《敦煌寶藏》一〇冊，三五一頁（圖）；《敦煌遺書總目索引新編》四一頁（録）。

斯一三八六　孝經一卷并序

釋文

（前缺）

篡弑由生〔一〕。皇靈哀末代之黔黎〔二〕，□□□□□□；故命孔子〔三〕，使述六藝〔四〕，以待明主〔五〕。有飛鳥遺文書於魯門云〔六〕：秦滅法，孔經存。□□□□□□，□□□□。魯哀公十一年〔七〕，自衛皈魯〔八〕，修《春秋》〔九〕，□□□□□□□，定禮樂〔一〇〕。教於洙泗之間〔一一〕，□□□□□□□□，受業身通達者七十二人〔一二〕。唯有弟子曾參有至孝之性〔一三〕，故因閑居之中〔一四〕，爲説孝之大理〔一五〕。□□□□，□□□□。

夫孝者〔一六〕，蓋三才之經緯，五行之綱紀〔一七〕。若無孝則三才不成〔一八〕，五行愆序。是以在天則曰至德，在地則曰慜德，施之於人則曰孝德。故下文言：夫孝者，天之經，地之義，人之行，三德同體而異名〔一九〕。蓋孝之殊途，經者不易之稱，故曰孝經。

開宗明義章弟（第）一　仲尼居，曾子侍。子曰：先王有至德要道，以順天下，民用和睦，上下無怨。汝之（知）知（之）乎〔二〇〕？曾子避席曰：參不敏，何足以知之？子曰：夫孝，德之

本〔二一〕，教之所由生〔二二〕。復坐，吾語汝。身體髮膚，受之父母，不敢毀傷，孝之始也。立身行道，揚名於後世，以顯父母，孝之終也。夫孝，始於事親，終（中）於事君，終於立身。《大雅》云：無念爾祖生〔二三〕，聿脩厥德。

天子章弟（第）二　子曰：愛親者，不敢惡於人；敬親者，不敢慢於人。愛敬盡於事親，而德教加於百姓，刑于四海。蓋天子之孝也。《甫刑》云：一人有慶，兆人賴之〔二四〕。

諸侯章弟（第）三　在上不驕，高而不危。制節謹度，滿而不溢。高而不危，所以長守貴〔二五〕；滿而不溢，所以長守富〔二六〕。富貴不離其身，然後能保其社稷，而和其人民〔二七〕。蓋諸侯之孝也。《詩》云：戰戰兢兢，如臨深淵，如履薄冰。

卿大夫章弟（第）四　非先王之法服不敢服，非先王之法言不敢道，非先王之德行不敢行。是故非法不言，非道不行，口無擇言，身無擇行。言滿天下無口過；行滿天下無怨惡。三者備矣，然後能守其宗廟。蓋卿大夫之孝也。《詩》云：夙夜匪解（懈）〔二八〕，以事一人。

士人章弟（第）五〔二九〕　資於事父以事母而愛同，資於事父以事君而敬同。故母取其愛，而君取其敬。兼之者父也。故以孝事君則中（忠）〔三〇〕，以敬事長則順。忠順不失，以事其上〔三一〕，然後能保其祿位，而守其祭祀。蓋士人之孝也〔三二〕。《詩》云：夙興夜寐，無念爾所生〔三三〕。

庶人章弟（第）六　用天之道，分地之利。謹身節用，以養父母。此庶人之孝也。故自天子

至於庶人，孝無終始，而患不及己者〔三四〕，未之有也。

三才章弟（第）七　曾子曰：甚哉！孝之大也。子曰：夫孝，天之經〔三五〕，地之義〔三六〕，人之行〔三七〕。天地之經，而民是則之。則天之明，因地之利，以順天下。是以其教不肅而成，其政不嚴而治。先王見教之可以化民也〔三八〕。是故先之以博愛，而民莫遺其親；陳之以德義〔三九〕，而民興行。先知（之）以敬讓〔四〇〕，而民不争；道（導）之以禮樂〔四一〕，而民和睦；示之以好惡，而民之（知）禁〔四二〕。《詩》云：赫赫師尹，人具爾瞻〔四三〕。

孝利（治）章弟（第）八〔四四〕　子曰：昔者名（明）王之以孝治天下〔四五〕，不敢遺小國之臣，而況於公、侯、伯、子、男乎？故得萬國之觀（歡）心〔四六〕，以事其先王。治國者，不敢侮於鰥寡，而況於士民乎〔四七〕？故得百姓之歡心〔四八〕，以事其先君。治家者，不敢失於臣妾之心〔四九〕，而況於妻、子乎！故得人之歡心〔五〇〕，以事其親。夫然，故生則親安之，祭則鬼享之〔五一〕。是以天下和平，災害不生，福禍亂不作〔五二〕。故明王之以孝治天下如此〔五三〕。《詩》云：有覺德行，四國順之。

聖治章第九　曾子曰：敢問聖人之得（德）〔五四〕，無以加於孝乎？子曰：天地之姓（性）〔五五〕，人〔最〕爲貴〔五六〕。人之行，莫大於孝，孝莫大於嚴父，嚴父莫大於配天，則周公其人也。昔者周公郊祀后稷以配天，宗祀文王於明堂，以配上帝。是以四海之内，各以其職來助祭〔五七〕。夫聖人之德，又何〔以〕加於孝乎〔五八〕？故親生之膝下，以養父母曰嚴。聖人因嚴

以教敬，因親以教愛。聖人之教，不肅而成〔五九〕，其政不嚴而治，其所因者本也。父子之道，天姓（性）也〔六〇〕。君臣之義〔六一〕，父母生之，續莫大焉。君親臨之，厚莫重焉。故不愛其親而愛他人親者〔六二〕，謂之勃（悖）德〔六三〕；不敬其親而敬他人親者〔六四〕，謂之勃（悖）禮〔六五〕。以順則逆，民無則焉。不在於善，而皆在於凶德。雖得之，君子所不貴也〔六六〕。君子則不然，言思可道，行思可樂，德義可尊，作事可法，容止可觀，進退可度，以臨其民〔六七〕。是以其人畏而愛之〔六八〕，則而像之〔六九〕，故能成其德教，而行其政令。《詩》云：淑人君子，其儀不惑（忒）〔七〇〕。

紀孝行章弟（第）十　子曰：孝子之事親〔七一〕，居則致其敬，養則〔致〕其樂〔七二〕，病則致其憂，喪則致其哀，祭則致其嚴。五者備矣，然後能事親。事親者，居上不驕，爲下而（不）亂〔七三〕，在醜不爭。居上而驕則亡，爲下而亂則刑〔七四〕，在醜而爭則兵。三者不除，雖日用三生（牲）之養〔七五〕，猶爲不孝〔七六〕。

五刑章弟（第）十一　子曰：五刑之屬三千，而罪莫大於不孝〔七七〕。要君者無上，非聖人者無法，非孝者無親，此大亂之道〔七八〕。

廣要道章弟（第）十二　子曰：教人親愛〔七九〕，莫善於孝。教民禮順，莫善於悌〔八〇〕。移風易俗，莫善於樂。安上治人〔八一〕，莫善於禮。禮者，敬而已矣〔八二〕。故敬其父，則子悅；敬其兄，則弟悅；敬其君，則臣悅；敬一人，則千萬人悅〔八三〕。所敬者寡，而悅者衆，此之謂

要道〔八四〕。

廣至德章弟（第）十三　子曰：君子之教以孝〔八五〕，非家至而日見之〔八六〕。教以孝，所以敬天下之爲人父者〔八七〕。教以悌〔八八〕，所以敬天下之爲人兄者〔八九〕。教以臣，所以敬天下之爲人君者〔九〇〕。《詩》云：愷悌君子，人之父母〔九一〕。非至德，其熟（孰）能順人如此〔九二〕，其大者乎！

廣楊（揚）名章第十四　子曰：君子之事親孝，故忠可移於君。事兄弟（悌）〔九三〕，故順可移於長。居家理〔九四〕，〔故〕治可移於官〔九五〕。是以行成於內〔九六〕，而名立〔於〕後世矣〔九七〕。

諫諍章弟（第）十五　曾子曰：若夫慈愛恭敬，安親揚名，則聞命矣〔九八〕。敢問子從父之令，可謂孝乎?子曰：是何言與！是何言與！昔者天子有諍臣七人〔九九〕，雖無道，不失其天下。諸侯有諍臣五人〔一〇〇〕，雖無道，不失其國。大夫有諍臣三人〔一〇一〕，雖無道，不失其家。士有諍有（友）〔一〇二〕，則身不離於令名〔一〇三〕。父有諍子〔一〇四〕，則身不陷於不義。故當不義〔一〇五〕，則子不可以不爭於父〔一〇六〕，臣不可以不爭於君〔一〇七〕。故當不義，則爭之。從父之令，又焉得爲孝乎〔一〇八〕?

感應章弟（第）十六　子曰：昔者明王，事父孝，故事天明；事母孝，故事地察。長幼順，故上下治。天地明察，神明彰矣。故雖天子必有尊也，言有父也；必有先也，言有兄也。宗廟致敬，不忘親也。脩身慎行，恐辱先人〔一〇九〕。宗廟致敬，鬼神著矣。孝悌之至〔一一〇〕，通

於神明，光於四海，無所不通。《詩》云：自東自西〔一一一〕，自南自北，無思不服。

事君章弟（第）十七　子曰：君子之事上也，進思盡忠，退思補過，將順其美，匡救其惡，故上不（下）治〔一一二〕，能相親〔一一三〕。《詩》云：心乎愛矣，遐不謂矣。忠（中）心藏之〔一一四〕，何日忘之。

喪親章弟（第）十八　子曰：孝子之喪親也〔一一五〕，哭不哀〔一一六〕，禮無容，言不文，服美不安，聞樂不樂，食旨不甘，此哀戚之情〔一一七〕。三日而食，教民無以死傷生〔一一八〕。毀不滅性，此聖人之政〔一一九〕。喪不〔過〕三年〔一二〇〕，示民有終〔一二一〕。爲之棺、槨〔一二二〕、衣、衾而舉之，陳其簠〔一二三〕、簋而哀戚之〔一二四〕。擗踴哭泣，哀以送之〔一二五〕。〔卜〕其宅兆〔一二六〕，而安措之；〔爲〕〔之〕宗廟〔一二七〕，以鬼享之；春秋祭祀，以時思之。生事愛敬，死事哀戚。生人之本盡矣〔一二八〕，死生之儀（義）備矣〔一二九〕，孝子之事親終矣。

孝經一卷。孝經一卷。孝經。

維天福柒年壬寅歲十二月十二日永安寺學仕郎高清子書寫也〔一三〇〕。

說明

此件首缺尾全，然僅缺失序言的一部分，《孝經》本文保存完整。據其尾題，知其抄寫年代爲『天福柒年壬寅歲十二月十二日』，抄寫者爲永安寺學仕郎高清子，書法欠佳，文字多有用同音字代替本字者，原件

在第四章之前有墨筆句讀。

敦煌文獻中保存的孝經有三十多件，陳鐵凡先生將其分爲五類：一、孝經白文，十二種，原十三卷（件）；二、鄭氏孝經并序，七卷（件）；三、孝經鄭氏解及其義疏，五種，原六卷（件）；四、御注及其集義，二卷（件）；五、其他注疏，三種，原四卷（件）（參看陳鐵凡《敦煌本孝經考略》，《東海學報》一九卷，一九七八年）。此件屬於第二類。從現存情況看，這第二類孝經亦均爲白文，只是前面有序，此序與《御注孝經》之序不同。關於此序的作者，或認爲是鄭玄，陳鐵凡先生考定非鄭玄所作，但未能確定何人所作（參看陳鐵凡《敦煌本鄭氏孝經作者稽疑》，《敦煌學》第四輯，一九七九年）。王素在《敦煌典籍與唐五代歷史文化·儒學章》（中國社會科學出版社，二〇〇六年版，四一至四二頁）中對敦煌本孝經之分類與各類之卷數的統計與陳鐵凡不同，但因未列卷號，無從檢對。

與此件屬於同類而又保存了序言的孝經有伯三四一六、伯三六九八、伯二五四五和伯三三七二，雖然上列各件序文都有殘缺，但因殘損部位不同，故可據之恢復序文全貌。因陳鐵凡先生已對此序做過録校，故以上釋文僅補録各句所缺失之字，如整句全缺，不再補録。如需閱讀全序的讀者，請參看上引陳鐵凡先生《敦煌本鄭氏孝經作者稽疑》一文。

以上釋文是以斯一三八六爲底本，序文部分用與此件屬於同類而又保存了序言的伯三四一六（稱其爲甲本）、伯三六九八（稱其爲乙本）、伯二五四五（稱其爲丙本）、伯三三七二（稱其爲丁本）參校；孝經本文部分，因各本文字出入不大，故僅以本書第三卷已釋録過的斯七二八（該件孝經本文基本完整，稱其爲戊本）和流傳較廣的《十三經注疏》（中華書局，一九八〇年版）中之《孝經注疏》（稱其爲己本）參校。

校記

〔一〕『簒弑』，據甲、丙本補，乙本作『簒試』，『試』爲『弑』之借字；『由』，甲、乙本同，丙本作『猶』，『猶』爲『由』之借字。

〔二〕『靈哀末代』，據甲、乙、丙本補；『黔』，丙本同，甲本作『瞼』，乙本作『鐱』，均誤；『黎』，據甲、乙、丙、丁本補。

〔三〕『故命孔』，據甲、乙、丙本補。

〔四〕『使述』，甲、丙本同，乙本作『所術』，『所』字誤，『術』爲『述』之借字。

〔五〕『明』，丙本同，甲、乙本作『命』，『命』爲『明』之借字。

〔六〕『有飛鳥遺文書於魯』，據甲、乙、丙、丁本補。

〔七〕『魯』，據甲、乙、丙本補。

〔八〕『皈』，甲本同，乙、丙本作『歸』，『皈』與『歸』同。

〔九〕『修』，乙、丙、丁本同，甲本作『收』，疑誤；『春秋』，據甲、乙、丙、丁本補。

〔一〇〕『定』，據甲、乙、丙本補。

〔一一〕『洙泗』，乙、丙本同，甲本作『殊四』，疑『殊』爲『洙』之借字，『四』爲『泗』之借字。

〔一二〕『受業』，據甲、乙、丙本補。

〔一三〕『弟子曾參有至孝之性』，據甲本補；『曾』，丙本作『曾子』，衍一『子』字；『至孝之』，丁本作『之孝至』，

誤；「性」，乙、丁本均作「姓」，誤，「姓」爲「性」之借字。

〔一四〕「故因」，據甲、乙、丙、丁本補；「居」，甲、乙、丁本同，丙本作「其」，誤。

〔一五〕「理」，據甲、乙、丙、丁本補。

〔一六〕「夫孝」，據甲、乙、丙、丁本補。

〔一七〕「之綱紀」，據甲、乙、丙、丁本補。

〔一八〕「若無孝」，據甲、乙、丙、丁本補。

〔一九〕「異名」，甲、丙、丁本同，乙本作「理明」，疑誤。

〔二〇〕「之」，當作「知」，據文義及己本改；「知」，當作「之」，據文義及己本改。

〔二一〕「本」，己本作「本也」。

〔二二〕「生」，己本作「生也」。

〔二三〕「生」，戊本同，己本無。

〔二四〕「人」，戊本同，甲本作「民」，底本、戊本當係因避唐諱而將「民」抄作「人」；「賴」，己本同，戊本作「賚」，誤。

〔二五〕「守」，己本同，戊本作「壽」，誤，「壽」爲「守」之借字；「貴」，戊本同，己本作「貴也」。

〔二六〕「富」，戊本同，己本作「富也」。

〔二七〕「人民」，戊本同，己本作「民人」。

〔二八〕「解」，當作「懈」，據文義及甲本改，「解」爲「懈」之借字。

〔二九〕「人」，戊本同，己本無。

〔三〇〕「中」，當作「忠」，據文義及戊、己本改。

〔三一〕「以事」，己本同，戊本作「可以」。

〔三二〕「人」，戊、己本無。

〔三三〕「念」，戊、己本作「忝」。

〔三四〕「己」，戊本同，己本脱。

〔三五〕「經」，戊本同，己本作「經也」。

〔三六〕「義」，戊本同，己本作「義也」。

〔三七〕「人」，戊本同，己本作「民」；「行」，戊本同，己本作「行也」。

〔三八〕「民」，己本同，戊本作「人」，戊本當係避唐諱而將「民」抄作「人」。

〔三九〕「以」，戊本同，己本作「於」，誤。

〔四〇〕「知」，當作「之」，據文義及戊、己本改，「之」爲「知」之借字。

〔四一〕「道」，戊本同，當作「導」，據文義及己本改。

〔四二〕「之」，戊本同，當作「知」，據文義及己本改。

〔四三〕「人」，底本先寫作「民」，後又改作「人」，戊、己本均作「民」，底本當係因避唐諱而將「民」抄作「人」。

〔四四〕「利」，當作「治」，據戊、己本改。疑抄寫者避高宗諱改「治」爲「理」，而「利」爲「理」之借字。

〔四五〕「名」，當作「明」，據文義及戊、己本改；「下」，戊本同，己本作「下也」。

〔四六〕「觀」，當作「歡」，據戊本改，甲本作「懽」，亦可通。

〔四七〕「民」，己本同，戊本作「人」，底本先寫作「人」，又改作「民」，「人」字旁有刪除符號。
〔四八〕「歡」，戊本同，己本作「懽」，均可通。
〔四九〕「之心」，戊本同，己本脱。
〔五〇〕「歡」，戊本同，己本作「懽」，均可通。
〔五一〕「祭」，己本同，戊本作「製祭」，衍一「製」字。
〔五二〕「福」，戊、己本均無，係衍文，當刪。
〔五三〕「下」，戊本同，己本作「下也」。
〔五四〕「得」，當作「德」，據文義及戊、己本改，「得」爲「德」之借字。
〔五五〕「姓」，戊本同，當作「性」，據文義及己本改，「姓」爲「性」之借字。
〔五六〕「最」，據戊、己本補。
〔五七〕「職」，己本同，戊本作「識」，誤；「助」，己本同，甲本脱。
〔五八〕「以」，據戊、己本補。
〔五九〕「聖人之教，不肅而成」兩句，戊本脱。
〔六〇〕「姓」，戊本同，當作「性」，據文義及己本改，「姓」爲「性」之借字。
〔六一〕「義」，戊本同，己本作「義也」。
〔六二〕「親」，戊本同，己本無。
〔六三〕「勃」，戊本同，當作「悖」，據文義及己本改。

〔六四〕「親」，戊本同，己本無。
〔六五〕「勃」，戊本同，當作「悖」，據文義及己本改。
〔六六〕「所」，戊本同，甲本無；「也」，己本同，戊本無。
〔六七〕「民」，己本同，戊本作「人」，當係避唐諱而將「民」抄作「人」。
〔六八〕「人」，戊本同，甲本作「民」，底本和戊本當係避唐諱而將「民」抄作「人」。
〔六九〕「像」，戊本同，甲本作「象」，時「像」、「象」可通用。
〔七〇〕「惑」，當作「忒」，據文義及戊、己本改。
〔七一〕「親」，戊本同，己本作「親也」。
〔七二〕「致」，據戊、己本補。
〔七三〕「而」，當作「不」，據文義及戊、己本改。
〔七四〕「刑」，己本同，戊本作「形」，誤，「形」爲「刑」之借字。
〔七五〕「生」，戊本作「姓」，當作「牲」，據文義及己本改，「生」、「姓」均爲「牲」之借字。
〔七六〕「孝」，戊本同，己本作「孝也」。
〔七七〕「而」，己本同，戊本作「之」，誤。
〔七八〕「道」，戊本同，己本作「道也」。
〔七九〕「人」，戊、己本均作「民」，底本當係避唐諱而將「民」抄作「人」。
〔八〇〕「悌」，己本同，戊本作「弟」，「弟」爲「悌」之本字。

〔八一〕「人」，戊本同，己本作「民」，底本和戊本當係避唐諱而將「民」抄作「人」。
〔八二〕「矣」，己本同，戊本作「以」，誤，「以」爲「矣」之借字。
〔八三〕「則」，戊本同，己本作「而」。
〔八四〕「道」，戊本同，己本作「道也」。
〔八五〕「孝」，戊本同，己本作「孝也」。
〔八六〕「之」，戊本同，己本作「之也」。
〔八七〕「者」，戊本同，己本作「者也」。
〔八八〕「悌」，己本同，戊本作「弟」，「弟」爲「悌」之本字。
〔八九〕「者」，戊本同，己本作「者也」。
〔九〇〕「者」，戊本同，己本作「者也」。
〔九一〕「人」，甲、戊本同，己本作「民」。
〔九二〕「熟」，戊本同，當作「孰」，據文義及己本改，「熟」爲「孰」之借字；「能」，己本同，戊本作「能訓」，戊本衍「訓」字；「人」，戊本同，甲本作「民」；「如」，己本同，戊本作「而」，時「而」通「如」。
〔九三〕「弟」，戊本同，當作「悌」，據文義及己本改，「弟」爲「悌」之本字。
〔九四〕「理」，己本同，戊本作「治」，當係避唐諱而改。
〔九五〕「故」，戊本亦脱，據文義及己本補。
〔九六〕「於」，己本同，戊本作「之」，誤。

〔九七〕『於』，據文義及戊、己本補。
〔九八〕『聞』，己本同，戊本作『問』，誤。
〔九九〕『諍』，戊本同，己本作『争』，均可通。
〔一〇〇〕『諍』，戊、己本作『争』，均可通。
〔一〇一〕『諍』，戊、己本作『争』，均可通。
〔一〇二〕戊本此句前有『事父孝，故事天明；事母孝，故事地察』，係衍文，當刪。『諍』，戊、己本作『争』，亦可通；『有』，當作『友』，據文義及戊、己本改，『有』爲『友』之借字。
〔一〇三〕『名』，己本同，戊本作『明』，誤，『明』爲『名』之借字。
〔一〇四〕『諍』，戊、己本作『争』，均可通。
〔一〇五〕此句戊本脱。
〔一〇六〕此句戊本脱。
〔一〇七〕此句戊本脱。
〔一〇八〕『爲』，己本同，戊本作『於』，誤，疑『於』爲『爲』之借字。
〔一〇九〕『人』，戊本同，己本作『也』。
〔一一〇〕『悌』，己本同，戊本作『弟』，『弟』爲『悌』之本字；『之』，己本同，戊本作『知』，誤，『知』爲『之』之借字。
〔一一一〕『自東自西』，戊本同，己本作『自西自東』。

〔一一二〕「不」，當作「下」，據文義及戊、己本改；「治」，戊本同，己本無。
〔一一三〕「親」，戊本同，己本作「親也」。
〔一一四〕「忠」，當作「中」，據戊、己本改，「忠」爲「中」之借字。
〔一一五〕「也」，己本同，戊本無。
〔一一六〕「哀」，戊本同，甲本作「㖅」。
〔一一七〕「情」，戊本同，己本作「情也」。
〔一一八〕「傷」，己本同，戊本作「相」，誤，疑「相」爲「傷」之借字。
〔一一九〕「政」，戊本同，己本作「政也」。
〔一二〇〕「過」，據己本補。戊本脱此句。
〔一二一〕「終」，己本作「終也」。戊本脱此句。
〔一二二〕「槨」，戊、己本均作「椁」。
〔一二三〕「簠」，己本同，戊本作「富」，「富」爲「簠」之借字。
〔一二四〕「簋」，己本同，戊本作「貴」，「貴」爲「簋」之借字。
〔一二五〕「送」，己本同，戊本作「宋」，誤，「宋」爲「送」之借字。
〔一二六〕「卜」，據文義及戊、己本補。
〔一二七〕「爲之」，據戊、己本補。
〔一二八〕「人」，戊本同，己本作「民」，底本和戊本當係因避唐諱而將「民」抄作「人」。

〔一二九〕「儀」，當作「義」，據戊、己本改。

〔一三〇〕原件「寫」字下殘損，旁有小字「也」。

參考文獻

L.Giles, *BSOS*, *10.2*, *341* Ⓡ; *Mair*, *Chinoperl Papers vol.10*,p.48; *Descriptive Catalogue of the Chinese Manuscripts from Tunhuang in the British Museum*, p.232;《敦煌論集》四五四頁；《大陸雜誌》四二卷九期，一〇頁；《敦煌本〈孝經〉類纂》九一至一〇〇頁；《东海学报》第一九卷（一九七八年）；《敦煌寶藏》一〇冊，三七一至三七三頁（圖）；《敦煌遺書總目索引》一三六頁；《莫高窟年表》五三三頁；《敦煌研究》一九八六年一期，四五頁；《敦煌學輯刊》一九八七年一期，三二頁；《中國古代寫本識語集録》四八三頁；《敦煌遺書漢文紀年卷編年》一四〇頁；《英藏敦煌文獻》三卷，一至三頁（圖）；《第二屆敦煌學國際研討會論文集》九九至一四四頁；《敦煌遺書總目索引新編》四二頁；《敦煌吐魯番文書解詁指例》三九頁；《敦煌典籍與唐五代歷史文化》四一至四二頁；《敦煌經籍敘録》三九五至三九六頁。

斯一三八六背　一　公元九四三至九四四年支秋坐局席轉帖抄

釋文

社司　轉帖　右緣年支秋坐局席，次至高順
順家〔一〕。人各麵貳斤，油壹合，粟壹斗。幸請諸公等，帖
至，限今月十八日卯時於主人家送納。捉二人後到，
罰到四酒壹角〔二〕；全不來者，罰酒半瓮。其帖立
定（遞）相分付〔三〕，不德（得）亭（停）滯帖〔四〕；如滯帖者，准條
科罰。帖周却付大（本）司〔五〕，用憑告罰。緑（録）事〔六〕。

說明

此件書法不佳，似是學郎所抄。《敦煌社邑文書輯校》確定此件抄於公元九四三至九四四年間（參見《敦煌社邑文書輯校》一六一頁）。

校記

〔一〕底本前兩行之間原有雜寫『翟醜兒腔』四字，字體較大，筆畫稍粗，因與轉帖無關，未録。

〔二〕『到四』，《敦煌社邑文書輯校》認爲此二字衍，當刪。

〔三〕『定』，當作『遞』，《敦煌社邑文書輯校》據文義及其他社司轉帖例改，『定』爲『遞』之借字。

〔四〕『德』，當作『得』，《敦煌社邑文書輯校》據文義校改；『亭』，當作『停』，《敦煌社邑文書輯校》據文義校改；『德』爲『得』之借字，『亭』爲『停』之借字；『帖』字爲衍文，據其他社司轉帖例當刪。

〔五〕『大』，當作『本』，《敦煌社邑文書輯校》據文義及其他社司轉帖例校改。

〔六〕『緑』，當作『録』，據文義改。底本録事後還有一行雜寫文字：『罰帖却付月，則東方朔』，因與轉帖無關，未録。

參考文獻

Giles, *BSOS*, 10.2(1940), 341 Ⓡ;《敦煌寶藏》一〇冊，三七三頁（圖）；Mair, *Chinoperl Papers* No.10(1981), p.48;《敦煌社會經濟文獻真蹟釋録》一輯，三一七頁（録）、（圖）；*Tunhuang and Turfan Documents concerning Social and Economic history*, Ⅲ A144;《英藏敦煌文獻》三卷，三頁（圖）；《敦煌社邑文書輯校》一六〇至一六二頁（録）。

斯一三八六背　二　雜寫（社司轉帖等）

釋文

敬

飛飛飛

飛來飛去□□坎（？）飛飛飛

奉敕修造大王（倒寫）

社司轉帖　右緣〔一〕（倒寫）

社司轉帖。右緣年支春秋坐局席，次至高順順家，人各麵貳斤（倒寫），

油壹（倒寫）

鄧音叁　張定奴腔二張（倒寫）

清死（？）孔子被問書壹（倒寫）

社司轉帖。右緣年支春坐局
晝狀夫云靜也
甲辰年十二月十二日
上大夫鄉□□□□
甲辰年十一月十二日慈惠鄉百姓張定奴欠少
甲辰

說明

以上文字爲時人隨手所寫於孝經紙背，既非一人所寫，亦非一時所書，各行間每有一至二行或數行空白，所抄内容多不完整，亦不連續。『甲辰年十二月十二日』後有蔣孝琬所書數碼和『孝經一卷，天福七年』等文字，未録。

校記

〔一〕此行後另起一行，抄有『妙法蓮華經觀世音』八字，亦爲倒寫，但已被抄寫者塗抹作廢，未録。

參考文獻

《敦煌寶藏》一〇册，三七四至三七五頁（圖）；《英藏敦煌文獻》三卷，四至五頁（圖）。

斯一三九二　一　孔子項託相問書一卷

釋文

孔子項託相問書一卷〔一〕

昔者夫子東遊〔二〕，行至荊山之下〔三〕，路逢三個小兒〔四〕。二小兒作戲〔五〕，一小兒不作戲〔六〕。夫子兒怪兒（而）問曰〔七〕：『何不戲乎〔八〕？』小兒答曰〔九〕：『人（大）許（戲）相煞〔一〇〕，小戲相相（傷）〔一一〕。戲兒（而）無公（功）〔一二〕，衣破裏空〔一三〕，相隨藉石（食）〔一四〕，不兒（如）歸春（舂）〔一五〕。上至父母，下及兄弟〔一六〕，只欲不報〔一七〕，恐受無禮〔一八〕。善思此事〔一九〕，是以不許（戲）〔二〇〕，何不（爲）怪乎〔二一〕？』

項託有（又）常（當）道推土作城〔二二〕，在内如（而）坐〔二三〕。夫子語小兒曰〔二四〕：『何不避車？』小兒答曰〔二五〕：『昔聞聖人有言〔二六〕：上至（知）天文〔二七〕，下至（知）地里（理）〔二八〕，中知人情〔二九〕。從昔至今，只聞車避城〔三〇〕，豈聞城避車〔三一〕？』夫子無言如（而）對〔三二〕，遂乃城（車）避車（城）下道〔三三〕。遣人往問〔三四〕：『此事（是）誰家小兒〔三五〕？何姓何名〔三六〕？』小兒答曰〔三七〕：『項託〔三八〕。』

夫子曰〔三九〕：『汝年雖小〔四〇〕，知事甚大〔四一〕。』小兒答曰〔四二〕：『昔問（聞）魚生三日〔四三〕，遊（游）於江海；兔生三日，盤地三畝〔四四〕；馬生三日〔四五〕，趁及其母〔四六〕；人生三日〔四七〕，知識父母〔四八〕；天生三日（自）然〔四九〕，何言大（小）〔五〇〕。』

夫子有（又）問小兒曰〔五一〕：『汝知何山無石，何水無魚，何門無關〔五二〕，何車無輪〔五三〕，何牛無犢〔五四〕，何馬無駒〔五五〕，何刀無環〔五六〕，何火無煙〔五七〕，何人無婦〔五八〕，何女無夫〔五九〕，何日不事（足）〔六〇〕，何日有餘，何碓（雄）無雌〔六一〕，何樹無枝〔六二〕，何城無使〔六三〕，何人無子（字）〔六四〕？』小兒答曰〔六五〕：『土山無石，井水無魚〔六六〕，空門無關〔六七〕，舉（轝）車無輪〔六八〕，埿牛無犢〔六九〕，木馬無駒〔七〇〕，斫刀無環〔七一〕，營（螢）火無煙〔七二〕，仙人無婦〔七三〕，玉女無夫〔七四〕，冬日不是（足）〔七五〕，下（夏）日有餘〔七六〕，孤碓（雄）無雌〔七七〕，枯樹無枝〔七八〕，空城無使〔七九〕，〔小〕〔兒〕〔無〕〔字〕〔八〇〕。』

〔夫〕〔子〕〔曰〕〔八一〕：『〔善〕〔哉〕〔八二〕，〔善〕〔哉〕〔八三〕，〔吾〕〔與〕〔汝〕〔共〕〔遊〕〔天〕〔下〕〔八四〕，〔可〕〔得〕〔已〕〔否〕〔八五〕？』小兒答曰〔八六〕：『吾不遊也。吾有嚴父〔八七〕，當須侍之〔八八〕；吾有慈母〔八九〕，當須養之〔九〇〕；吾有長兄〔九一〕，當須順之；吾有小弟〔九二〕，當須教之〔九三〕；所以不得隨君去也〔九四〕。』

夫子曰〔九五〕：『吾車中有雙陸局〔九六〕，共兒（汝）博戲兒（如）何〔九七〕？』小兒答曰〔九八〕：『不博戲也〔九九〕。天子好博〔一〇〇〕，風雨無其（期）〔一〇一〕；之（諸）侯好

博〔一〇二〕，國事不治〔一〇三〕；使（吏）人好博〔一〇四〕，文案經（稽）遲〔一〇五〕；農人好博，耕種失時〔一〇六〕；學生好博，罔（忘）讀書詩〔一〇七〕；小兒好博〔一〇八〕，苦（笞）達（撻）及之〔一〇九〕。此是無益之事〔一一〇〕，何用學之〔一一一〕？』

夫子曰：『吾以（與）汝平却天下〔一一二〕，何（可）得以（已）否〔一一三〕？』小兒答曰〔一一四〕：『天下不可平也〔一一五〕。或有高山，或有江海，或有公卿〔一一六〕，或有奴婢。是以不可平也〔一一七〕。』

夫子曰：『吾以（與）兒（汝）捨（平）却高山〔一一八〕，塞却江海，除却公卿，棄却奴婢〔一一九〕。天下湯（蕩）湯（蕩），豈不平乎！』小兒答曰〔一二〇〕：『捨（平）却高山塞山〔一二一〕，獸無事（所）衣（依）〔一二二〕。塞却江海〔一二三〕，魚無所歸〔一二四〕。除却公卿，人作是非。棄作（却）奴婢〔一二五〕，君子事（使）隨（誰）〔一二六〕？』

〔夫〕〔子〕〔曰〕〔一二七〕：『善哉〔一二八〕！善哉〔一二九〕！汝知屋上生松〔一三〇〕，戶前生葦〔一三一〕，牀上生蒲〔一三二〕，犬〔吠〕其主〔一三三〕，婦坐使姑〔一三四〕，雞化爲主（雉）〔一三五〕，狗化爲乎（狐）〔一三六〕，是何也〔一三七〕？』小兒答曰〔一三八〕：『屋上生松是其椽，戶前生葦是其簿〔一三九〕，牀上生蒲是其席〔一四〇〕。〔犬〕吠其主〔一四一〕，爲傍有客〔一四二〕；婦坐是（使）姑〔一四三〕，初來花夏（下）也〔一四四〕；雞化爲雉〔一四五〕，近小（山）擇（澤）也〔一四六〕；狗化爲狐〔一四七〕，近丘陵也〔一四八〕。』

夫子語小兒曰〔一四九〕：『汝之（知）夫婦事（是）親〔一五〇〕，父母事（是）親〔一五一〕？』小兒答曰〔一五二〕：『父母事（是）親〔一五三〕。』夫子曰：『夫婦事（是）親〔一五四〕。生同牀枕〔一五五〕，死同棺槨，恩愛極重，何（豈）不親乎〔一五六〕？』小兒答曰〔一五七〕：『〔是〕〔何〕〔言〕〔歟〕〔一五八〕，〔是〕〔何〕〔言〕〔歟〕〔一五九〕，人之有婦（母）〔一六〇〕，而（如）樹有恨（根）〔一六一〕，人知（之）有母（婦）〔一六二〕，而（如）車有輪〔一六三〕。車破更造，不（必）得其新〔一六四〕。婦死更取〔一六五〕，必得賢家〔一六六〕。一樹死〔一六七〕，伯（百）枝枯〔一六八〕；一母死〔一六九〕，種（衆）子孤〔一七〇〕。將婦比母〔一七一〕，豈不逆乎〔一七二〕？』

小兒却問夫子曰〔一七三〕：『鵝鴨何以能鳴（浮）〔一七四〕，鴻鶴何以能鳴乎〔一七五〕？〔松〕竹〔何〕〔以〕冬夏恒清（青）〔一七六〕？』小（夫）兒（子）答曰〔一七七〕：『鵝鴨能鳴（浮）者〔一七八〕，緣脚足方〔一七九〕。鴻鶴能鳴者〔一八〇〕，緣煙（咽）項長〔一八一〕。松竹冬夏恒清（青）〔者〕〔一八二〕，緣心煙忠（中）強〔一八三〕。』小兒曰〔一八四〕：『不然〔一八五〕。蝦蟆能鳴者，〔豈〕由煙（咽）項長〔一八六〕？魚鱉能浮者〔一八七〕，豈由脚足方〔一八八〕？松（胡）竹夏冬恒清（青）者〔一八九〕，豈由心中強〔一九〇〕？』

夫子有（又）問小兒曰〔一九一〕：『汝知天高幾許〔一九二〕？地原（厚）幾丈〔一九三〕？天有幾樑〔一九四〕？地有幾柱〔一九五〕？風從何來？〔一九六〕雨從何起〔一九七〕？霜出何邊〔一九八〕？露出何處〔一九九〕？』小兒答曰：『天地相去萬萬九千〔九〕〔百〕九十九里〔二〇〇〕，其地原（厚）

薄〔二〇一〕，與天共（等）同〔二〇二〕。風起於山〔二〇三〕，雨出江海〔二〇四〕，霜出於天〔二〇五〕，露出百草。天亦無樑〔二〇六〕，地亦無柱，與四方雲起（氣）而乃相扶〔二〇七〕，故與（以）爲柱〔二〇八〕，在（有）何怪乎〔二〇九〕？』

夫子〔歎〕〔曰〕〔二一〇〕：『〔善〕〔哉〕〔二一一〕，〔善〕〔哉〕〔二一二〕，方之（知）後生實可委（畏）也〔二一三〕！』

夫子共項託對答〔二一四〕，一一不如項託此（次）弟（第）〔二一五〕，夫子有心煞項託〔二一六〕。乃爲詩曰〔二一七〕：

孫景（敬）玄（懸）頭如（而）此（刺）故（股）〔二一八〕，匡行（衡）鑿壁夜偷光〔二一九〕。

子路爲人諸（情）好勇〔二二〇〕，貪讀詩書是子章（張）〔二二一〕。

項託七歲能言語，報答孔丘甚能強〔二二二〕。

項託入山遊學去〔二二三〕，抄手堂前拜耶孃〔二二四〕。

『百尺樹下兒學問〔二二五〕，不須受寄有何方〔二二六〕？』

耶孃年老皆（昏）迷去〔二二七〕，寄他夫子兩車草〔二二八〕。

夫子一去經年歲〔二二九〕，項託婦（父）母不時（承）望〔二三〇〕。

取他百束將燒却〔二三一〕，餘者他日餧牛羊〔二三二〕。

夫子登時却索色草〔二三三〕，耶孃面色轉無光。

當時便欲酬倍價〔二三四〕，每束黃金三兩強〔二三五〕。
『金錢銀錢惣不用〔二三六〕，婆婆項託在何方？』
『我兒一去經年歲〔二三七〕，百尺樹下學文章〔二三八〕。』
夫子登時聞此語〔二三九〕，心中歡喜倍勝常〔二四〇〕。
夫子乘馬入山去〔二四一〕，登時（山）驀嶺甚芬芳〔二四二〕。
樹樹每量無百尺〔二四三〕，葛蔓絞腳甚能長〔二四四〕。
夫子使人把鍬钁〔二四五〕，拴（掘）著地下有石堂〔二四六〕。
一重門裏石師子〔二四七〕，兩重門外食（石）金剛〔二四八〕。
入到中門側耳聽〔二四九〕，兩伴讀書似雁行〔二五〇〕。
夫子拔刀撩亂斫〔二五一〕，其人兩兩不〔相〕傷〔二五二〕。
變作石人惣不語〔二五三〕，減（鐵）刀斬著血滂滂〔二五四〕。
項託殘氣猶未盡〔二五五〕，迴頭遙望告耶孃〔二五六〕：
『將兒赤血瓮盛著〔二五七〕，擎將家中七日強〔二五八〕。』
耶孃不忍見兒血〔二五九〕，擎將瀉著糞粉（堆）傍〔二六〇〕。
一日二日竹生根，三日四日竹蒼蒼〔二六一〕。
竹竿森森長百尺〔二六二〕，節節兵馬似神王〔二六三〕。

刀劍器械沿身帶〔二六四〕，腰間寶劍白（利）如霜〔二六五〕。
二人當時各覓強〔二六六〕，誰知項託在前亡〔二六七〕。
夫子登時甚惶怕〔二六八〕，州懸（縣）分明置廟堂〔二六九〕。
孔子項託相問書一卷〔二七〇〕

說明

此件基本完整，僅首部略殘，首尾均題『孔子項託相問書一卷』。敦煌文獻中保存的《孔子項託相問書》寫本頗多，有十幾件，說明這篇文字於唐後期五代宋初在敦煌地區曾頗爲流行。

《孔子項託相問書》雖在敦煌文獻中保存的複本較多，但多有殘缺，內容保存基本完整者僅有此件和斯五六七四。這些寫本的抄寫質量大多不高，不僅書法很差，而且脫、誤和同音字互代比比皆是，說明這些寫本多爲學童所書。這些劣質寫本雖然給我們的整理工作增加了不少困難，卻也告訴我們這篇文字是當時民間重要的啟蒙教材，曾在當時的民間產生過廣泛影響。寫本中大量存在的同音字互相代替的現象還說明這是一個具有口語化特徵的文本，即此件不僅是以文字形式流傳的，還可能是以口耳相傳的方式長期在民間流傳，或者就是口頭流傳的故事的文字記録。

敦煌寫本『孔子相託相問書』各件保存情況爲：斯三九五首缺尾全，起『何人無婦』，訖『孔子項託一卷』，末題『天福八年癸卯歲十一月十日淨土寺學郎張延保記』；斯二九四一首全尾缺，存二一行，首題『孔子項託相問書一卷』，中間殘缺嚴重，訖『天下可得以』；斯五五二九＋Дх. 一三五六＋Дх. 二四五一

首尾完整，中間殘缺數行，首尾均題『孔子項託相問書一卷』；斯五五三〇首尾均缺，分欄書寫，存二〇行，起『兄弟，只欲不報，恐受』，訖『學生好博，忘讀詩』；斯五五三〇背首尾均缺，亦分欄書寫，起『至（知）天文，夏（下）至（知）地理』，訖『此是無益之是（事），何用學之？夫子』；斯五六七四首尾完整，起『孔子共項託相問書一卷』，尾題『孔子共項託一卷』；Дx.二三五二首尾均缺，存一七行，起『學生好博，忘讀詩書』，訖『鳴者緣咽項長，松竹』，中間多有殘缺；伯三二五五首尾均缺，存二四行，分欄抄寫，起『何言大小』，訖『一樹死，百枝枯；一母死，種（衆）』，其前六行殘缺嚴重；伯三八三三首全尾缺，起『孔子項託相詩一首』，訖『入到中門側二（耳）聽，兩伴讀』；伯三七五四首尾均缺，起『鵲，枯樹無枝，空城無使』，訖『當時却色（索）疇倍價，每束』；伯三八八二首尾均缺，存一四行，起『言上知天聞（文），下知地理』，訖『夫子答曰：吾車中有雙六局，共汝博戲』；伯三八八三首缺尾全，共六六行，其前六行略殘，尾題『孔子項託相問書一卷』。

以上的釋文是以斯一三九二爲底本，用伯三八三三（稱其爲甲本）、伯三二五五（稱其爲乙本）、伯三七五四（稱其爲丙本）、伯三八八二（稱其爲丁本）、斯五五二九＋Дx.一三五六＋Дx.二四五一（稱其爲戊本）、斯五六七四（稱其爲己本）、斯五五三〇（稱其爲庚本）、斯三九五（稱其爲辛本）、伯三八八三（稱其爲壬本）、斯二九四一（稱其爲癸本）、斯五五三〇背（稱其爲甲二本）、Дx.二三五二（稱其爲乙二本）等諸本參校，所有同音字相互代替者，均一一出校，以供研究。

校記

〔一〕『孔子項託』，據甲、戊、癸本補，己本作『孔子共項託』；『相問書一卷』，戊、己、癸本同，甲本作『相詩一首』。

〔二〕「昔者」，據甲、戊、己、壬、癸本補；「夫子」，據戊、壬、癸本補，甲本作「孔子」。

〔三〕「荊」，戊、己、壬、癸本同，甲本作「經」，「經」爲「荊」之借字；「山之」，據甲、戊、己、壬、癸本補。

〔四〕「小」，甲、己、癸本同，戊本作「少」。

〔五〕「小」，甲、己、癸本同，戊本作「少」；「作」，據甲、戊、己、癸本補；「戲」，戊、己、癸本同，甲本作「虚」，疑「虚」爲「戲」之借字。

〔六〕「一小」，據甲、己、癸本補，戊本作「一少」；「戲」，戊、己、癸本同，甲本作「虚」，壬本作「喜」，疑「虚」、「喜」均爲「戲」之借字。

〔七〕第一個「兒」字衍，應刪；「怪」，據戊、己、癸本補；第二個「兒」，己本同，當作「而」，據戊、壬、癸本改，「兒」爲「而」之借字，甲本作「小兒」，疑衍一「小」字。

〔八〕「戲」，戊、己、壬、癸本同，甲本作「虚」，疑「虚」爲「戲」之借字。

〔九〕「小」，甲、癸本同，戊本作「少」。己本脱此句。

〔一〇〕「人」，當作「大」，據文義及甲、戊、己、癸本改；「許」，甲本作「喜」，當作「戲」，據戊、己、癸本改。

〔一一〕「小」，甲、己、癸本同，戊本作「少」；「戲」，戊、己、癸本同，甲本作「虚」，疑「虚」爲「戲」之借字；「相相」，甲本同，當作「相傷」，據戊、癸本改，己本作「相傷人」，疑衍一「人」字。

〔一二〕「戲」，戊、己、癸本同，甲本作「虚」，壬本作「見」，疑「虚」爲「戲」之借字，「見」字誤；「兒」，戊本同，當作「而」，據文義及甲、己、壬、癸本改；「公」，甲本同，當作「功」，據文義及戊、己、癸、壬本改，「公」爲「功」之借字。

〔一三〕『破』，戊、己、壬、癸本同，甲本作『被』，甲本義勝。

〔一四〕『相隨』，戊、己、壬、癸本同，甲本脫；『藉』，甲本同，底本『藉』字旁尚有一後添加的『巡』字，戊、己、壬本作『擲』；『石』，底本此字已殘，從殘筆畫看應爲『石』字，戊、己、壬、癸亦均作『石』，甲本作『食』，『石』應爲『食』之借字。按此句以往校録者均釋作『相隨擲石』，與下句『不如歸春』相對，其義爲與其和衆人一起作無謂的『擲石』遊戲，不如回家做『春米』之類的有益事情。但甲本之『藉食』卻也自有其道理。『藉』當讀作『借』，這樣，此句就成了：『相隨借食，不如歸春』。其義爲與其隨同衆人『借食』，不如回家自己『春米』做飯。『借食』與『歸春』相對，顯然要比『擲石』與『歸春』相對更貼切一些。

〔一五〕『兒』，當作『如』，據戊、己本改，甲、癸本作『而』，『而』爲『如』之借字；『春』，甲、戊、癸本同，當作『春』，據己本改。

〔一六〕『下』，戊、己本同，甲本作『夏』，『夏』爲『下』之借字；『及』，據甲、戊、己本補。

〔一七〕『報』，戊、己、庚、壬本同，甲本作『寶』，『寶』爲『報』之借字。

〔一八〕『無』，據甲、戊、己、壬、癸本補。

〔一九〕『事』，戊本同，甲、己、庚本作『是』，『是』爲『事』之借字。

〔二〇〕『是』，甲、戊、壬本同，己、庚本作『事』，『事』爲『是』之借字；『不』，據甲、戊、己、庚、壬本補；『許』，甲本作『虚』，當作『戲』，據戊、己、庚、壬本改，疑『虚』爲『戲』之借字。

〔二一〕『不』，甲本同，戊本作『謂』，己、庚本作『以』，疑『以』爲『爲』之借字，今據改。

〔二二〕『有』，諸本同，當讀作『又』，戊本作『有時』，疑衍一『時』字；『常』，甲本作『相』，當作『當』，據文義

及戊、己、庚本改；『道』，戊、己本同，甲本作『隨』，癸本作『遂』；『推』，甲、癸本同，戊、己本作『聚』，壬本作『擁』；『城』，戊、己、壬、癸本同，甲本作『成』，『成』爲『城』之借字。按此句《敦煌變文集》釋作『項託有相，隨擁土作城』，其意不明。《敦煌變文選注》和《敦煌變文校注》均去掉此句中間逗號，釋作『項託有（又）相隨擁土作城』，文通意順，且和上文『相隨擲石』呼應。但各本中只有甲本此處作『相隨』，戊、己、庚本均作『當道』（庚本『道』字殘缺，但從殘存的『當』字可知其下文亦是『道』字）。就文義而言，校作『相隨』固然可通，但『當道』更佳。因爲只有『當道』作城，下文之『車避城』或『城避車』的争論纔符合邏輯。也正是因爲項託所作之『城』當道，孔子的車纔會有『避城下道』之舉。

〔二三〕『如』，甲、庚本同，當作『而』，據戊、己、壬本改，時『如』通『而』；『坐』，戊、己、庚、壬本同，甲本作『座』，『座』爲『坐』之借字。

〔二四〕『小』，甲、己、庚、壬本同，戊本作『少』。

〔二五〕『小』，甲、己、庚、壬本同，戊本作『少』；『答曰』，據甲、戊、己、壬本補。

〔二六〕『聞』，戊、己、癸本同，甲本作『問』，誤；『聖人』，甲、戊、己、庚、壬、癸本同，癸本作『聖人者』。

〔二七〕『至』，甲、己、庚、甲二本同，當作『知』，據文義及丁、戊、壬、癸本改；『文』，戊、己、庚、壬、甲二本同，甲、丁本作『聞』，『聞』爲『文』之借字。

〔二八〕『下』，甲、丁、戊、己、壬本同，庚、甲二本作『夏』，『夏』爲『下』之借字；『至』，甲本同，己本作『之』，當作『知』，據文義及丁、戊、庚、壬、甲二本改，『之』爲『知』之借字；『里』，甲、壬本同，當作『理』，據文義及丁、戊、庚、甲二本改，『里』爲『理』之借字。又丁本『理』後有一『里』，當爲衍文。

〔二九〕「知」，戊、壬本同，甲、庚、甲二本作「之」，「之」爲「知」之借字。甲二本脫「人」字，丁本脫此句。

〔三〇〕「聞」，甲、戊、己、壬本同，庚、甲二本作「問」，誤；「城」，甲、丁、戊、庚、壬、甲二本同，己、癸本作「成」，「成」爲「城」之借字。

〔三一〕「豈」，丁、戊、壬、癸本同，己本作「去」，「去」爲「豈」之借字；「城」，丁、戊、己、壬、甲二本同，癸本作「成」，「成」爲「城」之借字。庚本脫「豈聞城」三字，甲本脫此句。

〔三二〕「如」，己本同，當作「而」，據文義及丁、戊、庚、壬、甲二本改，時「如」通「而」；「對」，丁、戊、庚、壬本同，甲二本作「對答」，衍一「答」字。又壬本在「夫子」後有「當時」二字，諸本俱無。甲本脫此句。

〔三三〕「城」，戊、己、壬、甲二本同，當作「車」，據文義及壬本改；「車」，戊、己、庚本同，當作「城」，據文義及庚、壬本改；「城避車」，丁本脫。

〔三四〕「遣人」，甲、戊、己、庚、壬、甲二本同，丁本作「遣人下道」。

〔三五〕「事」，當作「是」，據文義及甲、丁、戊、己、庚、壬、癸、甲二本改，「事」爲「是」之借字。

〔三六〕「名」，丁、戊、己、壬、甲二本同，甲本作「明」，「明」爲「名」之借字。

〔三七〕「小」，丁、己、壬本同，戊本作「少」。

〔三八〕「項託」，丁本作「名姓項託」，戊、己、庚、壬本作「姓項名託」。甲本脫此句。

〔三九〕「夫子曰」，戊、庚、壬、甲二本同，甲本作「夫子問小兒曰」，丁、己本作「夫子答曰」，癸本作「夫答曰」。

〔四〇〕「雖」，甲、丁、戊、己、癸本同，庚、壬、甲二本作「須」，時「須」通「雖」；「小」，甲、丁、庚、癸、甲二本同，戊、己、壬本作「少」。

〔四一〕「知」，丁、戊、己、庚、壬、癸、甲二本同，甲本作「之」，「之」爲「知」之借字；「事」，甲、丁、戊、己、壬、癸本同，庚、甲二本作「是」，「是」爲「事」之借字；「大」，據文義及甲、丁、戊、己、庚、壬、甲二本補。又甲本在「知事甚大」後有「也矣」二字。

〔四二〕「小」，甲、丁、己、庚、壬、癸本同，戊本作「少」。

〔四三〕「昔」，甲、丁、戊、己、癸、甲二本同，壬本作「吾」；「問」，甲、甲二本同，當作「聞」，據文義及丁、戊、己、壬、癸本改。

〔四四〕「盤」，甲、丁、己、戊、壬、癸本同，庚、甲二本作「般」，誤；「三畝」，據甲、丁、己、庚、壬本補。

〔四五〕「馬」，甲、丁、戊、庚、壬、癸本同，己本脱。

〔四六〕「趁」，甲、戊、己、庚、壬、甲二本同，丁、癸本作「迭」，誤。

〔四七〕「日」，甲、丁、戊、己、癸、甲二本同，壬本作「月」，壬本義勝。

〔四八〕「識」，丁、戊、己、庚、壬、癸、甲二本同，甲本作「昔」，疑「昔」爲「悉」之借字。

〔四九〕「三日」，甲、丁、戊本同，當作「自」，據己、庚、壬本改。

〔五〇〕「何」，據甲、乙、丁、戊、己、庚、壬、癸、甲二本補；「小」，據甲、乙、丁、戊、己、庚、壬、癸、甲二本補。

〔五一〕「有」，甲、丁、癸本同，戊、己、庚、壬、甲二本無；「小」，甲、丁、己、庚、壬、癸、甲二本同，戊本作「少」。

〔五二〕「關」，甲、乙、丁、戊、己、庚、壬、癸本同，甲二本作「開」，誤。

〔五三〕「無」，甲、乙、丁、戊、己、壬、癸本同，庚、甲二本作「元」，誤；「輪」，乙、丁、戊、己、庚、壬、癸、甲二本同，甲本作「論」，疑「論」爲「輪」之借字。

〔五四〕「何」，甲、乙、丁、戊、庚、壬、癸本同，己本作「泥」，誤；「犢」，丁、戊、己、庚、壬、癸、甲二本同，甲本作「讀」，「讀」爲「犢」之借字。

〔五五〕「駒」，甲、丁、戊、己、壬本同，庚、甲二本作「駈」，誤。

〔五六〕「刀」，丁、戊、己、庚、壬、甲二本同，甲本作「力」，誤；「無」，甲、丁、戊、己、壬本同，庚、甲二本作「元」，誤；「環」，據丁、戊、己、庚、壬、甲二本補，甲本作「褁」。

〔五七〕「煙」，丁、戊、己、庚、壬、癸、甲二本同，甲本作「烱」，誤。

〔五八〕「婦」，乙、丁、己、庚、辛、壬、甲二本同，甲、癸本作「父」，「父」當爲「婦」之借字。

〔五九〕「何」，乙、丁、戊、己、庚、壬、癸、甲二本同，甲本作「玉」，誤；「無」，甲、乙、丁、戊、己、壬、甲二本同，庚本作「元」，癸本作「父」，均誤。

〔六〇〕「事」，甲、壬本作「是」，當作「足」，據文義及乙、丁、戊、己、庚、甲二本改。

〔六一〕「碓」，甲、丁、壬、癸本同，己、庚本作「椎」，當作「雄」，據文義及戊、甲二本改；「雌」，戊、己、庚、甲二本同，甲、丁、壬、癸本作「觜」，誤。

〔六二〕「何」，丁、戊、己、庚、辛、壬、癸、甲二本同，甲本作「枯」，誤；「無」，甲、丁、戊、己、辛、壬、癸、甲二本同，庚本作「元」，誤；「枝」，丁、戊、己、庚、辛、壬、癸、甲二本同，甲本作「之」，「之」爲「枝」之借字。

〔六三〕『何』，丁、戊、己、庚、壬、癸、甲二本同，甲本作『空』，誤；『城』，丁、戊、己、庚、壬、甲二本同，癸本作『成』，『成』爲『城』之借字；『無』，甲、丁、戊、己、壬、癸、甲二本同，庚本作『元』，誤；『使』，甲、丁、戊、己、庚、壬、癸本同，甲二本作『所』，誤。

〔六四〕『無』，甲、乙、戊、己、壬、癸、甲二本同，庚本作『元』，誤；『子』，甲、丁本同，當作『字』，據乙、丁、戊、己、庚、壬、癸、甲二本改。

〔六五〕『小』，甲、乙、丁、己、庚、壬、癸、甲二本同，戊本作『少』。

〔六六〕『井』，丁、戊、己、庚、壬、癸、甲二本同，甲本作『正』，誤。

〔六七〕『關』，甲、乙、丁、戊、己、庚、辛、壬本同，甲二本作『開』，誤。

〔六八〕『舉』，甲本作『已』，當作『輩』，據文義及乙、丁、戊、己、庚、辛、壬、甲二本改。

〔六九〕『犢』，乙、丁、戊、己、庚、辛、壬、癸、甲二本同，甲本作『讀』，誤；『無』，甲、乙、丁、戊、己、壬、癸、甲二本同，庚本作『元』，誤。

〔七〇〕『無』，甲、乙、丁、戊、己、庚、癸、甲二本同，壬本脱；『駒』，甲、乙、丁、戊、己、壬、癸本同，庚、甲二本作『駈』，誤。

〔七一〕『刀』，丁、戊、己、庚、壬、癸、甲二本同，甲本作『力』，誤；『環』，丁、戊、己、庚、壬、甲二本同，甲本作『褱』。

〔七二〕『營』，壬本作『熒』，己、庚、甲二本作『榮』，當作『螢』，據文義及甲、丁、戊、辛本改；『煙』，丁、戊、己、庚、壬、甲二本同，甲本作『烔』，誤。

〔七三〕『婦』，乙、戊、己、庚、辛、壬、甲二本同，甲、丁、癸本作『父』，『父』爲『婦』之借字。

〔七四〕『玉』，乙、丁、戊、己、庚、辛、壬、癸、甲二本同，甲本作『何』，誤。

〔七五〕『是』，甲本同，當作『足』，據文義及乙、丁、戊、己、庚、辛、壬、癸、甲二本改。

〔七六〕『下』，甲本同，當作『夏』，據文義及乙、丁、戊、己、庚、壬、癸、甲二本改，『下』爲『夏』之借字。

〔七七〕『確』，甲、丁、壬本同，當作『雄』，據文義及戊、己、庚、甲二本改；『雌』，戊、己本同，甲、丙、丁、辛、壬、癸本作『觜』，誤；『無雌』，庚、甲二本脱。

〔七八〕『枝』，乙、丙、丁、戊、己、庚、辛、壬、癸、甲二本同，甲本作『之』，『之』當爲『枝』之借字。

〔七九〕『城』，乙、丙、丁、戊、己、庚、辛、壬、癸、甲二本同，甲本作『成』，『成』爲『城』之借字；『使』，甲、乙、丙、丁、戊、己、辛、壬、癸本同，庚、甲二本作『所』，誤。

〔八〇〕『小兒無字』，據乙、己、庚、辛、壬本補，丙、丁本作『小兒無子』，戊本作『少兒無字』，甲二本作『小兒元字』，甲本亦脱句。

〔八一〕『夫子曰』，據乙、己、庚、壬、甲二本補，丙、丁本作『夫子荅曰』。甲本亦脱句。

〔八二〕『善哉』，據乙、丙、戊、己、庚、壬、甲二本補。甲本亦脱句。

〔八三〕『善哉』，據乙、丙、戊、己、辛、壬本補。甲本亦脱句。

〔八四〕『吾與汝共遊天下』，據乙、庚、辛、壬、甲二本補，丙、戊本作『吾以汝共遊天下』，時『以』通『與』；丁本作『吾以共遊天下』，脱『汝』字；己本作『吾汝共遊天下』，脱『與』字。甲本亦脱此句。

〔八五〕『可得已否』，據壬本補，乙、丙、丁、己、庚、甲二本作『可得以否』，戊本作『可得以不』，辛本作『可得與

否」，時「已」、「以」、「與」可互爲借字。甲本亦脱此句。

〔八六〕「小」，甲、乙、丙、丁、己、庚、壬、甲二本同，戊本作「少」。

〔八七〕「吾」，甲、丙、丁、戊、己、庚、辛、壬、甲二本同，乙本作「吴」，「吴」爲「吾」之借字；「有嚴」，據甲、乙、丙、丁、戊、己、庚、辛、壬、甲二本補。

〔八八〕「須」，乙、丙、丁、戊、庚、辛、甲二本同，甲本作「雖」，「雖」爲「須」之借字，己本作「有」，誤；「侍」，乙、丙、丁、戊、己、庚、辛、甲二本同，壬本作「恃」，「恃」爲「侍」之借字，甲本作「待」，誤。

〔八九〕「慈」，據文義及乙、丙、丁、戊、己、庚、辛、壬、甲二本補，甲本作「子」，誤；「母」，甲、乙、丙、丁、戊、己、庚、壬、甲二本同，辛本作「父」，誤。

〔九〇〕「須」，甲、乙、丙、丁、戊、庚、壬、甲二本同，己本脱；「養」，甲、乙、丙、丁、戊、己、壬本同，庚、甲二本作「卷」，誤。

〔九一〕「兄」，據甲、乙、丙、丁、戊、己、庚、辛、壬、甲二本補。

〔九二〕「小弟」，據甲、乙、丙、丁、戊、己、庚、辛、壬、甲二本補。

〔九三〕「當」，據甲、乙、丙、丁、戊、己、庚、辛、壬、甲二本補。

〔九四〕「所」，甲、乙、戊、庚、辛、壬、甲二本同，丙、丁本作「是」，己本脱；「以」，甲、乙、丙、丁、己、庚、辛、壬、甲二本同，戊本作「有」，誤；「隨」，乙、丙、丁、己、庚、壬、甲二本同，甲、戊本作「須」，誤。

〔九五〕「曰」，甲、乙、丙、戊、己、庚、辛、壬、甲二本同，丁本作「荅曰」。

〔九六〕「雙」，據甲、乙、丙、丁、戊、己、辛、壬、甲二本補，庚本作「雔」，誤；「陸」，甲、戊、庚、壬、甲二本

同，乙、丙、丁、己、辛本作『六』。
〔九七〕『兒』，當作『汝』，據文義及甲、乙、丙、丁、戊、己、辛、壬本改，甲本作『如』，庚、甲二本作『以』，疑『如』、『以』均爲『汝』之借字；『戲』，乙、丙、丁、己、庚、辛、甲二本同，甲本作『虚』，戊、壬本作『喜』，疑『虚』、『喜』爲『戲』之借字；『兒何』，當作『如何』，據文義及甲、乙、戊、己、庚、辛、壬、甲二本改，丙本作『何如』，丁本至『共汝博戲』止。
〔九八〕『荅曰』，據文義及甲、戊、己、庚、辛、壬、甲二本補，乙本作『荅』，丙本作『曰』。
〔九九〕『不』，據甲、乙、丙、戊、己、庚、辛、甲二本補，壬本作『吾不』；『戲』，乙、丙、戊、己、庚、辛、壬、甲二本同，甲本作『虚』，疑『虚』爲『戲』之借字。
〔一〇〇〕『天子』，據壬本補，甲、乙、戊、己、庚、辛、甲二本作『夫子』，『夫』字誤。
〔一〇一〕『雨』，乙、丙、戊、己、庚、辛、壬、甲二本同，甲本作『調』，誤；『無』，甲、乙、丙、戊、庚、辛、壬、甲二本同，己本作『失』；『其』，丙本同，當作『期』，據文義及甲、乙、戊、己、庚、辛、壬、甲二本改。
〔一〇二〕『之』，甲本同，當作『諸』，據文義及乙、丙、戊、己、庚、辛、壬、甲二本改，『之』爲『諸』之借字。
〔一〇三〕『事不』，據乙、丙、戊、己、庚、辛、壬、甲二本補，甲本作『事失』；『治』，乙、丙、戊、己、庚、辛、壬、甲二本同，甲本作『之』，疑『之』爲『治』之借字。
〔一〇四〕『使』，丙本同，當作『吏』，據文義及乙、己、辛、壬本改，甲本作『里』，戊、庚、甲二本作『央』，均誤；『好博』，據文義及甲、乙、丙、戊、己、庚、辛、壬、甲二本補。
〔一〇五〕『經』，丙本同，辛本作『荊』，當作『稽』，據文義及甲、乙、戊、己、庚、壬、甲二本改。

〔一〇六〕「耕」，乙、丙、戊、己、庚、辛、壬、甲二本同，甲本作「更」，「更」爲「耕」之借字。

〔一〇七〕「罔」，丙本同，當作「忘」，據文義及甲、乙、戊、己、庚、辛、壬、甲二、乙二本改；「讀」，甲、乙、戊、己、庚、辛、壬、甲二本、乙二本同，丙本作「櫝」，誤；「書詩」，乙本同，丙、戊、己、辛、壬、甲二、乙二本作「詩書」，甲本作「詩時」。庚本至「忘讀詩」止。

〔一〇八〕「小」，甲、乙、丙、己、辛、壬、甲二、乙二本同，戊本作「少」。

〔一〇九〕「苦」，甲本同，當作「笞」，據文義及乙、戊、己、辛、壬本改，丙本作「癡」，疑「癡」爲「笞」之借字；「達」，甲本同，丙本作「闥」，當作「撻」，據文義及乙、戊、己、辛、壬、甲二本改。

〔一一〇〕「無」，甲、乙、丙、戊、己、辛、壬本同，甲二本脱；「事」，甲、乙、丙、戊、己、辛、壬、乙二本同，甲二本作「是」，「是」爲「事」之借字。

〔一一一〕「用」，甲、乙、丙、戊、己、壬、甲二、乙二本同，辛本脱。甲二本至此句止。

〔一一二〕「以」，乙、丙、戊本同，當作「與」，據文義及甲、辛、壬、乙二本改，己本脱，時「以」、「與」可互借；「汝」，乙、丙、戊、己、辛、壬、乙二本同，甲本作「如」，誤；「下」，乙、丙、戊、己、辛、壬本同，甲本作「地」，誤。

〔一一三〕「何」，當作「可」，據文義及甲、乙、丙、戊、己、辛、壬本改；「以」，甲、乙、丙、戊、辛本同，當作「已」，據文義及己本改，壬本作「與已」；「否」，甲、乙、丙、己、辛、壬本同，戊本作「不」。

〔一一四〕「小」，甲、乙、丙、己、辛、壬本同，戊本作「少」；「兒」，乙、丙、戊、己、辛、壬本同，甲本作「而」，「而」爲「兒」之借字。

〔一一五〕『可』，甲、乙、丙、戊、辛、壬、乙二本同，己本脱。

〔一一六〕『有』，甲、丙、戊、己、辛、壬本同，乙本脱。

〔一一七〕『以』，甲、乙、丙、戊、己、辛本同，乙二本脱；『平』，甲、乙、戊、辛、壬、乙二本同，丙本作『不平』，衍一『不』字。

〔一一八〕『以』，乙、丙、戊、己、壬、乙二本同，當作『與』，據文義及甲、辛本改；『兒』，甲本同，當作『汝』，據文義及乙、丙、戊、辛、壬、乙二本改；『捨』，甲、乙二本同，乙、戊、辛本作『拴』，當作『平』，據丙、壬本改，『拴』（掘）字亦可通。

〔一一九〕『棄』，甲、丙、辛、壬、乙二本同，戊、己本作『去』，『去』爲『棄』之借字；『棄却』，甲、丙、辛、壬、乙二本同，乙本作『或有』，誤。

〔一二〇〕『小』，甲、乙、丙、己、辛、壬本同，戊本作『少』。

〔一二一〕『捨』，甲本同，乙、戊、己、辛本作『拴』，當作『平』，據丙、壬本改，『拴』（掘）字亦可通；『塞山』，諸本無，當爲衍文，應删。

〔一二二〕『獸』，甲、乙、戊、己、辛、壬、乙二本同，丙本作『伯獸』，衍一『伯』字；『事』，己本作『使』，當作『所』，據文義及甲、乙、戊、辛、壬、乙二本改，丙本脱此字；『衣』，丙、己本同，當作『依』，據文義及甲、乙、戊、辛、壬、乙二本改，『衣』爲『依』之借字。

〔一二三〕『塞』，甲、乙、戊、己、辛、壬、乙二本同，丙本作『田』（填）；『却』，甲、乙、戊、己、辛、壬、乙二本同，丙本脱。

〔一二四〕「所」，甲、乙、丙、戊、辛、壬、乙二本同，己本作「使」，誤；「歸」，乙、丙、戊、己、辛、壬、乙二本同，甲本作「婦」，誤。

〔一二五〕「棄」，乙、丙、己、辛、壬本同，甲、戊本作「去」，「去」爲「棄」之借字；「作」，當作「却」，據甲、乙、丙、戊、己、辛、壬本改。

〔一二六〕「事」，丙本作「是」，當作「使」，據文義及乙、戊、己、辛、壬本改；「隨」，當作「誰」，據文義及乙、丙、戊、己、辛、壬本改；「君子使誰」，甲本作「君子有何所隨」。

〔一二七〕「夫子曰」，甲、乙二本亦脱，據乙、丙、戊、己、辛、壬本補。

〔一二八〕「善哉」，甲、乙、丙、戊、己、辛、乙二本同，壬本脱。

〔一二九〕「善哉」，甲、乙、丙、戊、己、辛、乙二本同，壬本脱。

〔一三〇〕「汝」，乙、丙、戊、己、辛、壬、乙二本同，甲本作「女」，「女」應讀作「汝」。

〔一三一〕「葦」，乙、丙、戊、己、辛、壬本同，甲本作「謂」，疑「謂」爲「葦」之借字。

〔一三二〕「蒲」，甲、乙、丙、戊、己、壬本同，辛本作「蒲蒲」，其一爲衍文，當删。

〔一三三〕「犬」，甲、丙、戊、己、辛、壬本同，乙本作「吠」，誤；「吠」，據文義及甲、丙、戊、己、辛、壬本補，乙本作「犬」。

〔一三四〕「使」，乙、丙、戊、己、辛、壬本同，甲本作「所」，誤。

〔一三五〕「主」，當作「雉」，據文義及丙、戊、辛、壬本改，甲本作「主碓」，誤，己本脱。乙本脱此句。

〔一三六〕「乎」，當作「狐」，據文義及丙、戊本改，甲、己、辛、壬本作「孤」，誤。

〔一三七〕『何也』，甲、丙、己、辛、壬本同，戊本脫。

〔一三八〕『小』，甲、丙、己、辛、壬本同，戊本作『少』。

〔一三九〕『簿』，甲、丙、戊、己、辛、壬本均作『箔』，均可通。

〔一四〇〕『其』，甲、丙、戊、己、辛、壬本同，乙二本作『共』，誤。

〔一四一〕『犬』，據甲、丙、戊、己、辛、壬、乙二本補。

〔一四二〕『爲傍有客』，丙、戊、己、辛、壬本同，甲、乙二本脫。

〔一四三〕『坐』，甲、乙、戊、己、辛、壬、乙二本同，丙本作『座』，『座』爲『坐』之借字；『是』，當作『使』，據文義及乙、丙、戊、辛、壬本改，甲本作『所』，己本作『吏』，均誤；『姑』，乙、丙、戊、己、辛、壬本同，甲本作『孤』，『孤』爲『姑』之借字。

〔一四四〕『花』，甲、乙、戊、辛、壬本同，丙、己本作『化』；『夏』，當作『下』，據文義及甲、乙、丙、戊、己、辛、壬本改，『夏』爲『下』之借字。

〔一四五〕『雉』，丙、戊、己、辛、壬、乙二本同，甲本作『主』，疑誤。

〔一四六〕『近』，甲、乙、丙、戊、己、辛本同，壬本作『在』；『小』，甲本同，當作『山』，據文義及丙、己、辛、壬、乙二本改；『擇』，甲本同，當作『澤』，據文義及丙、辛、壬、乙二本改，己本作『宅』，疑『擇』、『宅』均爲『澤』之借字。戊本脫此句。

〔一四七〕『狗』，甲、丙、戊、辛、壬、乙二本同，己本作『苟』，『苟』爲『狗』之借字；『化』，丙、戊、己、辛、壬、乙二本同，甲本作『花』；『狐』，辛、壬、乙二本同，甲、己本作『孤』，丙本作『主孤』，均誤。

〔一四八〕「近」，甲、乙、丙、戊、己、辛、乙二本同，壬本作「在」。

〔一四九〕「曰」，乙、丙、戊、己、辛、壬本同，甲本作「答曰」，「答」字衍。

〔一五〇〕「之」，當作「知」，據文義及甲、乙、丙、戊、己、辛、壬本改，「之」爲「知」之借字；「事」，當作「是」，據文義及甲、乙、丙、戊、己、辛、壬、乙二本改，「事」爲「是」之借字。

〔一五一〕「事」，當作「是」，據文義及甲、丙、戊、己、辛、壬、乙二本改，「事」爲「是」之借字。

〔一五二〕「答」，甲、丙、戊、己、辛本同，壬本無。

〔一五三〕「父母」，丙、戊、己、辛、壬、乙二本同，甲本作「夫婦」，誤；「事」，當作「是」，據文義及甲、丙、戊、己、辛、壬、乙二本改，「事」爲「是」之借字；「親」，甲、丙、戊、己、辛、乙二本同，壬本脱。

〔一五四〕「夫婦」，乙、丙、戊、己、辛、壬、乙二本同，甲本作「夫父」，誤；「事」，當作「是」，據甲、乙、丙、戊、己、辛、壬、乙二本改，「事」爲「是」之借字。

〔一五五〕「枕」，甲、丙、己、辛、壬本同，乙、戊本作「櫳」，乙二本作「椀」，均誤。

〔一五六〕「何」，戊、己本作「可」，當作「豈」，據甲、丙、辛、壬本改。

〔一五七〕「曰」，甲、丙、戊、辛、壬、乙二本同，己本無。

〔一五八〕「是何言歟」，甲、乙二本亦脱，據文義及丙、戊、己、辛本補，乙、壬本作「是何言與」。

〔一五九〕「是何言歟」，甲、丙、戊、乙二本亦脱，據文義及辛本補，壬本作「是何言與」，「與」通「歟」，己本作「是何言語」，疑「語」爲「歟」之借字。

〔一六〇〕「之」，甲、戊、己、辛、壬本同，丙、乙二本作「知」，「知」爲「之」之借字；「婦」，當作「母」，據文義

及戊、己、辛、壬本改，甲、丙、乙二本作『父』，誤。

〔一六一〕『而』，丙、乙二本同，當作『如』，據文義及戊、己、壬、辛本改，甲本作『兒』，『兒』爲『而』之借字，『而』通『如』；『有』，甲、丙、戊、辛、壬、乙二本同，己本脫；『恨』，當作『根』，據甲、丙、戊、己、辛、壬、乙二本改。

〔一六二〕『知』，甲、丙本同，當作『之』，據文義及乙、戊、己、辛、壬本改，『知』爲『之』之借字；『母』，甲、丙本同，當作『婦』，據文義及乙、戊、己、辛、壬本改。

〔一六三〕『而』，甲本同，當作『如』，據文義及乙、丙、戊、己、辛、壬本改，『而』通『如』。

〔一六四〕『不』，當作『必』，據甲、丙、戊、己、辛、壬、乙二本改。

〔一六五〕『死』，甲、丙、己、辛、壬、乙二本同，戊本作『生』，誤，己本脫；『更』，甲、己、辛、壬本同，丙、乙二本作『再』，戊本原作『更』，後改作『在』；『取』，甲、己、辛、乙二本同，丙、戊、壬本作『娶』，『取』爲『娶』之本字。

〔一六六〕『必』，甲、丙、戊、己、辛、壬本同，乙二本作『定』；『家』，甲、丙、戊、己、壬本同，辛本脫。

〔一六七〕『一』，甲、乙、戊、己、辛、壬本同，丙本作『壹』；『死』，乙、丙、戊、己、辛、壬本同，甲本作『四』，疑『四』爲『死』之借字。

〔一六八〕『伯』，當作『百』，據文義及甲、乙、丙、戊、己、辛、壬本改，『伯』通『百』；『枝』，乙、丙、戊、己、辛、壬本同，甲本作『支』，『支』爲『枝』之借字；『枯』，丙、戊、辛、壬本同，甲本作『孤』，乙、己本作『姑』，均誤。

〔一六九〕「死」，乙、丙、戊、己、辛、壬、乙二本同，甲本作「四」，疑「四」爲「死」之借字。

〔一七〇〕「種」，乙、丙、己、壬、乙二本同，當作「衆」，據文義及甲、戊、辛本改，「種」或爲「衆」之借字；「孤」，甲、丙、戊、辛、壬、乙二本同，己本作「姑」，誤。乙本至此句止。

〔一七一〕「婦」，甲、戊、己、辛、壬、乙二本同，丙本作「父」，「父」應爲「婦」之借字。

〔一七二〕「豈」，甲、丙、辛、壬、乙二本同，戊本作「可」，己本作「去」，「可」字誤，「去」爲「豈」之借字；「不」，甲、丙、戊、辛、壬本同，己本作「下」，誤。

〔一七三〕「小」，甲、丙、己、辛、壬、乙二本同，戊本作「少」；「小兒却問夫子曰」，甲本作「夫子又問小兒曰」。

〔一七四〕「鳴」，甲本同，當作「浮」，據文義及丙、戊、辛、壬、乙二本改，己本作「浮者」。

〔一七五〕「能」，丙、戊、己、辛、壬本同，甲本無；「乎」，甲本同，丙、戊、辛、壬本無，己本作「者」。

〔一七六〕「松」，據甲、丙、戊、己、辛、壬本補；「竹」，甲、丙、戊、辛本同，己本作「百」，壬本作「栢」；「何以」，據戊、辛、壬本補，甲、丙、己本無；「冬夏」，丙、己、辛、壬本同，甲本作「東下」，戊本作「冬下」，「東」爲「冬」之借字，「下」爲「夏」之借字；「恒」，甲、丙、戊、己、辛本同，壬本作「常」；「清」，丙、戊本同，當作「青」，據文義及甲、己、辛、壬、乙二本改，「清」爲「青」之借字。

〔一七七〕「小兒」，甲、乙二本同，當作「夫子」，據文義及丙、戊、己、辛、壬本改；「答」，甲、辛本同，丙本無，戊本作「對答」，己、壬本作「對」。

〔一七八〕「能」，甲、丙、戊、壬、乙二本同，己、辛本脱；「鳴」，甲本同，當作「浮」，據文義及丙、戊、己、辛、壬、乙二本改。

〔一七九〕「脚」，甲、丙、戊、辛、壬本同，己本作「却」，誤。

〔一八〇〕「能」，甲、丙、戊、己、壬本同，辛本脱。

〔一八一〕「煙」，辛本同，當作「咽」，據文義及丙、戊、己、壬、乙二本改。此句甲本脱。

〔一八二〕「竹」，甲、丙、戊、辛、乙二本同，己本作「百」，壬本作「栢」；「冬夏」，丙、戊、壬本同，甲本作「東下」，辛本作「各下」，「東」爲「冬」之借字，「下」爲「夏」之借字，「各」字誤；「恒」，甲、丙、戊、己、辛本同，壬本作「常」；「清」，戊本同，當作「青」，據文義及甲、丙、己、辛、壬本改，「清」爲「青」之借字；「者」，據丙、己、戊、辛本補，甲、壬本無。乙二本至此句止。

〔一八三〕「煙」字諸本無，爲衍文，當刪；「忠」，當作「中」，據文義及丙、戊、己、辛、壬本改，「忠」爲「中」之借字。丙本脱此句「緣」以後之文字，甲本脱此句。

〔一八四〕「曰」，辛本同，己、戊、壬本作「答曰」。甲、丙本脱此句。

〔一八五〕「然」，己、辛本同，戊、壬本作「然也」。甲、丙本脱此句。

〔一八六〕「豈」，據文義及戊、壬本補，己本作「去」，時「去」可通「豈」，辛本脱；「由」，辛本同，戊、壬本作「猶」，己本作「遊」，「猶」、「遊」均爲「由」之借字；「煙」，辛本同，當作「咽」，據文義及戊、己、壬本改，「煙」爲「咽」之借字。甲、丙本脱此句。

〔一八七〕「者」，戊、己、辛本同，壬本無。甲、丙本脱此句。

〔一八八〕「豈」，戊、辛、壬本同，己本作「去」，時「去」可通「豈」；「由」，戊、辛、壬本作「猶」，己本作「遊」，「猶」、「遊」均爲「由」之借字。甲、丙本脱此句。

〔一八九〕「松」，戊本同，當作「胡」，據辛、壬本改；「恒」，戊、辛本同，壬本作「常」；「清」，戊本同，當作「青」，據文義及辛、壬本改，「清」爲「青」之借字；「者」，戊本同，辛、壬本無。甲、丙、己本脱此句。

〔一九〇〕「由」，甲、丙、辛本同，戊、壬本作「猶」，「猶」爲「由」之借字；「心中」，丙、戊、辛、壬本同，甲本作「深忠」，「深忠」爲「心中」之借字。丙、己本脱此句。

〔一九一〕「有」，辛本同，當作「又」，據甲本改，丙、戊、己、壬本無；「問」，甲、己、辛、壬本同，戊本作「語」，丙本脱；「小」，甲、丙、己、辛、壬本同，戊本作「少」。

〔一九二〕「許」，甲、戊、辛、壬本同，丙本作「里」，己本作「戲」，「戲」字誤。

〔一九三〕「原」，當作「厚」，據文義及甲、丙、戊、己、辛、壬本改。

〔一九四〕「幾」，丙、戊、己、辛、壬本同，甲本作「肌」，疑「肌」爲「幾」之借字；「樑」，甲、丙、己、辛、壬本同，戊本作「粱」，「粱」爲「樑」之本字。

〔一九五〕「幾」，甲、戊、己、辛、壬本同，丙本脱；「柱」，戊、己、壬本同，甲本作「主」，丙、辛本作「住」，疑「主」、「住」均爲「柱」之借字。

〔一九六〕「何」，甲、戊、己、辛、壬本同，丙本作「何處」。

〔一九七〕「何」，甲、戊、辛、壬本同，丙本作「何處」；「起」，辛、壬本同，甲、戊本作「去」，丙本作「下」，「去」爲「起」之借字，「下」字誤；「雨從何起」，己本作「雨出高山」，誤。

〔一九八〕「霜出何邊」，甲、戊、己、辛、壬本同，丙本作「霜從何處出」。

〔一九九〕「露出何處」，戊、己、辛、壬本同，甲本作「路出何處」，丙本作「露從何處出」，「路」爲「露」之借字。

〔二〇〇〕『地』，甲、戊、己、辛、壬本同，丙本脱；『去』，甲、戊、己本同，丙、辛本作『起』，壬本作『却』；『起』、『却』均爲『去』之借字；『九百』，甲本亦脱，據丙、戊、己、辛、壬本補。

〔二〇一〕『原』，當作『厚』，據文義及甲、丙、戊、己、辛、壬本改；『薄』，甲、丙、己、辛、壬本同，戊本脱。

〔二〇二〕『與』，甲、己、辛本同，丙、壬本作『以』，戊本作『亦與』，『以』通『與』；『共』，甲、己本同，當作『等』，據文義及丙、戊、辛、壬本改。

〔二〇三〕『起』，甲本同，丙、戊、己、辛、壬本作『出』；『於山』，甲本同，丙、壬本作『蒼吾』，戊本作『蒼胡』，己本作『槍梧』，辛本作『蒼枯』，『槍』爲『蒼』之誤，『吾』、『胡』、『枯』均爲『梧』之借字。按『蒼梧』當指『蒼梧山』，又名『九疑山』，『風起於山』和『風出蒼梧』，均可通。

〔二〇四〕『江海』，甲本同，丙本作『高雲』，戊、辛本作『高市』，己本作『高山』，壬本作『高處』。

〔二〇五〕『於天』，丙、戊、己、辛、壬本同，甲本作『何邊』，誤。

〔二〇六〕『亦』，甲、丙、戊、辛、壬本同，己本脱；『櫟』，甲、丙、己、辛、壬本同，戊本作『粱』，『粱』爲『櫟』之本字。

〔二〇七〕『與』，甲、戊、己本同，丙、辛、壬本作『以』，『以』通『與』；『四』，丙、戊、己、辛、壬本同，甲本作『死』，誤；『雲』，甲、戊、己、壬本同，丙、辛本作『風』；『起』，丙、戊本同，甲本作『去』，壬本無，當作『氣』，據己、辛本改；『而』，甲、丙、戊、辛、壬本同，己本作『如』，『如』通『而』；『乃』，甲、丙、戊、己、辛本同，壬本作『力』，誤；『扶』，甲、丙、戊、辛、壬本同，己本作『浮』，『浮』爲『扶』之借字。

〔二〇八〕「與」，壬本同，當作「以」，據文義及甲、丙、戊、己本改，「與」通「以」，辛本脱；「柱」，丙、辛、壬本同，甲、己本作「主」，疑「主」爲「柱」之借字。
〔二〇九〕「在」，甲本同，當作「有」，據文義及丙、戊、己、辛、壬本改。
〔二一〇〕「嘆曰」，甲本亦脱，據戊、壬本補，丙、辛、己本作「曰」。
〔二一一〕「善哉」，甲本亦脱，據丙、戊、己、辛、壬本補。
〔二一二〕「善哉」，甲、辛本亦脱，據丙、戊、己、壬本補。
〔二一三〕「之」，甲、己本同，當作「知」，據文義及丙、戊、辛、壬本改，「之」爲「知」之借字；「後生」，丙、戊、辛、壬本同，甲本作「小兒」，己本作「後」；「委」，當作「畏」，己本作「得」，據文義及甲、丙、戊、辛、壬本改，疑「委」爲「畏」之借字；「也」，丙、戊、己、辛、壬本同，甲本作「夜」，誤。
〔二一四〕「共」，丙、戊、己、辛、壬本同，甲本作「以」；「對答」，甲、丙、戊、己、壬本同，辛本脱。
〔二一五〕「一一」，甲、戊、己、辛本同，壬本作「下下」，丙本脱；「此弟」，當作「次第」，據文義改，甲本作「此弟子」，丙、戊、己、辛、壬本無。
〔二一六〕「心煞」，甲、丙、戊、己、壬本同，辛本脱。
〔二一七〕「乃」，甲、丙、戊、己、辛本同，壬本作「刀」，誤。
〔二一八〕「景」，甲、丙、戊、己、壬本同，辛本作「累」，當作「敬」，據《太平御覽》卷六一一引《楚國先賢傳》改，「景」爲「敬」之借字；「玄」，辛本同，當作「懸」，據文義及甲、丙、己、壬本改，「玄」爲「懸」之借字，戊本作「縣」，「縣」爲「懸」之本字；「如」，甲本同，當作「而」，據文義及丙、戊、辛、壬本

改，「如」通「而」，己本無；「此」，甲、己、辛本同，當作「刺」，據文義及丙、戊、壬本改，「此」爲「刺」之借字；「故」，辛本同，當作「股」，據文義及甲、丙、戊、己、壬本改，「故」爲「股」之借字。

〔二一九〕「行」，甲、丙、己、辛本同，當作「衡」，據文義及戊、壬本改，「行」爲「衡」之借字。

〔二二〇〕「路」，甲、丙、戊、辛、壬本同，己本作「露」，「露」爲「路」之借字；「諸」，甲本作「程」，當作「情」，據文義及丙、戊、己、辛、壬本改；「勇」，丙、辛本同，甲、戊、己、壬本作「用」，「用」爲「勇」之借字。

〔二二一〕「子」，丙、戊、己、辛、壬本同，甲本作「此」，誤；「章」，甲、戊、己、辛、壬本同，當作「張」，據文義及丙本改，「章」爲「張」之借字。

〔二二二〕「報答」，甲、戊、己、辛、壬本同，丙本作「對答答」，其中一「答」字爲衍文。

〔二二三〕「學」，甲、丙、戊、己、壬本同，辛本脱；「去」，甲、戊、壬本同，丙、己本作「問」，辛本作「起」，「問」字誤，「起」通「去」。

〔二二四〕「抄」，甲本作「有」，戊、己、辛、壬本作「叉」，「有」字誤，「抄」、「叉」均可通；「拜」，甲、己、辛本同，戊、壬本作「啓」；「耶」，甲、戊本同，己、壬本作「孃」，辛本作「阿」。丙本脱此句。

〔二二五〕「兒」，辛本同，甲、戊、己、壬本作「如」，「如」爲「兒」之借字。丙本脱此句。

〔二二六〕「須」，丙、戊、己、辛、壬本同，甲本作「隨」；「寄」，甲、丙、己、辛本同，戊、壬本作「記」。

〔二二七〕「年」，丙、戊、己、壬本同，辛本作「遂」，誤；「老」，丙、戊、己、壬本同，辛本作「望」，誤；「皆」，甲、丙本同，當作「昏」，據文義及戊、己、壬本改。此句甲本作「耶孃老去皆明暗」，辛本脱「昏迷去」。

〔二二八〕「寄」，甲、戊、己、壬本同，丙本作「奇」，誤；「他」，丙、戊、己、壬本同，甲本作「且」。辛本脱此句。

〔二二九〕「一」，丙、戊、己、壬本同，甲本作「壹」。辛本脱此句。

〔二三〇〕「婦」，當作「父」，據文義及甲、丙、戊、己、壬本改，「婦」爲「父」之借字；「時」，甲、己本同，當作「承」，據丙、戊、壬本改；「望」，丙本同，甲、己本作「亡」，戊、壬本作「忘」，「亡」、「忘」均爲「望」之借字。辛本脱此句。

〔二三一〕「取」，甲、丙、戊、己、壬本同，辛本作「敢」，誤；「將」，丙、戊、己、辛、壬本同，甲本作「皆」，誤。

〔二三二〕「餧」，戊、壬本同，甲本作「寺」，丙本作「詞」，己本作「似」，辛本作「飼」，疑「寺」、「詞」、「似」均爲「飼」之借字。

〔二三三〕「登時却索」，戊、己、壬本同，甲本作「登來取色」，丙本作「却索登初」，疑「取色」爲「却索」之借字；「色」字諸校本無，爲衍文，當刪。

〔二三四〕「便」，甲、戊、己、壬本同，丙、辛本作「却」；「欲」，甲、戊、己、壬本同，丙本作「色」，辛本作「索」，疑「色」爲「索」之借字；「倍」，甲、丙、戊、己、壬本同，辛本作「培」，「培」爲「倍」之借字。

〔二三五〕「東」，甲、丙、己、壬本同，戊本作「日」，誤；「兩」，甲、戊、己本同，壬本作「錠」。丙本至此句止。

〔二三六〕「銀錢」，甲、戊、己、壬本同，辛本脱「錢」字。

〔二三七〕「皃」，戊、己、壬本同，甲本作「如」，「如」爲「皃」之借字；「一」，戊、己、壬本同，甲本作「壹」。

〔二三八〕「文」，戊、壬本同，甲、己、辛本作「問」，「問」爲「文」之借字。

〔二三九〕「登」，戊、己、辛本同，甲本作「當」；「聞」，己本同，甲本作「文」，戊本作「問」，「文」、「問」爲「聞」之借字。壬本脱此句。

〔二四〇〕「心中歡喜倍勝常」，甲、戊、己本同，壬本脱此句。

〔二四一〕「乘」，戊、己、壬、辛本同，甲本作「其」，疑「其」爲「騎」之借字。

〔二四二〕「時」，當作「山」，據文義及戊、己、辛、壬本改；「登時（山）」，甲本作「蘆聚」，誤；「驀」，戊、己、壬本同，甲本作「百」，辛本作「陌」，均誤；「嶺」，戊本同，甲本作「里」，己、辛、壬本作「領」，「領」應爲「嶺」之借字；「甚芬芳」，甲本作「甚芬方」，戊、己、壬本作「甚分方」，「分」爲「芬」之借字，「方」爲「芳」之借字。

〔二四三〕「量」，戊、己、壬本同，甲本作「樑」，「樑」爲「量」之借字。

〔二四四〕「葛」，甲、戊、辛、壬本同，己本作「割」，疑「割」爲「葛」之借字；「蔓」，戊、壬本同，甲、辛本作「棁」，己本作「萬」，疑「萬」爲「蔓」之借字；「絞」，戊本同，甲、己、辛本作「膠」，壬本作「交」，疑「膠」、「交」均爲「絞」之借字；「長」，戊、壬本同，甲、己、辛本作「強」。

〔二四五〕「鍬鑼」，甲、己、壬本同，戊本作「鑼鍬」。

〔二四六〕「拴」，甲、戊、己本同，壬本作「撅」，當爲「掘」之借字，據文義改；「撅」同「掘」；「堂」，戊、己、辛、壬本同，甲本作「唐」，「唐」爲「堂」之借字。

〔二四七〕「重」，甲、己、辛、壬本同，戊本作「從」，「從」爲「重」之借字；「裹」，甲、己、辛、壬本同，戊本作「外」；「師」，戊、己、壬本同，甲本作「踈」，誤。

〔二四八〕「重」，甲、己、壬本同，戊本作「從」，「從」爲「重」之借字；「外」，壬本同，甲、戊、己、辛本作「裹」；「食」，當作「石」，據文義及甲、戊、己、辛、壬本改，「食」爲「石」之借字。

〔二四九〕「側」，甲、戊、己、辛本同，壬本作「惻」，「惻」爲「側」之借字；「耳」，戊、己、辛、壬本同，甲本作「二」，疑「二」爲「耳」之借字。

〔二五〇〕「書」，己、壬本同，戊本作「詩」，「詩」爲「書」之借字。甲本至此句止。

〔二五一〕「拔」，戊、壬、辛本同，己本作「把」；「撩」，己、壬本同，戊本作「繚」，辛本作「俺」，「繚」爲「撩」之借字，「俺」字誤。

〔二五二〕「相」，據戊、辛、壬本補，己本作「損」；「傷」，戊、辛、壬本同，己本作「相」，誤。

〔二五三〕「變」，戊、辛本同，己本作「遍」，壬本作「化」，「遍」爲「變」之借字。

〔二五四〕「減」，戊、壬本同，當作「鐵」，據文義及己、辛本改；「斬著」，辛本同，戊本作「斬截」，己本作「斫著」，壬本作「割截」；「滂滂」，己本同，戊、壬本作「汪汪」，辛本作「住住」，誤。

〔二五五〕「氣」，戊、辛本同，己、壬本作「去」，「去」爲「氣」之借字；「猶」，戊、壬本同，己、辛本作「由」，「由」爲「猶」之借字。

〔二五六〕「告」，戊、己、辛本同，壬本作「啓」；「耶」，戊、己、壬本作「孃」，辛本作「阿」。

〔二五七〕「瓮」，戊、己本同，壬本作「瓫」，辛本作「瓦」，「瓦」字誤。

〔二五八〕「將」，己本同，戊、辛、壬本作「向」。

〔二五九〕「耶」，戊、己、辛、壬本作「阿」。

〔二六〇〕「著」，戊、壬本同，己、辛本作「却」；「糞」，戊、辛、壬本同，己本作「粉」，「粉」爲「糞」之借字；「粉」，當作「堆」，據戊、己本改，辛、壬本作「塠」，「塠」爲「堆」之異體字。

〔二六一〕「蒼蒼」，戊、辛、壬本同，己本作「槍槍」。

〔二六二〕「竿」，戊、壬本同，己、辛本作「葦」。

〔二六三〕「兵」，戊、辛、壬本同，己本作「丘」，誤；「神」，戊、辛、壬本同，己本作「臣」，疑「臣」爲「神」之借字。

〔二六四〕「刀劍」，戊、己、辛本同，壬本作「弓刀」；「械」，戊、己、壬本同，辛本作「解」，「解」爲「械」之借字；「沿」，戊、己、壬本同，辛本作「緣」，「緣」爲「沿」之借字。

〔二六五〕「腰」，戊、壬本同，己、辛本作「要」，「要」爲「腰」之借字；「白」，壬本同，己本作「治」，當作「利」，據戊、辛本改。

〔二六六〕「當」，己、辛本同，戊、壬本作「登」；「各」，戊、己、辛本同，壬本作「却」；「強」，戊、己本同，辛、壬本作「勝」。

〔二六七〕「誰」，己、辛、壬本同，戊本作「須」，「須」爲「誰」之借字；「知」，戊、辛、壬本同，己本作「之」，「之」爲「知」之借字；「前」，戊本同，辛、壬本作「先」，己本脱；「亡」，辛、壬本同，戊本作「忘」，己本作「方」，「忘」、「方」疑均爲「亡」之借字。

〔二六八〕「登」，戊、己本同，辛、壬本作「當」；「惶怕」，戊、己、壬本同，辛本作「怕怖」。

〔二六九〕「懸」，己、辛、壬本同，當作「縣」，據文義及戊本改；「置」，戊、己、壬本同，辛本作「至」，「至」爲「置」之借字。

〔二七〇〕「孔子項託相問書一卷」，戊、壬本同，己本作「孔子共項託一卷」，辛本作「孔子項託一卷」。底本「孔子項託相問書一卷」墨跡較其前正文稍濃，筆跡則與其後兩行雜寫相近，疑爲另一人所寫。

參考文獻

《敦煌變文集》上册，二三一至二三九頁（録）；Mair, *Chinoperl Papers* vol, 10, 48 Ⓡ；《青海民族學院學報》一九八一年二期一八頁；《敦煌寶藏》一〇册，三九三至三九四頁（圖）；《敦煌研究》一九八五年二期九九頁；《敦煌學輯刊》一九八六年一期三二頁；《敦煌講唱文學作品選注》八四至九三頁（録）；《敦煌語言文學論文集》二四七頁（録）；《敦煌變文選注》三六三至三七三頁（録）；《敦煌兒童文學》一六五至一七七頁、二〇一至二〇四頁（録）；《法商學報》二四期，四三三至四六〇頁（録）；《英藏敦煌文獻》三卷，五至七頁（圖）；《敦煌話本、詞文、俗賦導論》一九六至二〇三頁；《敦煌文獻與文學》三五三至四三六頁（録）；《敦煌變文集新書》一一一九至一一三〇頁（録）；《敦煌變文校注》三五七至三六七頁（録）；《英藏敦煌社會歷史文獻釋録》第二卷，二六二至二八〇頁（録）。

斯一三九二　二　雜寫（孔子、庚子等）

釋文

孔子　庚子　庚庚庚　張安榮米陰翟康

王　高薛　夫豆粟鄧都頭勺（？）木蒙子

說明

此件抄於《孔子相託相問書》之後，爲學童隨手所寫之文字。

參考文獻

《敦煌寶藏》一〇冊，三九四頁（圖）；《英藏敦煌文獻》三卷，七頁（圖）。

斯一三九三　晉書（列傳第一七、一八）

釋文

（前缺）

尊儒尚學〔一〕，貴農賤商〔二〕，　　　　　　南面食禄者參倍於前云云〔三〕。《虞書》曰：『三載考績，三考黜陟幽明〔四〕。』是爲九年之後乃有遷叙也〔五〕。故居官久，則念立慎終之化〔六〕。居不見久〔七〕，則競爲一切之政〔八〕。六年之限，日月淺近云云。

俄遷侍中。抵　　轉司隸校尉〔九〕。

〔然〕〔玄〕天性峻急〔一〇〕，不能有所容。每有奏劾〔一一〕，或值日暮〔一二〕，捧白簡〔一三〕，整簪帶〔一四〕，聳踴不寐〔一五〕，坐而待旦。於是貴戚懾伏〔一六〕，臺閣生風〔一七〕。尋卒於家〔一八〕，時年六十二〔一九〕。

玄雖貴顯〔二〇〕，而著述不廢。撰論經國九流及三史故事〔二一〕，評斷得失〔二二〕，各爲區別〔二三〕，名爲《傅子》，爲内、外、中篇，〔凡〕有四部〔二四〕、六録〔二五〕，合百四十首〔二六〕，數十萬言〔二七〕，〔并〕文集百餘卷〔二八〕。子咸。

咸長虞〔二九〕，剛簡有大節。風格峻整，識性明悟，疾惡如仇，推賢樂善〔三〇〕，常慕季文子、仲山甫之志。好屬文〔論〕〔三一〕。庾純常歎曰〔三二〕：『長虞之文近乎詩人之作矣。』初〔三三〕，襲爵〔三四〕，拜洗馬〔三五〕，累遷冀州刺史。上言：夏禹敷土，分爲九州，今之刺史，幾向一倍。戶口比漢十分之一，而置郡縣更多。虛立軍府，動有百數。五等諸侯，復坐置官屬。諸所寵給，皆生於百姓。一夫不農，有受其飢，今之不農，不可勝計云云。以爲當今之急，先併官省事，靜事息役，上下用心，唯農是務云云。

咸在位多所執正。爲御史中丞。上言：陛下過意，授非所堪，披露丹款云云。奏免河南尹何攀、廷尉高光等〔三六〕。後爲司隸，卒。

祗子莊。父嘏，魏太常。祗以才識明練稱，累遷司隸校尉。東海王輔政時，爲太子太傅。卒。祗即咸從弟也〔三七〕。子宣，卒中丞。

史臣曰：傅玄體強直之姿，懷匪躬之操，抗辭正色，補闕弼違，諤諤當朝，不忝其職者矣。及于（乎）位居三獨〔三八〕，彈擊是司，遂能〔使〕臺閣生風〔三九〕，貴戚歛手。雖前代鮑、葛，何以別（加）之〔四〇〕！然而唯此褊心〔四一〕，乏弘雅之度，驟聞競爽，爲物議所譏，惜哉！古人取戒於韋絃〔四二〕，良有以也。長虞風格凝峻，不墜家聲〔四三〕。傅祗名父之子，早樹風猷，崎嶇危亂之朝，匡救君臣之際，卒能保全祿位。可謂有道在焉〔四四〕。

列传弟（第）十八　段灼　向雄　閻纘〔四五〕

向雄茂伯，河内人。父韶，彭城〔太〕守〔四六〕。雄初仕郡爲主簿，事太守王經。及經之死也，雄哭之盡哀，市人咸爲之悲。後太守劉毅嘗以非罪笞雄，及吴奮代毅爲太守，又以少譴繫雄於獄。司隷鍾會於獄中辟雄爲都官從事，會死無人殯斂，雄迎喪而葬之。文帝笞（召）雄（而）責之曰〔四七〕：『往者王經之死，卿哭，我不問也。今會叛逆，又收葬，若復相容，其如王法何！』雄曰：『昔先王掩骼埋胔，仁流朽骨，當時豈先卜其功罪而後葬哉！今王誅既加，於法已備。雄感義收葬，教亦無闕。何必使雄遺（違）生背死以立於時〔四八〕！殿下讎枯骨而捐之中野，爲將來仁賢之資〔四九〕，不亦惜乎。』帝甚悦，與談宴（而）遣之〔五〇〕。累遷黄門侍郎。（時）吴奮〔五一〕、劉毅俱爲侍中，同在門下，雄初不交言。武帝聞之，敕雄令復君臣之好。雄不得已，（乃）詣毅〔五二〕，再拜曰：『向被制命〔五三〕，君臣義絶，如何？』於是即去。帝聞（而）大怒〔五四〕，問雄曰：『我令（卿）復君臣之好〔五五〕，何以故絶？』雄曰：『古之君子進人以禮，退人以禮。今之進人若加諸膝，退人遂（若）墜諸川〔五六〕。劉何（河）内於臣不爲戎首，亦已幸甚，安復（爲）君臣之好〔五七〕。』帝從之。卒河南尹。

段灼休然，敦煌人，爲鄧艾鎮西司馬。艾誅，灼上疏理艾，帝嘉其意。復陳時宜曰：

（臣）（聞）天時不如地利〔五八〕，地利不如人和。三里之城，五里之郭，圜圍而攻之，有不剋者，此天時不如地利。城非不高，池非不深，穀非不多，兵非不利，委而去之，此地利不如人和。然古之王者，非不先推恩德，以結固人心〔五九〕。人心苟和，雖三里之

城，五里之郭，不可攻也。人心不和，雖金城湯池，不能守也。臣以爲深思遠念，莫若推恩以協和黎庶云云。臣以爲太宰、司徒、衛將軍三王宜留洛中，其餘〔諸〕王年十五以上悉遣之國〔六〇〕。爲選〔中〕〔郎〕傅相〔六一〕，才兼文武，以輔佐之。連城開地，爲晉、魯、衛。所謂盤（磐）石之宗。雖云割地，譬猶囊漏貯中，亦一家之有耳。若慮後〔世〕〔強〕大〔六二〕，自可預爲制度〔六三〕，使〔得〕推恩以分子弟云云〔六四〕。漢世諸呂時，內有朱虛、東牟，外有諸侯九國，故不敢動搖。而魏法禁固（錮）諸王，親戚隔絕，不祥莫大焉云云。

臣伏自悼，私懷至恨：生長荒裔，未嘗覲見，陛下竟不知臣何人，此臣之恨一也。遭運會之世，值有事之時，而不能垂功名於竹帛，恨二也云云。哀二親早亡隕，兄弟并彫喪，孝敬無復施於家門，恨四也〔六五〕。夏之日忽以過，冬之夜尋復來，人生百歲，尚以爲不足，而臣中年嬰災，此恨五也。

語有之曰：『華言虛也，至言實也，苦言藥也，甘言疾也。』臣欲言天下太平，而靈龜神狐未見，仙芝蓮甫（莆）未生，此臣之所〔以〕不敢華言而爲佞者也云云〔六六〕。陛下誠欲致熊羆之士，不二心之臣，故宜疇諮博采〔六七〕，廣開直言之路云云〔六八〕。臣以爲諸〔侯〕伯子男名號皆宜改易之〔六九〕。臣聞與覆車同軌者未嘗安也，與死人同病者未嘗生也，況大晉方將登太山，禪梁父，刻石書勳，垂示無窮。宜遠鑒往代興廢，深爲嚴防，使著事奮筆，必有紀焉。昔伊尹恥〔其〕君不爲堯舜〔七〇〕，此臣所以私懷慷慨，自忘輕

賤者也。

書奏，帝覽而異焉，擢爲明威將軍，卒。

閻纘續伯，巴西人。爲楊駿舍人。駿誅，纘獨以家財成墓，葬駿而去。愍懷太子之廢，纘輿棺詣闕，上書理太子冤云云。『昔戾太子無狀，稱兵拒命，而壺關三老上書，有田千秋之言，猶曰：「子弄父兵，罪應笞耳。」漢武感悟，築思子臺。今適（遹）無狀〔七一〕，猶爲輕於戾太子，尚可禁拔（持）〔七二〕，重選保傅。令十日一講，使共論議於前云云。昔太甲有罪，放之三年，思庸克復，爲殷明王云云。漢高欲廢太子，後四晧爲師，子房爲傅，竟復成就。前事不忘，後事之戒云云。保傅東宮，宜選寒苦之士，忠貞清正云云，且勿復取戚（盛）盛（戚）豪門子弟云云〔七三〕。昔周公親撻伯禽，曹參笞窋二百，聖考慈父，皆不傷恩。今不忍小相維持，令至失（闕）闕（失）〔七四〕，頓相罪責，不亦誤哉！太孫幼沖，選置兵衛，宜得柱石之士如周昌者也。〔世〕俗淺薄〔七五〕，士無廉節，賈謐小兒，恃寵恣睢云云。潘岳、繆徽（徵）等皆謐支（之）黨〔七六〕，共相沈浮，人士羞之，聞其晏然，莫不爲怪。今制書暴揚其罪〔七七〕，百姓同云〔清〕〔當〕〔七八〕。岳、徽（徵）廿四人〔七九〕，宜皆齊黜，以肅風教。』朝廷善其忠，擢爲漢中太守，卒。纘不護細行，慷慨好大節。

史臣曰：愍懷之廢，天下稱〔其〕冤〔八〇〕。然皆懼禍敗之參夷，懾淫嬖之凶忍，遂使謀臣懷忠而結舌，義士蓄憤而吞聲。閻纘官既微於侍郎〔八一〕，位不登於執戟，輕生重義，視死

如歸，伏奏而待嚴誅，輿棺以趨鼎鑊，察言觀行，豈非忠且壯乎〔八二〕！顧視晉朝公卿，曾不得與其徒隸齒也。

（中缺）

共爲一體也〔八三〕。山林之士，被褐懷玉，太上棲於丘園，高節出於衆庶。其次輕爵服，遠恥辱以全志。最下就列位，惟無功而能〔知〕止〔八四〕。彼其清劭足以抑貪汙，退讓足以息鄙事。故在朝之士，聞其風而悅之；將受爵者，皆恥躬之不逮。斯山林之士、避寵之臣所以爲美也，先王嘉之。故大者有玉帛之命，其次有几杖之禮云云。〔故〕田叔等十人〔八五〕，漢廷臣無能出其右者，而未嘗干禄於時。以釋之之貴，結王生之襪於朝，而其名愈重。自非主臣尚德兼愛，熟（孰）能通天下之志〔八六〕，如此其大者乎！

夫不革百王之弊，徒務救世之政，文士競智而務入，武夫恃力而争先。官高矣，而意未滿；功報矣，其求不已。又國無隨才左（任）官之制〔八七〕，俗無難進易退之恥。位一高，雖無功而不見下，已負敗而後見用。故因前而升，則處士之路塞矣。又仕者黜陟無章，是以普天之下，先競而後讓；舉世之〔士〕〔八八〕，有進而無退。大人溺於動俗，執政撓於群言云云。臣以爲有孝如王陽，臨九折而去官；潔如貢禹，冠一免而不著；及知止如王孫，知足如踈（疎）廣〔八九〕，雖去列位而居東野；與人父言，依於慈；與人子言，依於孝云云。又疾世浮華，不循名實〔九〇〕，著論以非之云云。卒官。二子：珉、敳。

珉子琚。爲散騎常侍、侍中。懷帝沒，從在平陽。元海使帝行酒，珉不勝悲憤，因大號哭，賊惡之。遂遇害。

敳子嵩。爲陳留相，見王室多難，終知嬰禍，乃著《意賦》以豁情，猶賈誼之《服鳥》也。〔其〕詞云云〔九一〕。石勒之亂，與王衍俱被害。

純謀甫，博學有才義，歷中書令、河南尹。

初，純以賈充姦佞，與任愷共舉充西鎮〔關〕〔中〕〔九二〕，〔充〕由是不平〔九三〕。充嘗宴朝士，而純後至，充謂曰：『君行常居人前，今何以在後？』〔純〕曰〔九四〕：『旦有小市井事不了，是以來後。』世言純之先嘗有五（伍）伯者，充之先有市魁者，故充、純以〔此〕相譏焉〔九五〕。充自以位隆望重，意殊不平。及純行酒，充不時飲。純曰：『長者爲辱（壽）〔九六〕，何敢爾〔乎〕〔九七〕！』充曰：『父老不歸供養，將何言也！』純因發怒曰：『賈充！天下兇兇，由爾一人。』充曰：『充輔佐二世，蕩平巴蜀，有何罪而天下爲之兇兇？』純曰：『高貴鄉公何在？』衆坐因罷。充左右欲執純，羊琇、王濟佑之，〔因〕得出〔九八〕。充慙怒，上表解職。純〔懼〕〔九九〕，上河南尹、關內侯印綬，陳己過，朝議免純官。

後復以純爲國子祭酒。卒少府卿。子旉。旉允臧，終國子祭酒。

郭象子玄〔一〇〇〕，好《老》《莊》，能清言。王衍每云：『聽象語，如懸河瀉水，注而不竭。』稍遷黃門侍郎〔一〇一〕。東海王引爲主簿。永嘉末病卒，著碑論十二篇。

先是向秀於《莊子》舊注外而爲解〔義〕〔一〇二〕，妙演奇致，大暢玄風〔一〇三〕，

（中缺）

門將。年廿四〔而〕吴滅〔一〇四〕，退居舊里，以祖父世爲將相，有大勳於江表，深慨孫晧棄之，遂作《辯亡論》，入《文選》〔一〇五〕。

太康末，與弟雲入洛，造太常張華。華素重其名，如舊相識，曰：『伐吴之役，利獲二陸〔一〇六〕。』又嘗詣王濟，濟指羊酪謂機曰：『吴中何以敵此？』答云：『千里蒓羹〔一〇七〕，未下鹽豉。』時人稱爲名對。張華薦之諸公。累遷太子洗馬、著作郎。盧志謂曰：『陸遜、陸抗與君近遠？』機曰：『與君於盧毓〔一〇八〕、盧珽相類〔一〇九〕。』志默然。既起，雲謂機曰：『殊邦遐遠，容不相悉，何至於此。』機曰：『我父祖名播四海，寧不知邪！』議者以此定二陸之優劣云云。

趙倫將簒〔位〕〔一一〇〕，以機爲中書郎。

初機有駿犬，名黄耳，既而〔羇〕〔寓〕京師〔一一一〕，久無家問，語犬曰：『我家絶無書信，汝能齎書取消息不？』犬摇尾作聲。機乃爲書以竹筩盛之而繫其頸，犬南走，至其家，得報還洛。其後因以爲常。時中國多難，顧榮等咸勸機還吴，機負其才望〔一一二〕，而志匡世難〔一一三〕，故不從。

齊王冏既矜功自伐，機作《豪士賦》以刺焉云云〔一一四〕，冏不之悟。

又作《五等論》人《文選》〔一一五〕。

成都王潁以機參大將軍軍事〔一一六〕，表爲平原内史。河間王起兵討長沙王乂〔一一七〕，假機後將軍〔一一八〕、河北大都督，督北中郎將王粹、冠軍牽秀等諸軍二十餘萬人〔一一九〕。機以三世爲將〔一二〇〕，道家所忌〔一二一〕，又羈旅入官（宦）〔一二二〕，頓居群士之右，而王粹〔一二三〕、牽秀等皆有怨心〔一二四〕，固辭都督〔一二五〕。潁不許〔一二六〕。遂行。潁謂曰：『若功成事定，當爵爲郡公〔一二七〕，位以台司〔一二八〕，將軍勉之矣〔一二九〕。』機曰〔一三〇〕：『齊桓任夷吾以建九合之功，燕惠疑樂毅以失垂成之業〔一三一〕，今日之事〔一三二〕，在公不在機。』潁左長史盧志心害機寵〔一三三〕，言於潁曰〔一三四〕：『陸機自比管樂，擬君闇主，自古命將遣師〔一三五〕，未有臣陵其君而可以濟事者也〔一三六〕。』潁默然〔一三七〕。機始臨戎〔一三八〕，而牙旗折〔一三九〕，意惡之。列軍自朝歌至於河橋〔一四〇〕，鼓聲聞數百里〔一四一〕，漢魏以來〔一四二〕，出師之盛未曾有也。長沙王奉天子與機戰於鹿苑〔一四三〕，機軍大敗〔一四四〕。

初，官（宦）人孟玖弟超並爲潁所嬖〔寵〕〔一四五〕。超領萬人爲小都督〔一四六〕，未戰，縱兵大掠。機録其主者〔一四七〕。超將鐵騎百餘人〔一四八〕，直入機麾下奪之〔一四九〕，顧謂機曰：『貉奴能作督不〔一五〇〕。』機司馬孫拯勸機殺之〔一五一〕，機不能用。超又還書與玖，言機持兩端〔一五二〕，軍不速決〔一五三〕。及戰〔一五四〕，超不受機節度，輕兵獨進而沒〔一五五〕。玖疑機殺之〔一五六〕，遂譖機於潁〔一五七〕。潁大怒，使牽秀收機。機釋戎服〔一五八〕，著白帢〔一五九〕，

與秀相見〔一六〇〕，神色自若〔一六一〕，謂秀曰：『自吳朝傾覆，吾兄弟宗族蒙國重恩〔一六二〕，入侍帷幄〔一六三〕，出剖符竹〔一六四〕。成都命吾以重任，辭不獲已〔一六五〕。今日受誅〔一六六〕，豈非命也〔一六七〕。』因與穎牋〔一六八〕，詞甚悽惻。既而歎曰〔一六九〕：『華亭鶴唳〔一七〇〕，豈可復聞乎〔一七一〕！』遂遇害於軍中〔一七二〕，時年卌三〔一七三〕。機既死非其罪〔一七四〕，士卒痛之〔一七五〕，莫不流涕〔一七六〕。是日昏霧晝合，大風折木〔一七七〕，平地尺雪〔一七八〕，議者以爲陸氏之冤〔一七九〕。

機天才秀逸，辭藻宏麗〔一八〇〕，張華嘗謂之曰〔一八一〕：『人之爲文〔一八二〕，常恨才少〔一八三〕，〔而〕子更患其多〔一八四〕。』弟雲嘗與書曰〔一八五〕：『君苗見兄文〔一八六〕，輒欲燒其筆硯〔一八七〕。』後葛洪〔一八八〕□

（後缺）

說明

此件已成爲三個斷片，三片均首尾缺。所存内容爲傅玄、傅咸、傅祗、傅宣、向雄、段灼、閻纘（第一片）、庾峻、庾珉、庾敳、庾純、庾旉、郭象（第二片）和陸機（第三片）等十四人傳記，與中華書局標點本《晉書》相關内容比較，寫卷文字精練，所記人物言行事蹟均極簡略。其中言論、奏表和上疏，常選取一些很有代表性的語言，其他則以『云云』二字省略，頗似《晉書》之節略本。查《隋書·經籍志》，

唐初時有晉史十八家，中唐以後相繼亡佚，僅官修《晉書》流傳至今。所以，此件也有可能是亡佚諸家《晉書》的一部分。

此件原有界欄，楷書抄寫，文字雋秀。其中『世』字及『民』字均缺筆。卷中不避『旦』字，又『詔書』改爲『制書』，疑係避武后『曌』字之諱，推測應抄於武后當政和武周時期。

以上釋文是以斯一三九三爲底本，用標點本《晉書》（中華書局，一九七四年版）列傳第一七、一八、二〇、二四（稱其爲甲本）參校。

校記

〔一〕『尊儒尚』，據甲本補。

〔二〕『賤商』，據甲本補。

〔三〕『南面食禄者參倍於』，據甲本補。

〔四〕『三考黜陟幽明』，據甲本補。

〔五〕『是爲九年』，據甲本補。

〔六〕『終之化』，據甲本補。

〔七〕『居不見久』，據甲本補。

〔八〕『則競爲一切』，據甲本補。

〔九〕『轉司』，據甲本補。此句和上句之間有大段省略，不能確定『抵』字之下文。

〔一〇〕『然玄』，據甲本補。
〔一一〕『尠』，據甲本補。
〔一二〕『或值日暮』，據甲本補。
〔一三〕『捧白簡』，據甲本補。
〔一四〕『整』，據甲本補。
〔一五〕『聳』，甲本作『竦』，均可通。
〔一六〕『戚』，甲本作『游』；『伏』，據甲本補。
〔一七〕『臺閣生風』，據甲本補。
〔一八〕『尋卒於家』，據甲本補。
〔一九〕『時年六』，據甲本補。
〔二〇〕『貴顯』，甲本作『顯貴』。
〔二一〕『流及三史故事』，據甲本補。
〔二二〕『評斷得』，據甲本補。
〔二三〕『别』，甲本作『例』。
〔二四〕『凡』、『部』，據甲本補。
〔二五〕『六録』，據甲本補。
〔二六〕『合百四十首』，據甲本補。

〔二七〕「數十萬」，據甲本補。

〔二八〕「并」，據甲本補。「并文集百餘卷」，甲本作「并文集百餘卷行於世」。

〔二九〕「咸長虞」，甲本作「咸，字長虞」，底本「長虞」二字字體小一倍，靠右書寫，其意是表示此二字爲傳主之字。以下同，不另出校。

〔三〇〕「推賢樂」，據甲本補。

〔三一〕「論」，據甲本補。

〔三二〕「庾純」，甲本作「潁川庾純」。

〔三三〕「初」，甲本作「咸寧初」。

〔三四〕「襲爵」，甲本作「襲父爵」。

〔三五〕「洗馬」，甲本作「太子洗馬」。

〔三六〕「奏免河南尹何攀、廷尉高光等」，甲本作「奏免河南尹澹、左將軍倩、廷尉高光、兼河南尹何攀等」。

〔三七〕「祇即咸從弟也」，甲本卷首小字曰：「咸從父弟祇」。

〔三八〕「于」，當作「乎」，據甲本改。

〔三九〕「使」，據甲本補。

〔四〇〕「别」，當作「加」，據甲本改。

〔四一〕「唯」，甲本作「惟」，均可通。

〔四二〕「絃」，甲本作「弦」，均可通。

〔四三〕『不』，甲本作『弗』，均可通。
〔四四〕『在』，甲本作『存』。
〔四五〕『段灼、向雄、閻纘』之排列順序，原文如此，但傳文的排列順序是：向雄、段灼和閻纘，與《晉書》同。
〔四六〕『太』，據甲本補。
〔四七〕『答』，當作『召』，據甲本改；『而』，據甲本補。
〔四八〕『遺』，當作『違』，據甲本改，『遺』爲『違』之借字。
〔四九〕『來』，據甲本補。
〔五〇〕『而』，據甲本補。
〔五一〕『時』，據甲本補。
〔五二〕『乃』，據甲本補。
〔五三〕『制』，甲本作『詔』。
〔五四〕『而』，據甲本補。
〔五五〕『卿』，據甲本補。
〔五六〕『遂』，當作『若』，據甲本改。
〔五七〕『爲』，據甲本補。
〔五八〕『臣聞』，據甲本補。
〔五九〕『以』，甲本無。

〔六〇〕『諸』，據甲本補。
〔六一〕『中郎』，據甲本補
〔六二〕『世強』，據甲本補。
〔六三〕『預』，甲本作『豫』，均可通。
〔六四〕『得』，據甲本補。
〔六五〕甲本此段前尚有：『逮事聖明之君，而尫悴羸劣，陳力又不能，當歸死於地下，此臣之恨三也』。
〔六六〕『以』，據甲本補。
〔六七〕『諮』，甲本作『咨』。
〔六八〕『直言』，甲本作『貢士』。
〔六九〕『侯』，據甲本補。
〔七〇〕『其』，據甲本補。
〔七一〕『適』，當作『適』，據甲本改。
〔七二〕『拔』，當作『持』，據甲本改。
〔七三〕『戚盛』，當作『盛戚』，據甲本改。
〔七四〕『失闕』，當作『闕失』，據甲本改。
〔七五〕『世』，據甲本補。
〔七六〕『徽』，甲本同，校改作『徵』，此從之；『支』，甲本作『父』，疑當作『之』，『支』爲『之』之借字。

〔七七〕「制」，甲本作「詔」。

〔七八〕「同」，甲本作「咸」；「清當」，據甲本補。

〔七九〕「徽」，當作「徵」，據甲本改。

〔八〇〕「其」，據甲本補。

〔八一〕「纘」，甲本作「纘伯」。

〔八二〕「且」，甲本作「直」，底本義長。

〔八三〕以下爲庾峻傳之後半部分，此殘本始於庾峻之疏。此句所殘之文字爲：「朝廷之士，佐主成化，猶人之有股肱心膂」。

〔八四〕「知」，據甲本補。

〔八五〕「故」，據甲本補。

〔八六〕「熟」，當作「孰」，據甲本改，「孰」爲「熟」之本字，此處「熟」爲「孰」之借字。

〔八七〕「左」，當作「任」，據甲本改。

〔八八〕「士」，據甲本補。

〔八九〕「踈」，當作「疎」，據甲本改，「踈」爲「疎」字之譌。

〔九〇〕「循」，甲本作「修」。

〔九一〕「其」，據甲本補。

〔九二〕「關中」，據甲本補。

〔九三〕「充」，據甲本補。

〔九四〕『純』，據甲本補。
〔九五〕『此』，據甲本補。
〔九六〕『辱』，當作『壽』，據甲本改。
〔九七〕『乎』，據甲本補。
〔九八〕『因』，據甲本補。
〔九九〕『懼』，據甲本補。
〔一〇〇〕據甲本，『郭象傳』應在『庾純傳』之前。
〔一〇一〕『遷』，甲本作『至』。
〔一〇二〕『義』，據甲本補。
〔一〇三〕『風』，據甲本補。
〔一〇四〕『廿四』，甲本作『二十』；『而』，據甲本補。
〔一〇五〕『入《文選》』原爲小字注，甲本無。
〔一〇六〕『陸』，甲本作『俊』。
〔一〇七〕『蒓』，甲本作『蓴』。
〔一〇八〕『與』，甲本作『如』。
〔一〇九〕『相類』，甲本無。
〔一一〇〕『位』，據甲本補。

〔一一一〕『羈寓』，據甲本補。
〔一一二〕『望』，據甲本補。
〔一一三〕『而志』，據甲本補。
〔一一四〕『士賦》以刺焉』，據甲本補。
〔一一五〕『入《文選》』原爲小字注，甲本無。
〔一一六〕『以機參大將軍』，據甲本補。
〔一一七〕『討長沙王乂』，據甲本補。
〔一一八〕『假機後將軍』，據甲本補。
〔一一九〕『牽秀等諸軍二十餘萬人』，據甲本補。
〔一二〇〕『機以三世爲將』，據甲本補。
〔一二一〕『道家所忌』，據甲本補。
〔一二二〕『又』，據甲本補；『官』，當作『宦』，據甲本改。
〔一二三〕『粹』，據甲本補。
〔一二四〕『牽秀等皆有怨心』，據甲本補。
〔一二五〕『固辭都督』，據甲本補。
〔一二六〕『穎』，據甲本補。
〔一二七〕『當爵爲郡公』，據甲本補。

〔一二八〕「位以台司」，據甲本補。

〔一二九〕「將軍勉之矣」，據甲本補。

〔一三〇〕「機」，據甲本補。

〔一三一〕「燕惠疑樂毅以失垂成之業」，據甲本補。

〔一三二〕「今」，據甲本補。

〔一三三〕「長史盧志心害機寵」，據甲本補。

〔一三四〕「言於穎」，據甲本補。

〔一三五〕「自古命將遣師」，據甲本補。

〔一三六〕「未有臣陵其君而可以濟事者也」，據甲本補。

〔一三七〕「穎默然」，據甲本補。

〔一三八〕「機始臨戎」，據甲本補。

〔一三九〕「而牙旗折」，據甲本補。

〔一四〇〕「河橋」，據甲本補。

〔一四一〕「鼓聲聞數百里」，據甲本補。

〔一四二〕「漢魏以」，據甲本補。

〔一四三〕「天子與機戰於鹿苑」，據甲本補。

〔一四四〕「機」，據甲本補。

〔一四五〕『官』，當作『宦』，據甲本改；『寵』，據甲本補。
〔一四六〕『人爲小都』，據甲本補。
〔一四七〕『者』，據甲本補。
〔一四八〕『超』，據甲本補。
〔一四九〕『直入機』，據甲本補。
〔一五〇〕『奴能作督不』，據甲本補。
〔一五一〕『機司馬孫拯勸機殺之』，據甲本補。
〔一五二〕『言機持兩端』，據甲本補。
〔一五三〕『軍不速決』，據甲本補。
〔一五四〕『及戰』，據甲本補。
〔一五五〕『沒』，據甲本補。
〔一五六〕『玖疑機殺之』，據甲本補。
〔一五七〕『遂譖機』，據甲本補。
〔一五八〕『服』，據甲本補。
〔一五九〕『著白帢』，據甲本補。
〔一六〇〕『與秀相見』，據甲本補。
〔一六一〕『神色自若』，據甲本補。

〔一六二〕『弟宗族蒙國重恩』，據甲本補。
〔一六三〕『入侍帷幄』，據甲本補。
〔一六四〕『出剖』，據甲本補。
〔一六五〕『獲已』，據甲本補。
〔一六六〕『今日受誅』，據甲本補。
〔一六七〕『豈非命也』，據甲本補。
〔一六八〕『因』，據甲本補。
〔一六九〕『曰』，據甲本補。
〔一七〇〕『華亭鶴唳』，據甲本補。
〔一七一〕『豈可復聞乎』，據甲本補。
〔一七二〕『遂』，據甲本補。
〔一七三〕『卌』，甲本作『四十』；『三』，據甲本補。
〔一七四〕『機既死非其罪』，據甲本補。
〔一七五〕『士卒痛之』，據甲本補。
〔一七六〕『莫不流』，據甲本補。
〔一七七〕『折木』，據甲本補。
〔一七八〕『平地尺雪』，據甲本補。

〔一七九〕「議者以爲陸氏」，據甲本補。

〔一八〇〕「宏麗」，據甲本補。

〔一八一〕「張華嘗謂之曰」，據甲本補。

〔一八二〕「人之爲文」，據甲本補。

〔一八三〕「常」，據甲本補。

〔一八四〕「而」，據甲本補。

〔一八五〕「雲嘗與書曰」，據甲本補。

〔一八六〕「君苗見兄文」，據甲本補。

〔一八七〕「輒欲燒其」，據甲本補。

〔一八八〕「後」，據甲本補。

參考文獻

Descriptive Catalogue of the Chinese Manuscripts from Tunhuang in the British Museum, p.241；《敦煌寶藏》一〇册，三九五至三九八頁（圖）；《英藏敦煌文獻》三卷，七至九頁（圖）；《古籍整理研究學刊》二〇〇七年六期，二八至三〇頁。

斯一三九三背　一　失名古籍

釋文

（前缺）

垂□求生而莫容，非讓其尺，皆争其□天下擾擾，群生屑屑。趨奔（？）競□，□道，以奸邪爲哲。朝夕浸潤，□之説；白馬之諫，欲受蒼蠅之禍，□爰谿鑠而錯殞，鄭袖誹而姝□悽切，慕恬痛而詐語，白起悲而□董宣之據地覆面，言畢而待□血。陸機珠碎，嵇康玉折。忠臣之壯，氣成□陷於宰嚭，爲首闇而嚭。趙高譖於李斯□有節，撫心秦獄。立觀秦主之亡，挾書□亦前優而後劣。月滿則虧，日中則□懷冰者，俗慜其寒；挾炭者，人畏其□，□□陽光之暫，嘈（？）□之以瞥。昔陶潛以往，隱隱若三皇山人，才志雖存，黯黯若九□迷琴瑟，識昧龍蛇。珮銀璜，綰金紫，鸞□冕乘軒，尊官厚禄，呼吸而爲雷□跡俱滅者，不可勝計。亦有明如謝□沉漭其貌，灌浴其心。漱清流，坐盤□萊。名光竹帛〔一〕，此之謂不朽。近有范陽□童蕭瑟似蓁薄，薄有長松，勃則□望蜃閣，金堂銀觀，璨爛炳煥。宛

若▭瓊林蓊鬱，蕭森依然。居掌內咸以□▭命難俱。採寶於山逢，覩巖之美璞；求▭之鶴，宛若千里之駒，下筆則鸞鏘▭於上宰，官位齊於疋（匹）夫，才有斯疾。舟君之身，何負不□▭若夫蒼蒼廣運，冥冥直守。地府東山，天曹北斗。鑄陶其業，鍛□▭視同蒭狗。得之者促，失之者久。無黨無偏，誰薄誰厚。運有一定，□□□□。□寂惟寞，玄之又玄。大鵬超於九萬，靈椿壽號八千，鷦一枝數（？）粒〔二〕，菌暮死而朝鮮〔三〕，鳧足短而任性，鶴頸長而自然。夢爲魚兮入水，夢爲鳥兮飛天。乃造化之潛運，豈聖智之筌〔蹄〕〔四〕？夫勞我以生，休我以死。儻來凝爲一氣，適去飄於萬里。或聚或散，時行時止，骨沉於土則與大塊合符，神歸於天則與元氣通理。以日月爲兩目，以乾坤〔爲〕一指〔五〕，作蟲臂兮何非，爲鼠肝兮何是。賢人有常度，君子有常務，不以天下壤（攘）壤（攘）而變其故〔六〕，不以兆人洶洶而改其趣。寵至若驚，福來斯懼。得之者無喜，失之者無怒。曾參不以孝而易季孟之權，原憲不以貧而易晉楚之富。何殞護於凡賤，何伎養於榮遇？將醉之而未醒，豈迷之而不悟！子既不能喔咿粟斯公王之座，不能折枝（肢）舐痔卿相之門〔七〕，不能苟且以獻謁，不能賄賂以祈恩，不能雉伏望塵而豫拜，不能狐媚承意而先言，不能害物以取寵，不能危人以自尊，合（何）固（故）窮而抱屈〔八〕？何怨命而尤魂？既未知至理之□□，▭

（後缺）

説明

此件首尾及右下角均缺，無標題，翟理斯認爲是一個文學性質的世俗文本，《敦煌遺書總目索引》擬爲雜文，《英藏敦煌文獻》定爲《失名古籍》，從所存内容來看，是一篇議論文的一部分。其中提到了曾參、原憲、鄭袖、趙高、嵇康、陸機和陶潛等，且明顯受到《莊子》、《道德經》、《論語》等經典的影響。此文用典頗多，説明作者具有較高的文化素養。其中『鷦一枝數粒』，明顯受到晉張華《鷦鷯賦》的影響；而『昔陶潛以往隱』，又説明這篇文章創作於陶潛之後。又其中『鳧足短而任性，鶴頸長而自然』曾爲唐孔穎達引用（見中華書局本《周易正義》卷四第五二頁），説明此文在唐代尚流行。

校記

〔一〕『光』，《敦煌遺書總目索引》、《敦煌遺書總目索引新編》釋作『光於』，誤。
〔二〕晉張華《鷦鷯賦》：『巢林不過一枝，每食不過數粒』。
〔三〕『死』，據文義補。
〔四〕『蹄』，據文義補。
〔五〕『爲』，據文義補。
〔六〕『壤』，當作『攘』，據文義改，『壤』爲『攘』之借字。
〔七〕『枝』，當作『肢』，據文義改，『枝』爲『肢』之借字。

〔八〕「合」，當作「何」，「固」，當作「故」，均據文義改，「合」爲「何」之借字，「固」爲「故」之借字。

參考文獻

Descriptive Catalogue of the Chinese Manuscripts from Tunhuang in the British Museum, p.241；《敦煌遺書總目索引》一三六頁；《敦煌寶藏》一〇冊，三九九頁（圖）；《英藏敦煌文獻》三卷，一〇頁（圖）；《敦煌遺書總目索引新編》四二頁。

斯一三九三背　二　雜寫（影與孚雲共肖掃）

釋文

影與孚（浮）雲共肖（簫）掃（韶）

參考文獻

《敦煌寶藏》一〇冊，四〇〇頁（圖）；《英藏敦煌文獻》三卷，一一頁（圖）。

斯一三九六　七曜日并十二時推命書

釋文

（前缺）

取他財物〔一〕。□喜樂作歌舞，凶。病者重，差遲。詐恥辱，宜專作好事。出行不吉，當被留滯。抑塞口舌，官府雖縱平安，畢竟無利益。入軍陣先首吉，逢陣，著黃衣、騎騧馬、懸黃拂（紼）吉〔二〕。

此日生人聰明智慧，少病，有善名譽。性敦重〔三〕、辟易〔四〕，解弓馬，於一切無畏憚。受修持浄法，精進決烈，得父母憐愛，於己身大利益。亦合多人依附，有心路，四海得力。此日生男女，二七日厄父母。凡宜修功德，作善助之，過二七日吉。此日生兒，宜敦（喫）少蘇〔五〕，父母宜須喫。宜以黑布蓋兒頭，訖，取此布少燒薰兒鼻〔六〕，大吉，長命亦（宜）養〔七〕。

若歲首得此日，宜須祭雞復（緩）天〔八〕，年内安吉。經當祭法，如餘處吉。

若此日曜直日，有日月變蝕，北（地）動見星〔九〕，星見謂蠶、其（莫）〔一〇〕、嘀及客星、長急之屬也。本曜生之人〔一一〕，重厄、怕死，大受災厄。及所見變，本分黜（野）國主人民〔一二〕，病疫死喪，須禳。其法：當

日一食，唯得食蘇，不得食牛肉。日出乃食，燒香禮拜，所禳之人，人及見害，抑謂人曜主及百性（姓）官人民等〔一三〕。作大胡餅十五牧（枚）〔一四〕，油麻製。燈五盞，黑炷（燭）〔一五〕。酒五杯，新瓦瓶五個，滿盛浄水，和大麥麨，取芥子蘇及時花作火唵法，即一切災厄脱免。辰時所有奴婢六畜走失，昏（皆）捉獲〔一六〕。亦得横財入手。有鬪争，惡賊並破散。

未時向貴勝，家得財，六畜奴婢稱心吉利。亥時興易得倍利，到處昏（皆）通達〔一七〕，加官秩，益財産。子時興易得通達，求財得財，求官得官。

（後缺）

說明

此件首尾均缺，存二〇行，係以『日』爲綱而推占『生人』之命運、吉凶及禳災方法。卷中出現『鷄緵（緩）』、『蜜』、『莫』、『嘀』、『日曜』、『本曜』等詞，末尾四行又以『時』爲據，推占辰、未、亥、子四時生人的禄命。這種推命方式，與伯二六九三《七曜曆日一卷并十二時》的結構相似，據此本件當爲七曜日并十二時推命書，其具體推命和占法尚待進一步研究。

校記

〔一〕『財物』，據殘筆劃及文義補。

〔二〕『拂』，當作『紼』，據文義改。
〔三〕『敦』，《敦煌占卜文書與唐五代占卜研究》釋作『敢』，誤。
〔四〕『辟易』前疑有脱文。
〔五〕『敦』，當作『喫』，據文義改，《敦煌占卜文書與唐五代占卜研究》徑釋作『喫』。
〔六〕『少』，《敦煌占卜文書與唐五代占卜研究》漏録。
〔七〕『亦』，當作『宜』，據文義改。
〔八〕『緮』，當作『緩』，據文義改。
〔九〕『北』，當作『地』，據文義改。
〔一〇〕『萁』，當作『莫』，據文義改。
〔一一〕『之』，《敦煌占卜文書與唐五代占卜研究》漏録。
〔一二〕『黜』，當作『野』，據文義改。
〔一三〕『性』，當作『姓』，據文義改，『性』爲『姓』之借字。
〔一四〕『牧』，當作『枚』，據文義改。《敦煌占卜文書與唐五代占卜研究》徑釋作『枚』。
〔一五〕『炷』，當作『燭』，據文義改。
〔一六〕『昏』，當作『皆』，據文義改。
〔一七〕『昏』，當作『皆』，據文義改。

參考文獻

《敦煌寶藏》一〇冊，四〇六頁（圖）；《英藏敦煌文獻》三卷，一一頁（圖）；《敦煌占卜文書與唐五代占卜研究》一一八至一一九頁；*Divination et société dans la Chine médéivale*, pp.277–278；《敦煌典籍與唐五代歷史文化》九二五頁。

斯一三九八　一　雜寫

釋文

都頭長長

九九

壬午年二月十九記，壬午年二月廿日立契，惠□

說明

此件爲時人隨手所寫，寫在下一件『典身契抄』卷首所留空白處，其中第三行抄有該契第一行的部分内容。

斯一三九八　二　壬午年（公元九八二年）二月廿日慈惠鄉百姓郭定成典身契抄

釋文

壬午年二月廿日立契，慈惠鄉百姓郭定成，伏緣家內欠□今祖（租）自身物於押衙王永繼家內只（質）典〔一〕，斷作典價[壹]〔二〕□仗（丈）捌尺〔三〕，福（幅）貳尺〔四〕，土布壹疋〔五〕。自典餘（已）後〔六〕，王永〔繼〕押得（衙）駈使〔七〕，□瀆（牘）〔八〕，不許王家把勒。人無雇價，物無利頭。若不得抛工，亂行亂坐〔九〕，□鐮刀械器袋〔一〇〕，牛羊畜生，合宅若畔上，非理失卻打破，裴（賠）在定成身上〔一一〕，□活。若牛羊畜生非命打然（煞）〔一二〕，不關主人之事。若病痛〔一三〕□偷他人羊牛畜生，園中菜茹瓜菓，裴（賠）在定成身上〔一四〕，不關主□成身東西不平善者，一仰阿兄郭定昌面上取本物。不許□捌馱，充入不悔人。恐後無信，故立此契，用爲後憑。（畫押）

説明

此件爲典身契，與上件雜寫和以下《太平興國柒年二月廿日赤心鄉百姓吕住盈、阿鸞兄弟賣地契抄》及《典賣宅舍地基契抄》、《社司轉帖抄》等抄於一紙，各契均無事主和見人等簽名，可知其爲抄件。此卷的另一面爲《酒破歷》，有印章，應爲正式文書，是此卷的正面。而包括此件在内的數件抄件應是利用《酒破歷》背面抄寫的。

此件後面的兩件契約均在『太平興國柒年』，而太平興國柒年（公元九八二年）的干支紀年爲壬午，故此件之『壬午』也應是公元九八二年。

校記

〔一〕『祖』，當作『租』，據文義改，《敦煌社會經濟文獻真蹟釋録》、《敦煌契約文書輯校》徑釋作『租』，『祖』疑爲『租』之借字；『只』，當作『質』，《敦煌社會經濟文獻真蹟釋録》、《敦煌契約文書輯校》據文義校改，『只』應爲『質』之借字。

〔二〕『作典』，《敦煌社會經濟文獻真蹟釋録》漏録；『壹』字已殘，僅存首部，《敦煌契約文書輯校》據該字所存殘筆畫補；《敦煌社會經濟文獻真蹟釋録》徑釋作『壹』。

〔三〕『仗』，當作『丈』，《敦煌社會經濟文獻真蹟釋録》、《敦煌契約文書輯校》據文義校改，疑『仗』爲『丈』之借字。

〔四〕『福』，當作『幅』，《敦煌社會經濟文獻真蹟釋録》、《敦煌契約文書輯校》據文義校改，『福』爲『幅』之借字。

〔五〕「疋」，《敦煌契約文書輯校》釋作「尺」，誤。

〔六〕「餘」，當作「已」，據文義改，《敦煌契約文書輯校》、《敦煌社會經濟文獻真蹟釋録》校改爲「以」。

〔七〕「繼」，據文義補；「得」，當作「衙」，《敦煌社會經濟文獻真蹟釋録》據文義校改。

〔八〕「瀆」，當作「贖」，《敦煌社會經濟文獻真蹟釋録》、《敦煌契約文書輯校》據文義校改，「瀆」爲「贖」之借字。

〔九〕「亂行亂坐」，《敦煌社會經濟文獻真蹟釋録》釋作「故行故坐」，《敦煌契約文書輯校》釋作「亂行亂住」，均有誤。

〔一〇〕「械」，《敦煌社會經濟文獻真蹟釋録》、《敦煌契約文書輯校》均漏録，「鐮刀械器」與下文「牛羊畜牲」相對，義勝於「鐮刀器袋」和「牛羊畜牲」相對，疑「袋」字爲衍，應删。

〔一一〕「裴」，當作「賠」，《敦煌社會經濟文獻真蹟釋録》、《敦煌契約文書輯校》據文義校改，「裴」當爲「陪」之借字。

〔一二〕「然」，《敦煌社會經濟文獻真蹟釋録》釋作「熬」，當作「煞」，據文義改，《敦煌契約文書輯校》徑釋作「煞」。

〔一三〕「病痛」，底本原作「有其病痛」，後於「有其」右側標有删除符號，《敦煌契約文書輯校》之釋文未删除原件上有删除符號的文字。

〔一四〕「裴」，當作「賠」，《敦煌社會經濟文獻真蹟釋録》、《敦煌契約文書輯校》據文義校改，「裴」當爲「陪」之借字。

參考文獻

Giles, *BSOS*, 11, 1, 167 Ⓡ；《敦煌資料》第一輯，三二八頁（録）；《敦煌遺書總目索引》一三六頁；《敦煌寶藏》一〇册，四〇八頁（圖）；《敦煌簡策訂存》九二至九四頁（録）；《西北史地》一九八三年四期，八九頁；《敦煌學輯刊》一九八四年二期，一四二頁；《敦煌學譯文集》八六三頁；《莫高窟年表》五九一頁；*Tunhuang and Turfan Documents*

concerning Social and Economic history Ⅲ（Contracts 契券）", A132–133頁；《敦煌吐魯番文書初探》二四八頁；《敦煌民俗學》七四頁；《敦煌社會經濟文獻真蹟釋録》二輯，五三頁（録）、（圖）；《敦煌學輯刊》一九九〇年一期，二頁；《英藏敦煌文獻》三卷，一二頁（圖）；《敦煌文書學》四三六至四三七頁；《1990年國際敦煌學術論文集》史地語文編，五六〇頁；《中國歷代契約會編考釋》六二八至六二九頁（録）；《敦煌契約文書輯校》三五三至三五四頁（録）。

斯一三九八　三　太平興國柒年（公元九八二年）二月廿日赤心鄉百姓呂住盈、阿鸞兄弟賣地契抄

釋文

請城北宋渠上界有地壹畦〔一〕，北頭壹片，共計肆畝〔二〕，東至□
南至地田。於時太平興國柒年壬午歲二月廿日立契。赤心□
阿鸞二人，家内欠少，債負深廣，無物填還，今□
與都頭令狐崇清，斷作地價，每畝壹拾貳碩，通□
當日交相分付訖，無升合玄（懸）欠〔三〕。自賣餘（已）後〔四〕，任□有〔五〕。
住盈、阿鸞二人能辯（辦）修（收）續（贖）此地來〔六〕，便容許□兄弟及别人
修（收）續（贖）此地來者〔七〕，便不容許修（收）續（贖）〔八〕。□
便入戶，恩敕流行，土亦不在論理〔九〕。不許休悔者，□
棱（綾）壹疋〔一〇〕，充入不悔人。恐後無信，故立此契，用爲後憑〔一一〕。

說明

此件與上件一樣，非實用文書，是賣地契抄。

校記

〔一〕「城」，《敦煌社會經濟文獻真蹟釋録》釋作「成」，誤。

〔二〕「肆」，《敦煌社會經濟文獻真蹟釋録》釋作「四」，誤。

〔三〕「玄」，當作「懸」，《敦煌契約文書輯校》據文義校改，「玄」爲「懸」之借字。

〔四〕「餘」，當作「已」，《敦煌契約文書輯校》據文義校改，疑「餘」爲「已」之借字。

〔五〕「有」，《敦煌社會經濟文獻真蹟釋録》釋作「任」，誤。

〔六〕「辯」，當作「辦」，《敦煌社會經濟文獻真蹟釋録》據文義校改，「辯」爲「辦」之借字；「修」，當作「收」，《敦煌社會經濟文獻真蹟釋録》、《敦煌契約文書輯校》據文義校改，「修」爲「收」之借字；「瀆」，當作「贖」，《敦煌社會經濟文獻真蹟釋録》、《敦煌契約文書輯校》據文義校改，「瀆」爲「贖」之借字。

〔七〕「修」，當作「收」，《敦煌社會經濟文獻真蹟釋録》、《敦煌契約文書輯校》據文義校改，「修」爲「收」之借字；「瀆」，當作「贖」，《敦煌社會經濟文獻真蹟釋録》、《敦煌契約文書輯校》據文義校改，「瀆」爲「贖」之借字。

〔八〕「修」，當作「收」，《敦煌社會經濟文獻真蹟釋録》、《敦煌契約文書輯校》據文義校改，「修」爲「收」之借字；「瀆」，當作「贖」，《敦煌社會經濟文獻真蹟釋録》、《敦煌契約文書輯校》據文義校改，「瀆」爲「贖」之借字。

〔九〕「土」字衍，據文義當删。

〔一〇〕「棱」，當作「綾」，據文義改，《敦煌社會經濟文獻真蹟釋録》、《敦煌契約文書輯校》徑釋作「綾」，「棱」當爲「綾」之借字。

〔一一〕「爲後憑」，據文義補。

參考文獻

《敦煌資料》第一輯，三一五至三一六頁（録）；《敦煌遺書總目索引》一三六頁；《敦煌寶藏》一〇册，四〇八頁（圖）；《敦煌簡策訂存》九二至九四頁（録）；《西北史地》一九八三年四期，八五頁；《敦煌學輯刊》一九八四年二期，一四二頁；*Tunhuang and Turfan Documents concerning Social and Economic history* Ⅲ，A89，B111頁；《莫高窟年表》五九一頁；《敦煌學輯刊》一九八八年一、二期合刊，二二二頁；《敦煌社會經濟文獻真蹟釋録》二輯，一三頁（録）、（圖）；《英藏敦煌文獻》三卷，一二頁（圖）；《貴州社會科學》一九九二年六期，五〇頁；《中國歷代契約會編考釋》五二〇至五二二頁（録）；《敦煌契約文書輯校》三五至三六頁（録）。

斯一三九八　四　太平興國柒年（公元九八二年）二月廿日
赤心鄉百姓呂住盈、阿鸞兄弟賣宅舍地基契抄

釋文

臨地（池）防（坊）捡（橛）巷子東壁上有舍壹院〔一〕。內舍南防（房）壹〔二〕
南至宋盈盈，北至自院落。於時太平興國柒年，歲
赤心鄉百姓呂住盈及弟阿鸞二人，家內〔三〕
今祖（租）與（賣）賣（與）都頭令狐崇清〔四〕，東西並基壹
仗（丈）貳尺〔五〕，每尺兩碩，都計算著麥粟
日交相分付訖，並無升合玄（懸）欠〔六〕。自賣已後，
若中閑（間）有兄弟及別人諍論此舍來者〔七〕，一仰口承
二人面上取馱並鄰舍充替〔八〕。或有恩（赦）流行〔九〕，若（亦）不在論理〔一〇〕。不許
黃麻玖馱，充入不悔人。恐後無信，故立此契，用爲後憑〔一一〕。

説明

此件爲賣舍契抄。

校記

〔一〕「地」，當作「池」，《敦煌古城談往》據文義校改；「防」，當作「坊」，《敦煌契約文書輯校》據文義校改，《敦煌社會經濟文獻真蹟釋録》徑釋作「坊」，「防」爲「坊」之借字；「拴」，《敦煌契約文書輯校》釋作「拴」，誤。

〔二〕底本「内」下原有「廳」字，但已塗抹，未録；「防」，當作「房」，《敦煌契約文書輯校》據文義改，《敦煌社會經濟文獻真蹟釋録》校作「坊」，「防」爲「房」之借字。

〔三〕「家内」，《敦煌社會經濟文獻真蹟釋録》釋作「緣爲」，誤。

〔四〕「祖」，當作「租」，《敦煌契約文書輯校》據文義校改，《敦煌社會經濟文獻真蹟釋録》徑釋作「租」，「祖」爲「租」之借字，據下文，「祖（租）」字爲衍文，當刪；「與賣」，當作「賣與」，《敦煌社會經濟文獻真蹟釋録》據文義校改。

〔五〕「仗」，當作「丈」，《敦煌社會經濟文獻真蹟釋録》、《敦煌契約文書輯校》據文義校改，「仗」爲「丈」之借字。

〔六〕「玄」，當作「懸」，《敦煌契約文書輯校》據文義校改，「玄」爲「懸」之借字。

〔七〕「閑」，當作「間」，《敦煌契約文書輯校》據文義校改，《敦煌社會經濟文獻真蹟釋録》徑釋作「間」。

〔八〕「取」，《敦煌社會經濟文獻真蹟釋録》漏録；「馱」，原書於「取」字左下側，《敦煌社會經濟文獻真蹟釋録》與《敦煌契約文書輯校》均未録。

〔九〕『勅』，《敦煌社會經濟文獻真蹟釋録》據文義校補。

〔一〇〕『若』，當作『亦』，據上件契約及其他契約例改，《敦煌社會經濟文獻真蹟釋録》釋作『並』，誤，如校作『並』，亦可通。

〔一一〕底本『爲』字右側有一後添加的『爲』，未録；『憑』，《敦煌契約文書輯校》據文義校補。

參考文獻

《敦煌資料》第一輯，三一五頁（録）；《敦煌寶藏》一〇册，四〇八頁（圖）；《中國都市史上的諸問題》一八二至一八三頁；《莫高窟年表》五九一頁；*Tunhuang and Turfan Documents concerning Social and Economic history* Ⅲ（Contracts 契券），A89，B111 頁；《西北史地》一九八八年二期；《敦煌社會經濟文獻真蹟釋録》二輯，一四頁（録）、（圖）；《英藏敦煌文獻》三卷，一二頁（圖）；《敦煌契約文書輯校》三七至三八頁（録）。

斯一三九八　五　社司轉帖抄

釋文

社司　轉帖。　右緣常年

至，於各人麥壹斗，粟壹斗，

壹斗，幸請諸公等□□

（後缺）

說明

此件與以上幾件筆跡不同，字也較大，爲另一人抄寫。

參考文獻

Mari, *Chinoperl Papers*, No.10, 49 Ⓡ;《敦煌寶藏》一〇册，四八頁（圖）；《英藏敦煌文獻》三卷，一二頁（圖）。

斯一三九八背　一　壬午年酒破歷

釋文

（前缺）

鄧家隨盤酒肆斗〔一〕。支弓匠令狐押衙〔二〕

城北莊酒壹斗。印三月四日城北酒〔三〕

酒壹斗〔四〕。印廿四日支八尺〔五〕，丑兒大歌灌〔六〕

阿郎酒半瓮。印四月九日莊客臥□

四日鄧家造頓酒壹瓮。廿七日八尺修莊酒

日支除皮人王義成等酒壹角，煞椽人酒壹

工匠局席酒半瓮〔七〕。印十八日八尺逕舍

斗〔八〕，支木匠酒壹瓮〔九〕。廿四日陰家墓上造頓〔一〇〕

斗。印廿九日宅內氈匠酒壹斗〔一一〕。城北看□

印廿四日楊都頭人助酒壹瓮。七月三日

印六日城北員昌納麥酒壹斗〔一二〕。八尺
印十八日宅内酒伍升。印九月十四日城
斗。鄧家祭拜酒伍升。印十月四日迎膺
南山酒壹斗。撻喇灌牛酒壹斗〔一三〕。支磑□
角。印廿二日看都衙酒壹瓮。石衍子
月一日莊客下柴酒半瓮。四日苟兒成〔一四〕
角〔一五〕。印十六日國太隨盤酒肆斗。
昌灌牛酒壹角。印

説明

此件首缺尾全，下部亦殘缺，保存了某年三月至十一月酒的支出情况，每筆酒的支出後多有一長方形印章，印文模糊，不易辨認。

此件後有『壬午年二月廿日令狐住千記』，又另一面有『宋太平興國柒年二月廿日赤心鄉百姓呂住盈、阿鸞兄弟賣地契抄』，唐耕耦等據此判定酒歷爲壬午年（公元九八二年）殘歷（参见《敦煌社會經濟文獻真蹟釋録》三輯二二七頁）。但此件原爲正面，其背面『宋太平興國柒年二月廿日赤心鄉百姓呂住盈、阿鸞兄弟賣地契抄』等文書的時代應在此件之後，而此件所存之支出時間均在二月廿日後，其年代應在『太平興國柒年（公元九八二年）』以前。此件後之『雜寫』包括『壬午年二月廿日令狐住千記』書寫於此件所剩餘

紙空白處，其時間肯定在此件之後，有可能與背面文書抄寫於同一時代，即『壬午年二月廿日令狐住千記』中之『壬午』有可能是公元九八二年。

校記

〔一〕『鄧』，《敦煌社會經濟文獻真蹟釋録》釋作『□酒』，誤。
〔二〕『押衙』，《敦煌社會經濟文獻真蹟釋録》未能釋録。
〔三〕『酒』，《敦煌社會經濟文獻真蹟釋録》未能釋録。
〔四〕『酒壹斗』，《敦煌社會經濟文獻真蹟釋録》未能釋録。
〔五〕『支八尺』，《敦煌社會經濟文獻真蹟釋録》未能釋録。
〔六〕『丑』，《敦煌社會經濟文獻真蹟釋録》未能釋録。
〔七〕『工』，《敦煌社會經濟文獻真蹟釋録》未能釋録。
〔八〕『斗』，《敦煌社會經濟文獻真蹟釋録》未能釋録。
〔九〕『支木匠酒壹瓮』，《敦煌社會經濟文獻真蹟釋録》未能釋録。
〔一〇〕『陰』，《敦煌社會經濟文獻真蹟釋録》釋作『張』，誤。
〔一一〕『宅』，《敦煌社會經濟文獻真蹟釋録》釋作『申』，誤；『氈匠』，《敦煌社會經濟文獻真蹟釋録》未能釋録。
〔一二〕『員昌納麥』，《敦煌社會經濟文獻真蹟釋録》釋作『□□兩處』，誤。
〔一三〕『喇』，《敦煌社會經濟文獻真蹟釋録》釋作『剌』；『灌牛』，《敦煌社會經濟文獻真蹟釋録》未能釋録。

〔一四〕「成」，《敦煌社會經濟文獻真蹟釋録》未能釋録。

〔一三〕「角」，《敦煌社會經濟文獻真蹟釋録》未能釋録。

參考文獻

《敦煌遺書總目索引》一三六頁；Mari, *Chinoperl Papers* Vol, .10, 49 ®；《敦煌寶藏》一〇冊，四〇九至四一〇頁（圖）；《敦煌社會經濟文獻真蹟釋録》三輯，二二七頁（録）、（圖）；《英藏敦煌文獻》三卷，一二頁（圖）；《敦煌遺書總目索引新编》四二頁。

斯一三九八背　二　雜寫（壬午年二月廿日令狐住千記等）

釋文

盈、住員、住奴、住連、住春〔一〕。孝子

壬午年二月廿日令狐住千記，令狐住千記〔二〕，壬午年。

（後缺）

校記

〔一〕『春』，《敦煌社會經濟文獻真蹟釋録》釋作『奉』，誤。

〔二〕『令狐住千記』，《敦煌社會經濟文獻真蹟釋録》漏録。

參考文獻

《敦煌遺書總目索引》一三六頁；《敦煌寶藏》一〇冊，四一〇頁（圖）；《敦煌社會經濟文獻真蹟釋録》三輯，二二七頁（録）、（圖）；《英藏敦煌文獻》三卷，一二頁（圖）；《敦煌遺書總目索引新编》四二頁。

斯一三九九　王梵志詩（卷一）

釋文

（前缺）

貧苦無處得〔一〕，相接被人（鞭）拷〔二〕。生時有苦痛〔三〕，不如早死好〔四〕。

他家笑吾貧，吾貧極快樂〔五〕。無牛亦無馬，不愁賊抄掠〔六〕。你富戶役高〔七〕，差科並用却。吾無呼喚處，飽喫長展腳〔八〕。你富被（披）錦袍〔九〕，尋常被纏縛。窮苦無煩惱〔一〇〕，草衣隨體著〔一一〕。

大有愚癡君〔一二〕，獨身無兒子。廣貪多覓財，養奴多養婢〔一三〕。伺人（命）門前喚〔一四〕，不容則（別）鄰里〔一五〕。死則（得）四片板〔一六〕，一條黃衾被〔一七〕。錢財奴婢用，任將別經紀。有錢不解用，空手入都市〔一八〕。

沉淪三惡道，負特愚癡鬼〔一九〕。荒忙身卒死，即屬伺命使〔二〇〕。反縛棒駈走，先渡奈河水。倒拽至廳前，枷棒遍（身）起〔二一〕。死經一七日，刑名受罪鬼。牛頭鐵叉杈〔二二〕，獄卒把刀撥〔二三〕。碓擣磑磨身，覆生還覆死。

撩亂失精神，無由見家裏〔二四〕。妻是他人妻，兒被後翁使。奴事新郎君，婢逐後娘子〔二五〕。騮馬被金鞍，鏤鐙銀鍬轡。角弓無主張〔二六〕，寶劍抛著地〔二七〕。設却百日齋，渾家忘却你。錢財他人用〔二八〕，古來尋常事〔二九〕。前人多貯積，後人無慙愧。此是守財奴〔三〇〕，不兌（免）貧窮死〔三一〕。

夫婦相對坐，千年亦不足。一個病著牀〔三二〕，遥看手不觸〔三三〕。正報到頭來，徒費將錢卜〔三四〕。寶物積如山〔三五〕，死得一棺木。空手把兩拳，口裏徒含玉〔三六〕。永離臺上鏡〔三七〕，無心開衣服〔三八〕。鏡匣塵滿中，剪刀生衣醭〔三九〕。平生歌舞處〔四〇〕，無由更習曲。琵琶斷（絕）巧聲〔四一〕，琴絃斷不續〔四二〕。花帳後人眠〔四三〕，前人自薄福。生坐七寶堂〔四四〕，死入土角觸（斛）〔四五〕。喪車相勾牽〔四六〕，鬼撲還相哭〔四七〕。日埋幾千般〔四八〕，光影急迅速〔四九〕。

富者辦棺木〔五〇〕，貧窮席裏角。共相唱奈河（何）〔五一〕，送著空塚各（閣）〔五二〕。千休即萬休，永別生平樂。志（智）者入西方〔五三〕，愚人墮地獄。掇頭入苦海〔五四〕，冥冥不省覺。

擎頭鄉里行，事當逞靴襖。有錢但著用，莫作千年調。

百歲乃有一，人得七十稀〔五五〕。張眼看他死，不能自覺知。癡皮裏膿血，頑骨強相隨。兩腳行衣棵，步步入阿鼻〔五六〕。

雙盲不識鬼，伺命急來追。[赤]繩串著項〔五七〕，反縛棒脊皮。路（露）頭赤腳走〔五八〕，身上無衣披〔五九〕。獨自心中驟，四面被兵圍。向前十道挽，背後鐵鎚鎚。伺命張弓射，苦痛劇刀錐。

使者門前喚，忙怕不容遲。寶體逐他走〔六〇〕，渾舍共號悲。宅舍無身護，妻子被人欺。錢財不關己，莊牧永長離。三魂無倚住，七魄散頭飛。

沉淪三[惡道]〔六一〕，家內無人知。有衣不能著，有馬不能騎。有[奴不能使]〔六二〕，[有婢不相]隨〔六三〕。有食不能喫，向前恒受[飢]〔六四〕。[冥冥地獄苦]〔六五〕，[難見出]頭時〔六六〕。依巡次第去，却活知有誰？

善（普）勸諸貴[等]〔六七〕，□□□□□。火急造橋樑，運度身得過，福至生西方。

造（告）知賢貴等〔六八〕，各雖（須）知厭足〔六九〕。身是有限身，程期太劇促。縱得百年活，徘徊如轉燭。憨人連腦癡，買錦妻裝束〔七〇〕。無心造福田，有意事奴僕。只得暫時榮〔七一〕，曠身入苦海〔七二〕。

傍看數箇大憨癡，造舍擬作萬年期〔七三〕。〔人〕〔人〕百歲乃有一〔七四〕，縱令〔長〕〔命〕七十稀〔七五〕。〔□〕〔□〕〔□〕〔□〕〔期〕〔却〕〔半〕〔七六〕，〔欲〕〔似〕〔流〕〔星〕〔光〕〔蹔〕〔時〕〔七七〕。〔中〕〔途〕少少遼（繚）亂死〔七八〕，亦有初生瓔孩兒。無問男夫及女婦，不及驚忙審三思〔七九〕。年年相續罪根重，[月月]增長肉身肥〔八〇〕。日日造罪不知足，恰似獨

養神豬兒〔八一〕。不能透圈四方走，還須圈裹待死時。自造惡業還自受，如今苦痛還自知。
各各保愛膿血袋，一聚白骨帶頑皮。學他造罪身自悞，羨□□福是黠兒。今身不形不修
福，[如]至寶山空手歸〔八二〕。
向前□□□□□，□□□□□相隨。倒曳□□□□□〔八三〕，[　　]有緣智[　　]□
喚□
（後缺）

說明

此件首尾均缺，中間及上沿亦有殘損，存四十七行，有分欄，每行六至一十五字不等。起「[貧苦]無處得，相接被人拷」，訖「□喚□」，現存文字是《王梵志詩集》卷上的部分內容。敦煌文獻中王梵志詩寫本較多，其中卷上除此件外，還有斯七七八、斯五四七四和斯五七九六三個寫本。斯七七八首全尾缺，首題「王梵志詩集并序上」，起「但以佛教道法，並我苦空」，訖「月月增長肉身肥，日日造罪不知足，洽」，各詩間有空格分離，序文完整；斯五四七四首尾均缺，冊子本，存二頁，每半頁六至八行，計二十七行，起「口總死盡，吾死無親表」，訖「養奴多養婢，伺命門前喚」，筆跡工整清晰，且有句讀標記；斯五七九六首全尾缺，首題「王梵志詩集卷上并序」，起「但以佛教道法，並我苦空」，訖「託生得好處，身死有人埋，錢」，各詩間以空格分隔，所存詩文不見於本卷（有關敦煌文獻中王梵志詩各寫本的異同，參見朱鳳玉《王梵志詩研究》上冊，二三至三八頁，學生書局，一九八六年版）。

以上釋文是以斯一三九九爲底本，以斯七七八（稱其爲甲本）、斯五四七四（稱其爲乙本）參校。

校記

〔一〕『貧苦』，據甲、乙本補。
〔二〕『接』，甲本同，乙本作『攝』；『人』，當作『鞭』，據甲、乙本改。
〔三〕『痛』，據甲、乙本補。
〔四〕『不如早死好』，據甲、乙本補。
〔五〕『吾貧』，乙本同，甲本作『吾貧五貧』，其中『五貧』爲衍字，據底本、乙本當删。
〔六〕『賊抄掠』，據甲、乙本補。
〔七〕『你』，據甲、乙本補；『役』，甲本同，乙本作『疫』，『疫』爲『役』之借字。
〔八〕『長展腳』，據甲、乙本補。
〔九〕『你富』，據甲、乙本補；『被』，乙本同，當作『披』，據甲本改。
〔一〇〕『苦』，甲本同，乙本脱。
〔一一〕『隨體著』，據甲、乙本補。
〔一二〕『愚』，甲本同，乙本作『遇』，誤。
〔一三〕『養奴多』，據甲、乙本補。
〔一四〕『人』，當作『命』，據甲、乙本改。乙本至此句止。

〔一五〕『則』，當作『别』，據甲本改。

〔一六〕『則』，當作『得』，據甲本改，疑『則』爲『得』之借字。

〔一七〕『一條黄衾』，據甲本補。

〔一八〕『市』，甲本作『示』，『示』爲『市』之借字。

〔一九〕『特』，甲本作『持』，《敦煌韻文集》、《王梵志詩校輯》釋作『時』，誤。

〔二〇〕『屬』，甲本作『遍』，誤。

〔二一〕『身』，據甲本補。

〔二二〕『杈』，《王梵志詩校注》釋作『扠』，原件實作『杈』，『杈』、『扠』本可互通。

〔二三〕『刀』，據甲本補。

〔二四〕『見』，據甲本補。

〔二五〕『婢』，據甲本補。

〔二六〕『張』，據甲本補。

〔二七〕『寶劍拋著』，據甲本補。

〔二八〕『他人用』，據甲本補。

〔二九〕『古來尋常事』，據甲本補。

〔三〇〕『此是守財奴』，據甲本補。

〔三一〕『不』，據甲本補；『兑』，甲本同，當作『免』，《王梵志詩校輯》、《王梵志詩研究》據文義改。

〔三二〕『個病著牀』，據甲本補。

〔三三〕『觸』，底本原作『⿰牜角』，甲本同，《王梵志詩校注》認爲『⿰牜角』是『觸』的别體。

〔三四〕『卜』，甲本作『上』，《王梵志詩研究》、《王梵志詩校注》據字形及文義校改爲『卜』，兹從之。

〔三五〕『寶物積如』，據甲本補。

〔三六〕『含玉』，據甲本補。

〔三七〕『永離臺上鏡』，據甲本補。

〔三八〕『無心』，據甲本補。

〔三九〕『衣襆』，據甲本補。

〔四〇〕『平生歌舞處』，據甲本補。

〔四一〕『斷』，當作『絶』，據甲本改。

〔四二〕『斷不續』，據甲本補。

〔四三〕『花帳後人眠』，據甲本補。

〔四四〕『坐』，甲本作『座』，『座』爲『坐』之借字。

〔四五〕『土角觸』，據甲本補，《王梵志詩校注》認爲『觸』應校改爲『⿰角弱』。

〔四六〕『喪車相』，據甲本補。

〔四七〕『鬼』，據甲本補。

〔四八〕『埋』，甲本作『理』，誤。

〔四九〕「光影急迅速」，據甲本補。

〔五〇〕「辦」，甲本作「辨」，誤。

〔五一〕「共相」，甲本作「相共」；「唱奈河」，據甲本補；「河」，當作「何」，據文義改，「河」爲「何」之借字，《王梵志詩研究》逕釋作「何」。

〔五二〕「各」，甲本同，當作「閣」，《王梵志詩校注》據文義校改。《敦煌韻文集》校作「郭」。

〔五三〕「志者入」，據甲本補；「志」，當作「智」，《王梵志詩研究》據文義校改。

〔五四〕「掇」，甲本作「⿲扌叕鳥」，誤。

〔五五〕「七十稀」，甲本作「七十者稀」，其中「者」爲衍文，當刪。

〔五六〕「入」，甲本脫。

〔五七〕「赤」，據甲本補。

〔五八〕「路」，當作「露」，據甲本改，「路」爲「露」之借字。

〔五九〕「披」，甲本作「被」，《王梵志詩校輯》釋作「被」，《王梵志詩研究》釋作「披」，據文義當作「披」。

〔六〇〕「寳」，甲本作「保」，疑爲「保」之形近訛字，「保」爲「寳」之借字。《王梵志詩校輯》釋作「裸」，《王梵志詩研究》釋作「倮」。

〔六一〕「惡道」，據甲本補。

〔六二〕「奴不能使」，據甲本補。

〔六三〕「有婢不相」，據甲本補。

〔六四〕「飢」，據甲本補。

〔六五〕「冥冥地獄苦」，據甲本補。

〔六六〕「難見出」，據甲本補。

〔六七〕「善」，當作「普」，《王梵志詩校注》據文義校改；「等」，據甲本補。

〔六八〕「造」，當作「告」，《王梵志詩研究》據文義校改。

〔六九〕「雖」，當作「須」，《敦煌韻文集》據文義校改，時「雖」通「須」，《王梵志詩校輯》、《王梵志詩研究》、《王梵志詩校注》釋作「難」，誤。

〔七〇〕「裝」，甲本作「裴」，誤。

〔七一〕「暫」，甲本作「蹔」，均可通；「榮」，甲本作「勞」，誤。

〔七二〕「海」，甲本作「毒」。

〔七三〕「舍」，甲本作「宅舍」，「宅」字衍，應删。

〔七四〕「人人」，據甲本補；「百」，甲本脱。

〔七五〕「長」，據甲本補；「命」，《王梵志詩研究》據文義校補。

〔七六〕「□□□□期却半」，據甲本補。

〔七七〕「欲似流星光蹔時」，據甲本補。

〔七八〕「中途」，據甲本補；「遼」，甲本作「寮」，當作「繚」，「遼」、「寮」均爲「繚」之借字，《王梵志詩研究》釋作「撩」，亦可通。

〔七九〕「及」，甲本作「得」，疑誤。
〔八〇〕「月月」，據甲本補。
〔八一〕甲本止于此句。
〔八二〕「如」，《敦煌韻文集》、《王梵志詩校注》據文義校補。
〔八三〕「曳」，《王梵志詩研究》釋作「拽」。

參考文獻

《大正新脩大藏經》八五册，一三二三至一三二四頁（録）；《敦煌韻文集》一七九至一八二頁（録）；《敦煌遺書總目索引》一三六頁；《敦煌寶藏》一〇册，四一〇至四一一頁（圖）；《王梵志詩校輯》四至一六頁（録）；《王梵志詩研究》上册九頁、一四頁、二四頁、一二〇頁、三〇二頁，下册一三至三二頁（録）、四一八至四一九頁（圖）；《敦煌學輯刊》一九八七年二期，三四頁；《敦煌吐魯番文獻研究論集》四輯，一五三至一八六頁（録）；《敦煌語言文學論文集》三一二至四一〇頁；《英藏敦煌文獻》三卷，一三頁（圖）；《王梵志詩校注》二四至八三頁（録）；《敦煌本唐集研究》一〇五頁。

斯一三九九背　雜寫（開四桴三十隻奉敕羞來遠）

釋文

開四桴三十隻奉敕羞來遠
天下太筆國莫詞退腰

參考文獻

《敦煌寶藏》一〇册，四一一頁（圖）；《英藏敦煌文獻》三卷，一四頁（圖）、（録）。

斯一四〇一　太公家教殘卷

釋文

（前缺）

□貪心害己，利口傷身。瓜田不整履，不飲盜泉之水〔一〕；暴風疾雨，不入寡婦之門。孝子不隱情於父〔二〕，□法不加於君子〔三〕，禮不下於小人。君濁則用武，君清則用文〔四〕。□百伎不妨其身〔五〕。

明君不愛邪佞之言（臣）〔六〕，慈父不愛不孝之子〔七〕。□凡人負重，不擇地而息；君子困窮，不擇官而仕〔八〕。□飢寒在身〔九〕，不修（羞）乞食之處（恥）〔一〇〕。貧不可欺〔一一〕，□太公未達〔一二〕，釣魚於水；相而（如）未遇〔一三〕，賣卜衣（於）市〔一四〕。□候時而起。

鶴鳴九高（皋）〔一五〕，聲徹於天；雷電然火〔一六〕，□人必知聞〔一七〕。身有德行，人必稱傳。惡不可作〔一八〕，□孟母三思（徙）〔一九〕，爲子擇潾（鄰）〔二〇〕。不患人之不已（己）之（知）〔二一〕，〔只〕患已所不如人也〔二二〕。□己欲求達〔二三〕，先達於人。立

身行道，始於事親。□修身慎行〔二四〕，恐辱先人。巳（己）所不欲，勿施於人。近鮑者臭〔二五〕，□近智者良。明珠不瑩，焉發其光。人生不學〔二六〕，語不成章〔二七〕。少兒（而）學者〔二八〕，語必成章〔二九〕。□人生不學〔三〇〕，冥冥如夜行〔三一〕。□兇必橫死〔三二〕，□行惡得殃〔三三〕。行來不遠〔三四〕，□視其使（所）所（使）〔三五〕。欲知其子〔三六〕，□視其奴婢〔三七〕。君子固窮，□不得責其具禮〔三八〕。□愚夫好見人之恥〔三九〕。□女無明鏡〔四〇〕，不知面上之精麁〔四一〕；□寄死託孤〔四二〕。意重則密〔四三〕，□難則相救〔四四〕，危則相扶〔四五〕。勤是無價之寶〔四六〕，學是明月神珠〔四七〕。□不如薄藝隨軀〔四八〕。□有功者賞，□養女不教〔四九〕，不兒（如）養驢〔五〇〕。□孝是百行之本〔五一〕，□不樂榮華〔五二〕；□不用黃金千車〔五三〕，□本不呈於君子〔五四〕，意欲教於童兒〔五五〕。

說明

此件首缺尾全，上下亦殘，後半部分僅存中間一窄條，起『貪心害己』，訖『意』，從其所存之內容可知其爲《太公家教》的一部分。現知敦煌文獻中保存了《太公家教》的寫本多達三十餘件，根據其抄寫特點大致可分爲三種類型（有關情況參看本書第二卷中斯四七九《太公家教》的『說明』）。此件即屬於第一種類型。這種類型的寫本有

斯一一六三等二十六件，本書第五卷（社會科學文獻出版社，二〇〇六年版）已收録斯一一六三《太公家教》，該件參校了全部二十六件相關校本，而此件所存之内容完全在該件之中，因各校本之異同已見於該件校記，故此件僅以本書第五卷中斯一一六三《太公家教》的校注本（稱其爲甲本）參校，而此件與其他校本之異同均請參看該件校記。

校記

〔一〕「不飲盜」，據甲本補。
〔二〕「不隱情於父」，據甲本補。
〔三〕「法不」，據甲本補。
〔四〕「清則用文」，據甲本補。
〔五〕「百伎不」，據甲本補。
〔六〕「言」，當作「臣」，據文義及甲本改。
〔七〕「愛不孝之子」，據甲本補。
〔八〕「而仕」，據甲本補，諸校本或作「而事」，或作「而仕」，據文義當作「仕」，「事」當爲「仕」之借字。
〔九〕「飢」，據甲本補。
〔一〇〕「修」，當作「羞」，據文義及甲本改，「修」爲「羞」之借字；「處」，當作「恥」，甲本據文義校改。
〔一一〕「欺」，據甲本補。
〔一二〕「太」，據甲本補。

〔一三〕「而」，當作「如」，據文義改，「而」爲「如」之借字，敦煌文獻中兩者可互相替代。
〔一四〕「衣」，當作「於」，據文義及甲本改，「衣」爲「於」之借字。
〔一五〕「高」，當作「臯」，據文義及甲本改，「高」爲「臯」之借字。
〔一六〕「雷電」，甲本作「竈裏」；「然火」，據甲本補。
〔一七〕「人必知」，據甲本補。
〔一八〕「恶不可作」，甲本無。
〔一九〕「思」，當作「徙」，據甲本及文義校改，「思」爲「徙」之借字。
〔二〇〕「潾」，當作「鄰」，據文義改，「潾」爲「鄰」之借字。
〔二一〕「巳」，當作「己」，據文義改；「之」，當作「知」，據文義改，「之」爲「知」之借字。
〔二二〕「只」，據甲本補；「己所不如人也」，據甲本補。
〔二三〕「己欲求」，據甲本補。
〔二四〕「修身慎」，據甲本補。
〔二五〕「者臭」，據甲本補。
〔二六〕「不學」，據甲本補。
〔二七〕「語不成章」，據甲本補。
〔二八〕「少」，據甲本補；「皃」，當作「而」，據甲本及文義改，「皃」爲「而」之借字。
〔二九〕「語必成章」，甲本作「如日出之光」。

〔三〇〕「人生」，據甲本補。
〔三一〕「如夜行」，據甲本補。
〔三二〕「兇必横死」，甲本無。
〔三三〕「行惡」，據甲本補。
〔三四〕「不遠」，據甲本補。
〔三五〕「使所」，當作「所使」，據文義及甲本改。
〔三六〕「知其子」，據甲本補。
〔三七〕「視其奴」，據甲本補。
〔三八〕「不」，據甲本補；「其」，甲本作「人」。
〔三九〕「愚」、「恥」，據甲本補。
〔四〇〕「女無」，據甲本補。
〔四一〕「面上之精奄」，據甲本補。
〔四二〕「寄」，據甲本補。
〔四三〕「重則密」，據甲本補。
〔四四〕「難則相」，據甲本補。
〔四五〕「相扶」，據甲本補。
〔四六〕「勤是無價之寶」，據甲本補。

〔四七〕「月神珠」，據甲本補。

〔四八〕「不如薄」，據甲本補；「軀」，甲本作「身」。

〔四九〕「養女不」，據甲本補。

〔五〇〕「兒」當作「如」，據文義及甲本改，「兒」爲「如」之借字；「驢」，甲本作「猪」。

〔五一〕「孝是百」，據甲本補。

〔五二〕「不」、「榮華」，據甲本補。

〔五三〕「不」、「金千車」，據甲本補。

〔五四〕「本不呈於君」，據甲本補。

〔五五〕「欲教於童兒」，據甲本補。

參考文獻

Mair, *Chinoper Papers* Vol, 10, 49Ⓡ；《敦煌遺書總目索引》一三六頁；《敦煌寶藏》一〇冊，四一二至四一三頁（圖）；《敦煌學輯刊》一九八四年一期，六四至七七頁；《敦煌寫本太公家教研究》八頁、二九至三九頁（圖）、（録）；《敦煌兒童文學》六〇頁、八二頁；《敦煌研究》一九八六年一期，四八至五五頁；《蘭州學刊》一九八六年六期，八〇頁；《漢學研究》四卷二期，三九〇頁；《英藏敦煌文獻》三卷，一四頁（圖）；《敦煌文獻研究》一七五頁；《敦煌遺書總目索引新編》四二頁；《英藏敦煌社會歷史文獻釋録》第二卷，四〇二至四〇三頁、四一一頁；《敦煌蒙書研究》三四九至三七六頁（録）；《英藏敦煌社會歷史文獻釋録》第五卷，一八五至二二五頁（録）。

斯一四〇三　某年十二月十六日隊頭程住兒僱驢契

釋文

（前缺）

□十二月十六日[一]，隊頭程住兒今往甘州充使[二]，
□遂於僧福性面上僱七歲懷身課（騍）驢[三]
□斷作僱賈（價）上好羊皮九張[四]。到上州日
□分付[五]。如若不還，便任掣奪便皮賈（價）
□歸[六]，仰住兒裴（賠）製[七]。如若身東西
□驢。其驢走失，及非里（理）損[八]，僱
□驢[九]□僱賈（價）本在，仰立
本驢[一〇]。今兩共對面平章爲定。恐人無信，
故立此契，用爲後憑。書上四主字。
　　十二月十六日僱驢人程住兒（押）

口承人父兵馬使程慶慶（押）

見人徐賢者

見人隊頭程憨奴（押）

見人程善住（押）

見人竹加進（押）

説明

此件首殘尾全，存文字十五行，其前七行上半部分均有殘失，尾部有絶止符號和事主、口承人、見人之簽押，應爲實用文書，年代不明。

校記

〔一〕『十二』，《敦煌社會經濟文獻真蹟釋録》、《中國歷代契約會編考釋》據文義校補。

〔二〕『今』，《敦煌社會經濟文獻真蹟釋録》釋作『因』，誤。

〔三〕底本『遂』前文字殘，《敦煌社會經濟文獻真蹟釋録》校補爲『缺少畜乘』；『課』，《中國歷代契約會編考釋》校改作『騍』，當作『騍』，『課』爲『騍』之借字；『驢』，據文義補。

〔四〕『斷』，《敦煌資料》釋作『所』，誤；『賈』，當作『價』，《敦煌社會經濟文獻真蹟釋録》據文義校改，『賈』爲『價』之借字，《敦煌資料》、《敦煌契約文書輯校》逕釋作『價』，以下同，不另出校。

〔五〕『分』，《敦煌契約文書輯校》據文義補，《敦煌資料》逕釋作『分』。

〔六〕『歸』，《敦煌社會經濟文獻真蹟釋録》漏録。

〔七〕『裴』，當作『賠』，《中國歷代契約會編考釋》、《敦煌契約文書輯校》據文義校改，『裴』爲『賠』之借字，《敦煌社會經濟文獻真蹟釋録》校作『陪』，誤。

〔八〕『里』，當作『理』，據文義改，『里』爲『理』之借字，《敦煌社會經濟文獻真蹟釋録》釋作『理用』，《敦煌資料》釋作『因』，《敦煌契約文書輯校》釋作『用』。

〔九〕『驢』，《敦煌契約文書輯校》據該字殘存筆畫補。

〔一〇〕底本第七、八行（『仰立』和『本驢』）之間還有一行小字，惜殘，僅存『本驢』二字；『仰立本驢』，《敦煌社會經濟文獻真蹟釋録》校補爲『仰立還本驢』。

參考文獻

《敦煌資料》第一輯，三五一至三五二頁（録）；*Mélanges de Sinologio Ofterts a Monsieur Paul Demieville* Ⅰ, 50–51Ⓡ;《敦煌寶藏》一〇冊，四一八頁（圖）；*Tunhuang and Turfan Documents Concerning Social and Economic History* Ⅲ, A129–130, B89頁；《中國法制史》七三四頁（録）；《隋唐五代經濟史料彙編校注》第一編下，六八九至六九〇頁（録）；《敦煌社會經濟文獻真蹟釋錄》二輯，四二頁（録）、（圖）；《英藏敦煌文獻》三卷，一五頁（圖）；《法國學者敦煌學論文選萃》一〇三頁（録）；《中國歷代契約會編考釋》六五八至六五九頁（録）；《敦煌契約文書輯校》三一六至三一七頁（録）。

斯一四〇八背　雜寫（社司轉帖抄等）

釋文

局席人〔一〕

社司轉帖右緣年支春座〔二〕。

社司轉（帖）〔三〕。右緣少是（事）商量〔四〕，幸請諸公等。帖至，限

今日卯時於佛堂取齊，捉（二）人〔五〕

（中空）

社司

（中空）

社社司

説明

此件爲時人隨手所寫，抄於《佛説八陽神咒經》卷背，所抄内容並不完整。

校記

〔一〕「人」後尚有「登」字上半部，只抄寫了半個字。
〔二〕「座」，《敦煌社會經濟文獻真蹟釋録》釋作「坐」，誤。
〔三〕「帖」，《敦煌社邑文書輯校》據文義及其他社司轉帖例補。
〔四〕「是」，當作「事」，《敦煌社會經濟文獻真蹟釋録》、《敦煌社邑文書輯校》據文義校改，「是」爲「事」之借字。
〔五〕「二」，《敦煌社邑文書輯校》據文義及其他社司轉帖例補。

參考文獻

《敦煌寶藏》一〇册，四五五頁（圖）；《敦煌社會經濟文獻真蹟釋録》一輯，三四八頁（録）、（圖）；《英藏敦煌文獻》三卷，一五頁（圖）；《敦煌社邑文書輯校》三〇六頁（録）。

斯一四一五　律藏第四分卷第六題記

釋文

大興善寺邑長孫略等卅一人敬造一切經。

說明

此件題於卷首，《英藏敦煌文獻》未收，現予補録。

參考文獻

Descriptive Catalogue of the Chinese Manuscripts from Tunhuang in the British Museum, p.118（録）；《敦煌遺書總目索引》一三六頁（録）；《敦煌寶藏》一〇册，五〇一頁（圖）；《敦煌遺書總目索引新編》四二頁（録）。

斯一四二七　成實論卷第十四題記

釋文

經生曹法壽所寫。　用紙廿五張。

永平四年歲次辛卯七月廿五日，敦煌鎮官經生曹法壽所寫論成訖。

典經帥令狐崇哲，

校經道人惠顯。

說明

此件《英藏敦煌文獻》未收，現予補録。

參考文獻

Giles, *BSOS*, 7.4(1935), 815–816Ⓡ; *Descriptive Catalogue of the Chinese Manuscripts from Tunhuang in the British Museum*, p.126

（録）；《墨美》九七期，一三頁（録）、圖三四；《墨美》一一九期，一四頁（録）；《敦煌遺書總目索引》一三七頁（録）；《新亞書院學術年刊》一二期，一七一至一七二頁；《敦煌寶藏》一〇冊，五九九頁（圖）；《大英圖書館收藏敦煌、樓蘭文書展》四七頁（圖）；《敦煌譯叢》三〇至三一頁；《莫高窟年表》一一四頁；《敦煌學要籥》一〇二頁；《敦煌學》一五輯，九八至九九頁；《中國古代寫本識語集録》一〇一頁（録）、附圖二三頁（圖）；《敦煌吐魯番學研究論文集》一三頁；《敦煌遺書漢文紀年卷編年》六頁；《敦煌文書學》一六三頁；《敦煌書法庫》㈠一〇六至一五六頁（圖）；《敦煌研究》一九九一年四期，四四頁；《敦煌碎金》五九、八六頁；《法國學者敦煌學論文選萃》五三二頁；《法藏敦煌書苑精華》六冊，一二三六至一二三八頁；《敦煌研究》一九九六年二期，一四四頁；《魏晉南北朝敦煌文獻編年》一六九頁（録）；《敦煌遺書總目索引新編》四三頁（録）。

斯一四三七　大方等陀羅尼經卷第二題記

釋文

比丘僧受所寫供養。
用紙十七張。
一校已。

説明

此件《英藏敦煌文獻》未收，現予補録。

參考文獻

Descriptive Catalogue of the Chinese Manuscripts from Tunhuang in the British Museum，p.109（録）；《敦煌遺書總目索引》一三七頁（録）；《敦煌寶藏》一〇册，六四〇頁；《敦煌遺書總目索引新編》四三頁（録）。

斯一四三八　道德義淵卷上

釋文

（前缺）

第一序本文〔一〕；
第二明性體；
第三論善惡〔二〕；
第四說顯沒；
第五論通有；
第六述迴變；

第一序本文者，河上公云：輔助萬物，自然之然。即此也〔三〕。夫性極爲命。《老子經》云：復命曰常。河上公云：復其性命，此言復其三（性）命之後（復）〔四〕，曰得常道之性也。經云：道法自然。河上公云：道性自然，無所法也。經又云：以輔萬物之自然。物之自然，即物之道性也。

裴君《道授》曰：見而謂之妙，成而謂之道，用而謂之性。性與道合，由道之體，體好至道，道使之然也。一重。

第二明性體者，論道性以清靈（虚）自然爲體〔五〕，一切含識，各有其分。先稟妙一，以成其神。次受天命，以生其身。身性等差，分各有限。天之所命，各盡其極。故外典亦云：天命之謂性，率性之謂道。又云：窮理盡性，以至於命。故命爲性之極也。今論道性，則但就本識清虚以爲言，若談物性，則兼取受命形質以爲語也。一切無識，亦各有性，皆有中心，生死由心，故性自心邊生也。二重。

第三論善惡者〔六〕，夫有識之主〔七〕，靜則爲性，動則爲情。情者，成也。善成爲善，惡成爲惡。《洞玄生神經》云：大道雖無心，可以有情求，此善情也。《定志經》又云：受納有形，形染六情，此惡情也。《四本論》〔云〕〔八〕：或謂性善情惡，或云性惡情善，皆取元（無）矣〔九〕。《定志經》云：不亦爲善，離此四半，反我兩半，處於自然乎？其中又云：爲善上升，清虚自然，反乎一即反道性也。三重。

第四說顯沒者，得道之所由，由有道性。如木中之火，石中之玉，道性之體，冥默難見，從惡則沒，從善則顯。所以然者，萬物之性有三：一曰陰，二曰陽，三曰和。《玄女》云：陽和清虚，陰死滯濁。陽和多善，陰分多惡。故性之多陽，知者多善；多陰，知者多惡。〔多〕惡則乖道〔一〇〕，多善則合真。合真則道性顯，乖道則道性沒也。《玄女》又云：陽和三合，

乃能敵陰，陽炁滯濁，濁對陽和。和陽清虚，滯陰堅實。是以樸散之後，以善微惡盛，此之由也。四重。

第五論通有者，夫一切含識，皆有道性。何以明之？夫有識所以異於無識者，以其心識明闇〔一一〕，能有取捨。非如水石，雖有本性而不能取捨者也。既心有取，則生有變。若爲善則致福，故從蟲獸以爲人；爲惡則招罪，故從人而墮蟲獸。人蟲既其交换，則道性理然通有也〔一二〕。五重。

第六述迴變者，問：人墮蟲獸，蟲獸爲人，蟲獸與人，本非炁類，混元之初，各有其分限。蟲獸未嘗爲人，人亦未嘗爲蟲獸。今以何義，忽能换革？答曰：人與蟲獸，俱稟四大之形，正是方員（圓）不同〔一三〕，器質爲異耳。譬如泥，摶和之爲人，則成人狀；解之爲獸，則成獸象。亦如牛哀成虎、楚嫗爲黿之例，神識隨之以異也。六重。

積德福田第五

前科既明自然道性爲德之源，率性立功，則福田滋長。故次明積德福田也。福田義有七重：

第一序本文；

第二釋名義；

第三明身業；

第四述口業；

第五分心業；

第六例三一；

第七論種子；

第一序本文者，經云：治人事天，莫如嗇。夫嗇，田家之悋，即明福田之果也。《靈寶消魔經》云：因心立福田，靡靡法輪昇，即此也。一重。

第二釋名義者，夫福者，富也；田者，填也。以滋長爲義，藝種填滿，致富貴之報也。田者明其因，福者語其果。〔果〕從因得〔一四〕，故從果以命因。此田是植福之田，故曰福田也。若人以三業耽惑邪道〔一五〕，則爲罪因（田）〔一六〕。即《法輪經》所謂沉淪罪田者也。若能以三業植因正道，則爲福田。《消魔》所云：因心立福田者也。陸先生《黄録唱齋》云：人身、口、意，爲罪福之田，即此也。二重。

第三身業有三田：一者脩習，二者施財，三者施命。脩習者，脩行戒行，研習正法，植德建功〔一七〕，無爲爲業，福善日生也。施財者，施財三寶，有若井燈，無盡之報，人物以下，各各有差。《智慧上品大戒經》云：上品七十四萬倍報，中品三萬二千倍報，下品六千二百倍報也。施命者，不殺、放生，皆爲施命也。不殺爲施命者，我若念殺，則應一切皆殺，今

但不殺，與殺相反，則於萬物有濟生之義，施命在其中。此即經旨所云無爲之益〔一八〕，之（是？）一事也〔一九〕。三重。

第四口業亦有三田：一者不言，二者微言，三者正言也。不言者，內德則寂嘿無聲〔二〇〕，閉口胎息，餐霞飲液，吐納服御；外化則以不言爲教，自身率物，不施號令，貴言重語，物自得安。故《老子》云：不言之教，天下希及也。微言者，內德則以密言祝誦，心口相得；外化則承機應會，託諷寓言，依違倚靡，以道於物，久久自化。猶如孔子答繪事後素、丹（冉）有問子貢夫子爲衛君晏子說踴履貴賤之例是也〔二一〕。正言者，內德則晨夕誦詠，讚歎歌謡；外化則應變適時，爲一切說種種法相、種種科律，令慕善自勸，畏罪不爲也。凡此皆道三古之法〔二二〕。四重。

第五心業有三田：一者慈悲，二者信忍，三者定慧也。慈者與物之樂，悲者哀物之苦也。與樂爲慈，哀苦爲悲。慈悲兼懷，用心之本也。信者，內德則心信正道，外化則言而有信也。忍者，內德則正定堅固，住持戒法〔二三〕；〔外〕〔化〕〔則〕守雌受辱〔二四〕，不厭苦勞也。定慧者，發五十八願，卌五念，轉神入定，智慧通微也。五重。

第六〔例〕三一者〔二五〕，《請問經》下云：道爲無心宗。一切作福田者，言道以三一爲無心，觀空爲宗主，而無乎不在，又通爲一切作福田也。人身有三宮，上宮在眉間，却入三寸，號泥洹宮，爲上丹田；中宮在心央，號絳宮，爲中丹田；下宮在齊（臍）下〔二六〕，却入

三寸，號命門黄庭宫，爲下丹田也。丹者，取其朱陽盛炁上昇之色，兼取丹信赤心之義也。上一居泥洹宫，中一居絳宫，下一居黄庭宫。若以無心爲心，專志守一者〔二七〕，則三一之神，於其身中，滋益智慧，至于成道，混合爲一。如稼穡之收實，故所以稱田。即《靈寶思微定志〔經〕》所謂務知三元之義也〔二八〕。六重。

第七論種子者，三業之中，身業以所施主爲田〔二九〕，施物爲種；口業以所咒誦服御爲田，以咒誦吐納爲種；心業以所存者爲田，智識存念爲種〔三〇〕。此雖有三業，而以心爲主。故《經》云：因心立福田，靡靡法輪昇也。又《靈寶三元品經》論信施，經云：古人求心，今人取財。又云：貧人推心，富人推財。此皆由心有厚薄，財有多少，抑引隨時，權方無滯者也。論在《靈寶義疏》中。七重。

問曰：何謂後素？

答曰：純墨爲素，畫采竟，以墨解之是也。

功德因果第六〔三一〕

前科既明福田之基爲立德。立德之始，始乎功行，功行所招，稱爲功德。故次論功德也。功德者，有因有果。德者論果，功者各蒙其報，報即果因（田）因也〔三二〕。功德因果義有五重。

第一序本文

第二辯名〔義〕〔三三〕

（後缺）

說明

此件首尾均缺，有界欄，楷體書寫，書法頗佳。存經文一百三十四行。起於自然道性第四之『第二明性體』，訖於功德因果第六之『第二辯名』，中題『積德福田第五』、『功德因果第六』。每章先列子目，然後依次解釋。並據經目順序，題以『一重』、『二重』、『三重』等。正文徵引《老子經》、《河上公》、《洞玄生神經》、《定志經》、《靈寶消魔經》等多種道教典籍。日本學者大淵忍爾擬題爲《道教義》（《敦煌道經目録》八七至八八頁，一九六〇年）。盧國龍《中國重玄學》考證應爲《道德義淵》卷上。《道德義淵》，據《太平御覽》卷六六六引唐尹文操《老氏聖紀》所述，爲南朝道士宋文明撰。書中依據道德、定志、靈寶等經，論述道教義理。又中國國家圖書館藏北敦六〇九七號文書，大淵忍爾亦擬題《道教義》，實則《道德義淵》的另一寫本。此卷有經文一百一十二行，存玄德無爲第一、上德無爲第二的部分文字，卷中有武周新字。《道德義淵》爲道教佚書，其行文體例及所述重玄義理，均與宋文明撰《靈寶經義疏》相似，是研究隋唐重玄學說的重要資料（參見《敦煌道教文獻研究——綜述、目録、索引》一七七頁，中國社會科學出版社，二〇〇四年版）。姜伯勤先生之《敦煌本宋文明道教佚書研究》（《慶祝吴其昱先生八秩華誕敦煌學特刊》，文津出版社，二〇〇〇年版，七二至八三頁）對此件做過校録和研究。《中華道藏》第五册，五二一

至五二四頁亦有録校本。

此件背面爲吐蕃管轄敦煌時期之書儀（趙和平《敦煌寫本書儀研究》四六九至四七六頁，新文豐出版公司，一九九三年版），則此件當抄於吐蕃管轄敦煌（公元七八六年）之前。

校記

〔一〕『第一序本文』，據文義補。

〔二〕『諭』，《敦煌本宋文明道教佚書研究》釋作『詮』。

〔三〕《中華道藏》認爲，『河上公云：輔助萬物，自然之然。即此也。』疑爲錯簡，應移至下文『經又云以輔萬物之自然』之後。

〔四〕『三』，當作『性』，《中華道藏》據文義校改；『後』，當作『復』，據文義改，《中華道藏》逕釋作『復』。

〔五〕『靈』，當作『虚』，據下文『爲善上升，清虚自然』改，《敦煌本宋文明道教佚書研究》、《中華道藏》均逕釋作『虚』。

〔六〕『諭』，《敦煌本宋文明道教佚書研究》、《中華道藏》均釋作『詮』。

〔七〕『夫』，《敦煌本宋文明道教佚書研究》釋作『爲』，誤。

〔八〕『云』，據文義補。

〔九〕『元』，當作『無』，據文義改，《敦煌本宋文明道教佚書研究》、《中華道藏》均逕釋作『無』。

〔一〇〕『多』，《中華道藏》據文義校補。

〔一一〕「闇」，《敦煌本宋文明道教佚書研究》釋作「暗」。

〔一二〕「然」，《中華道藏》釋作「炁」。

〔一三〕「員」，當作「圓」，《敦煌本宋文明道教佚書研究》據文義校改，「員」爲「圓」之借字。

〔一四〕「果」，《中華道藏》據文義補。

〔一五〕「耽」，《中華道藏》釋作「競」，誤。

〔一六〕「因」，當作「田」，《中華道藏》據文義校改。

〔一七〕「植」，《敦煌本宋文明道教佚書研究》釋作「積」，誤。

〔一八〕「旨」，《中華道藏》釋作「中」，誤。

〔一九〕「之」，疑當作「是」，《中華道藏》逕釋作「是」。

〔二〇〕「嘿」，與「默」同，《敦煌本宋文明道教佚書研究》逕釋作「默」。

〔二一〕「丹」，當作「冉」，據文義改，《敦煌本宋文明道教佚書研究》、《中華道藏》均逕釋作「冉」。

〔二二〕「皆」，《敦煌本宋文明道教佚書研究》漏録。

〔二三〕「住」，《中華道藏》釋作「恒」，誤。

〔二四〕「外化則」，《中華道藏》據文義校補。

〔二五〕「例」，《中華道藏》據文義校補。

〔二六〕「齊」，當作「臍」，《中華道藏》據文義改，《敦煌本宋文明道教佚書研究》逕釋作「臍」，「齊」爲「臍」之借字。

〔二七〕「專」，《敦煌本宋文明道教佚書研究》逕釋作「守」，誤；「志」，《中華道藏》釋作「炁」，誤。

〔二八〕「經」，據文義補。

〔二九〕「主」，《中華道藏》釋作「生」，誤。

〔三〇〕「存」，《中華道藏》釋作「信」，誤。

〔三一〕「功德因果第六」，《中華道藏》釋作「功德因果義第六」，按原件實無「義」字。

〔三二〕「因」，疑當作「田」，據文義改，《中華道藏》逕釋作「田」。

〔三三〕「義」，《中華道藏》據文義校補。

參考文獻

《道教と佛教》第一卷，三〇九至三六八頁；《敦煌道經目録》八七至八八頁；《敦煌遺書總目索引》一三七頁；《スタイン將來大英博物館藏敦煌文獻分録目録——道教之部》七六至七七頁；《敦煌道經——目録編》三三三頁；《敦煌道經——圖録編》七三四至七三六頁（圖）；《敦煌寶藏》一〇冊，六四一至六四四頁（圖）；《英藏敦煌文獻》三卷，一六至一八頁（圖）；《中國重玄學》六〇頁、七〇頁、七七至八二頁（録）；《敦煌遺書總目索引新編》四三頁；《敦煌本宋文明道教佚書研究》（《慶祝吳其昱先生八秩華誕敦煌學特刊》，文津出版社，二〇〇〇年版，七二至八三頁）；《敦煌道教文獻研究——綜述、目録、索引》一七七頁；《中華道藏》五冊，五二一至五二四頁。

斯一四三八背　吐蕃時期書儀

釋文

（前缺）

凡厥邊眠（氓）〔一〕，不勝忭躍〔二〕，更蒙支鐵〔三〕，遠送敦煌〔四〕，耕農具既多〔五〕，耕墾自廣〔六〕。此皆相公爲霖救旱〔七〕，如渴指梅。邦家有人，蔑不濟矣。卑守有限，拜奉未由，無任下情，伏增馳戀。謹因〔某〕〔謹〕〔奉〕啓〔八〕，起居〔不〕〔宣〕〔九〕。謹啓。

沙州寺舍利骨一百卅七粒，并金棺銀槨盛全〔一〇〕。

臣某言：臣聞舍利骨者，釋迦牟尼佛之身分也〔一一〕。化而爲之，都八斛四斗〔一二〕。在五印而成道，於雙樹而涅槃；龍天分之立祠，凡聖收之起塔。形圓粟粒〔一三〕，色暎金砂。堅勁不碎於砧鎚，焚漂罔滅於水火；神通莫測，變化無窮。或初小（少）而後多，或前增而末減。有福則遇，無福則消。作蒼生之休徵，爲王者之嘉瑞。沙州置經千祀，舍利出纔百年〔一四〕。寺因蓮花而建名，塔從舍利而爲號。金棺銀槨，葬於九地之中；月殿星宮，鎮乎一州之内。昨者官軍壓壘，朝見非煙之祥〔一五〕，人吏登陴，夜覩毫光之異。果得高僧遠降，象駕來

儀〔一六〕。表以精誠，無遺（遺）顆粒〔一七〕。自然靈物應伐（代）〔一八〕，照　贊並（普）德化之年〔一九〕。聖跡呈祥，明像法重興之日，不然希（稀）有之事，豈現於荒陬；無爲之宗，流行於海內？

自敦煌歸化，向歷八年。歃血尋盟，前後三度；頻招猜忌，屢發兵戈。豈敢違天，終當致地。彷徨旅拒，陷在重圍，進退無由，甘從萬死。伏賴宰相守信，使無塗炭之憂。大國好生，庶免纍囚之苦。伏惟　聖神贊普，雷澤遠施，日月高懸，寬違命之誅，捨不庭之罪。臣某誠歡誠喜，頓首頓首〔二〇〕，死罪死罪〔二一〕。

其舍利骨，先附僧師子吼等三人進。伏乞大赦所獲之邑，冀以永年之優。廣度僧尼，用益無無疆之福〔二二〕。庶得上契佛意，下協人心。特望　天恩，允臣所請。臣某限以守官沙塞，不獲稱慶　闕庭，無任喜慶，爲國祈福之至。謹附表陳賀以聞。臣某誠歡誠懼，頓首頓首，死罪死罪。謹言。

狀請出家。

右某年在襁褓，不食葷羶；及乎佩觿，每誦經論；持齋持戒，積有歲年。捐室指軀〔二三〕，累移星紀。豈期弘志未立〔二四〕，王道駈馳；空使黃髪於鄉關〔二五〕，實慙紫綬於朝野。近日相公不以庸鄙，令介沙州，將登耳順之年，漸及懸車之日。老夫耄矣，誠無於（供）供（於）國用〔二六〕；佛法興流，庶裨益於　聖祚。某使事曇和尚廿年〔二七〕，經論之門，久承訓習。緬

惟生死之事，迅若駛流。昨緣愚子枉被某害，一身單獨，舉目無依。今請捨官出家，伏〔惟〕相公無障　聖道〔二八〕，則小人與（以）身報賀，萬死酬恩。解脱之因〔二九〕，伏望哀察。

某捨官出家，并施宅充寺資財，馱馬田園等，充爲常住。

右臣才行無取，叨竊微斑（班）；孤單一身，年過六十；老不加智，耄則及之。政之良能，實慙尸禄。冒死上表，志願出家。偷生歲時，引領朝夕。不葷不血，無愛無貪〔三〇〕。味法修禪，頗經師訓。迴宅充寺，誓報國恩。賚賜一切，〔永〕充常〔住〕〔三一〕。永年豐足，不擾官私。瞻戀九重，山河萬里，頻申丹懇。伏望　紫墀修造向終〔三二〕，名額未到。伏惟　贊普志含山海〔三三〕，不棄涓埃。雷雨降空，枯榮並潤。佇　皇明以臨遠，仰天鑒以燭幽；乞不肖之形骸，削有漏之鬚髮；則臣一生分畢，萬死如歸。伏乞　聖慈，允臣所請。謹因某奉狀〔以〕聞〔三四〕，伏聽　敕旨　某年月日臣某奏。

沙州　都　上表。

臣某言：某月某日某僧至，伏承　聖窮（躬）萬福〔三五〕，寶位永昌。愚臣遠聞，不勝抃（忭）躍。臣某誠歡誠喜，頓首頓首。臣一介凡流，素非才略。自歸皇化，向歷十年。牧守流沙，纔經兩稔（稔）〔三六〕。未展涓埃之勳〔三七〕，空思毛髮之功。承乏備員，實將尸素。爲政之道，字養無方。虛蒙萬里之恩，猥忝百城之任。伏惟　聖神贊普弘揚釋教，大濟蒸人。開日月之高明，施雲雨之霈澤。臣年居襁褓，不食葷羶，歲甫佩觿，留心佛法。臣今五十有七，

鶴髮已垂，令（伶）丁（仃）一身，雁序不繼。彌慙重禄，尚荷崇斑（班）。處官位乃智策無能，效駈馳則以筋力不逮〔三八〕。伏望矜臣老朽，許臣披緇。剖心銘肌，萬死之誠。刮骨報九天之睠，俾益百伐（代）之　聖祚〔三九〕，庶幾疋夫之願從。無任精誠懇款之至。謹因某奉表陳請以聞。臣某言：誠惶誠恐，頓首頓首。謹言。某年某月某日臣某　上表。

某啓

仲秋漸涼，伏惟　尊體動止萬福。某蒙恩，今月日使至，奉書慰問。遠念黎庶，知不附邪。明察官寮，以順討逆。俾四人康業，一州獲安，莫不審抃，風趨咸忻。生死肉骨，永守忠信。用答　仁恩。某忝曰王臣，自念畢力。雖淺謀偶中，指縱僕夫，豈敢論功。濫蒙收敘，誓當激勵駑鈍，願效駈馳。懇誠之心，其如匪石。尋申留後使，蒙節兒至，安存百姓，州府底寧。勉力收穫，更無驚擾。伏惟昭（照）察〔四〇〕。卑守有限，拜奉〔未〕〔由〕〔四一〕，謹奉啓起居，謹啓。

某行已府（附）狀計次達〔四二〕。

中伏鬱蒸，惟時奉外動靜支（兼）祐〔四三〕，某諸況可察。懸隔萬里，一別三秋。控制之聞，披豁無日。引望引望〔四四〕。謹因……

分手纔近，注心無涯。遥相（想）轅車〔四五〕，尋應至止。中伏鬱蒸，惟　威儀道體兼祐。某可察。玉關長磧，著鞭爲勞。金河水懸，忠信可涉〔四六〕。一介行李，時嗣　德音。幸甚。

謹因……

某使行附狀計已達。

中伏鬱蒸，惟　動静兼祐。某可察。相去千里，難豁情懷。往還數書，用明心目。幸甚。

謹因……

今年已來，並無書至，平善已否？離鄉別邑，何以營生？切須守常，以保終吉。努力努力〔四七〕。時准（候）炎毒〔四八〕，願〔所〕履清適也〔四九〕。因某行，附此，不一一。

別來已换喧熱，未知　王事早晚可歸。此之家中，慎勿憂慮。曉夕炎蒸，願所履休適。某粗示，敦煌卑濕，疾疹相仍，藥物之間，在意收覓〔五〇〕。但開救疾之心，何福不至。科彼修造〔五一〕，秋以爲期；想念還家，知不遠矣。未間勉旅〔五二〕。某還，不一一。某白。

抗手東埃，情傷斑馬〔五三〕。懸心西望，不捨清顔。曉夕〔炎〕〔蒸〕〔五四〕，伏惟　某動静兼祐。某可察。復命海涯，揮鞭萬里。解鞍之後，筆札數行。謹因……

進繡像等。

右臣州居極邊，素無物産。雖心效葵藿〔五五〕，願欲獻芹。徒懷萬里之誠，難達　九重之　聖。前件功德等，皆自遠而來，非當土所有。觀其製造，頗謂絶倫。或五綵相鮮，上暎虹霓之色；一毫蕟（發）耀〔五六〕，傍衝星月之光。或刻木成形，苞含萬像；方圓咫尺，備寫百靈。雖年月稍深，然巧妙稀世。輒煩天聽，用表愚誠。謹因僧歸朝，奉進以聞。謹進。　某年某月某日

臣某進。

某啓

孟秋尚熱，伏惟　相公尊體動止萬福。某蒙恩，唯此沙州，屢犯　王化。干戈纔弭，人吏少寧。列職分官，務〔存〕撫養〔五七〕。未經兩稔（稔）〔五八〕，咸荷再蘇。汜忠（國）國（忠）等〔五九〕，去年興心，擬逃瀚海，遠申　相府〔六〇〕，罰配酒泉。豈期千里爲謀，重城夜越，有同天落；戕煞蕃官，僞立驛戶邢興，揚言拓拔王子，迫脅人庶，張皇兵威。夜色不分，深淺莫測。平人芒（忙）怕〔六一〕，各自潛藏。爲　國德在城，恐被傷害，某走報迴避，共同死生。及至天明，某出招集所由，分頭下堡，收令不散，誓救諸官。比至衙門，已投烈火。遂即旋踵，設伏擒姦。其賊七人，不漏天網。並對大德摩訶衍推問〔六二〕，具中（申）衙帳〔六三〕，並報瓜州。昨索賊釘枷，差官銅（錮）送訖〔六四〕。已蒙留後使差新節兒到沙州，百姓具安，各就豐（農）務〔六五〕。其東道軍州，不報消息。伏惟昭（照）察。卑守有限，〔謹〕〔因〕〔六六〕……

季秋已冷，伏惟　尊體動止萬福。某蒙恩，勃（悖）逆之人〔六七〕，已聞伏法；脇從之類，錮送瓜州。百姓具安，各就生計。節兒到上訖，所稅布麥，誠合全輸。屬熱風損苗，犯　顔申訴。尚論仁造，半放半徵。凡厥邊眠（氓）〔六八〕，不任胥悅。又緣種蒔，例乏耕牛，豐（農）器之間〔六九〕，苦無鏗（鋼）鐵。先具申請，未有支分。冬不預爲，春事難濟。伏惟照

察。卑守有限，謹因……

執别稍久，傾注良多。尺素間然，方寸何解。季秋霜冷，伏惟　動止康悆。某推免，玉關驛戶張清等，從東煞人，聚徒逃走。劫馬取甲，來赴沙州。千里奔騰，三宿而至。東道烽鋪，煙塵莫知。夜越重城，損（害）官守〔七〇〕。丁壯適野，老幼在家。蕃官慢防，不虞禍至。人吏散亂，難與力争。稍催（候）天明〔七一〕，招誘擒獲。具申牙帳，冀表忠貞，披豁未從，空勞寐寤，珍重珍重〔七二〕。

沙州狀，逆賊玉關驛戶氾國忠等六人，衣甲器械全。

右件賊，今月十一日四更，驀大城入子城，煞却監使判咄等數人。其夜有百性（姓）賀　走報〔七三〕，爲夜黑不知多少。復百姓收刈之時，盡在城外。城中縱有所由，忙怕藏避。某見事急，遂走投龍興寺，覓蕃大德　告報〔七四〕，相將逐便迴避。於時天明，某遂出招集，得百姓十餘人，並無尺鐵寸兵，可拒其賊。某誓衆前行，擬救節兒蕃使。及至子城南門下，其節兒等已縱火燒舍，伏劍自裁，投身火中，化爲灰燼。某漸合集得百姓，設詐擒獲。則知神道助順，皇天共誅。氾國忠等人，一無漏網。東道烽鋪，不告煙塵，莫惻（測）此賊〔七五〕，有同天落。今蕃軍將等，或在或亡，不知實數。其賊對大德，某略問欸（款），稱驛將王令詮等苦剋，煞却西來。若公然投城，恐不容住止，遂謀煞蕃官是實。大德某已具牌子申上。謹具如前。

某使至辱問，深慰馳情。孟秋尚熱，伏惟　動静康勝。某蒙免，既忝親鄰，同憂禍亂。蒙諮留後，發遣專使。城池獲安，實頼其力。惟昭悉。限以所守，展豁未從，人李西流，音塵勿間。……

使至辱問，殊慰馳情。孟秋餘熱，惟　督動静珍祐，某推遣。顧唯敦煌，頻生禍難。我杖（仗）忠信〔七六〕，佇以自明。思良鄰掩西（惡）揚善〔七七〕，豈唯一人受禄，實亦百姓獲安。引領東瞻，但多延觖。人李不斷絕也。謹因……

執别未久，已隔炎涼。忽枉芳符，有同會面。中秋已涼，惟　動静休適。某粗遣。限以羈制，展會未期，引領東瞻，心骨如擣。人李不絕音耗，幸甚。〔謹〕因〔七八〕……

使至辱問，以解勤望。中秋已涼，惟　闍梨道體勝常。某推免。厭以廿（世）塵〔七九〕，慕於清浄。披緇杖錫，迥出人倫。遠聞良圖，歎訝何限。承欲西化，不久當行。漸近招提，雁數刀簡〔八〇〕。珍重珍重。謹……

握手如昨，炎涼屢隔，忽枉翰墨，頓解離心。仲秋已涼，惟　將軍動静兼祐。某粗遣。同志同官，惟兄惟弟。忽然分别，一東一西。恨以殊鄉，各居異域，披豁未卜〔八一〕，但益傾勤。瞻望雲山，與時俱積。人李次願不絕〔八二〕。珍重珍重。謹……

某粗遣，執别經年，寒喧已變，不知止住〔八三〕，追訪無從。忽奉芳符，有如會面。鐵嶺路遠，玉關人稀。瞻望　德音，心魂幾斷。人李數字爲幸。珍重珍重。

惟闍梨，某粗遺。遠承厥世，桂（掛）以衣冠〔八四〕。不羨功名，慕於釋義。甚幸甚幸〔八五〕。頂謁未卜，延望成勞。人李待訪，因使還 狀。

右件人等，近知部落，每著公勳〔八六〕，雖列官斑（班），未霑 王命。伏望 恩造各（名）奏〔八七〕。謹録狀上。

伏惟官判，某蒙免。流沙西極〔八八〕，人戸凋殘，引領東瞻，庶幾疵假。珍重珍重。所守有限，拜奉未由，下情伏增。不宣。謹狀。

某至，雖不枉刀簡，已審動静。仲 惟 押牙侍奉多慶〔八九〕。某推度，流沙一別，寒暑再移。人李如流，雁書何悋。塗訝塗訝〔九〇〕。雲山眇邈，音信難通。引領東瞻，心魂幾斷。珍重珍重。

某啓

孟春猶寒，伏惟 相公尊體動止萬福。某蒙恩。即日沙州官吏百姓，特沐 賛普鴻恩，相府仁造，各各居産業〔九一〕，怛（坦）腹無憂〔九二〕。凡厥〔邊〕氓〔九三〕，不勝抃（忭）躍。更蒙支鐵〔九四〕，遠送敦煌，耕農具既多，耕〔墾〕自廣〔九五〕。此皆相公爲霖救旱，如渴指梅。邦家有人，蔑不濟矣。卑守有限，拜奉未由。無任下情，伏增馳戀。謹因某 謹奉啓起居，不宣。謹啓。

執手未幾，但增馳望。秋冷，伏惟 論兄動静康愈。某蒙免〔九六〕，官寮等並平安，諸

務尋常。事了早（早）赴州〔九七〕，撫宰百姓，所望所望。未即相見，馳心尚賒（款）〔九八〕。
謹……

某月某日某姓某名，頓首頓首。凶釁無常，大師崩背，奄棄榮養。聞問驚惻，不能已已。惟攀慕號擗，五內屠裂，哀苦奈何！哀痛奈何！大師年雖居高，冀延眉壽，何〔圖〕奄遘凶釁〔九九〕。日月迅速，奄經時序，丁此荼毒〔一〇〇〕，哀痛奈何〔一〇一〕！哀苦奈何！

季秋霜冷，惟 闍梨道體支（祇）勝〔一〇二〕，某煩冤荼毒，不自死滅，苟延視息。未由造慰，謹奉疏慘愴不次，孤子某頓首頓首。

季秋霜冷，伏惟和尚尊體動止萬福。某蒙恩，忝職管內，敢不趨拜旌麾。未奉文符，豈敢專擅。伏惟昭（照）察〔一〇三〕。卑守有限，……

頃年不枉刀札，是以非敢通書。昨覽銀鈎，其心匪石。春季暄甚。惟 仙官上人，道體兼祐。某定省外可察，晚年披緇，翻成小憂。賢才降志，以道謀身。人之在生，有同過隙。浮榮富貴，何用爲心。此之令圖，孰不欽羨。頂奉未卜，空勞夢魂。人李西征，音塵匆間（聞）。謹因……

正月孟春，二月仲春，三月季春。夏三月亦如上，秋、冬。

某月某日某姓某名，罪逆深重，禍〔不〕自滅〔一〇四〕，上延〔耶〕孃〔一〇五〕。攀慕無及，五內摧裂，不能堪忍。惟奉凶諱，號天叩地，五情糜潰，何可勝任，酷罰罪苦！阿違

和〔一〇六〕，冀漸瘳豫，何圖不蒙靈祐，以某年某月某日，奄遘凶衰〔一〇七〕。日月流速，奄經時節。追慕永遠，觸目崩絕。酷罰罪苦，酷罰罪苦〔一〇八〕。

孟秋尚熱，伏惟二哥動止支（祇）福〔一〇九〕。某不自死滅，苟延視息。一從辭違，向十餘載。榮祐所適〔一一〇〕，不審〔如〕何〔一一一〕。關山萬重，集會何日。限以阻遠，號訴未由，倍增殆絕。謹因……附白疏，荒塞不次，某頓首頓首。

某至，雖不辱問，芳符已審。……動靜……朝夕……春季……惟　四郎侍奉外動靜兼祐，某諸況可察，拙室殞逝，難以爲懷。靜然獨居，不無悲矣。展對未卜，但增馳係〔一一二〕。謹因使遣疏，慘愴不次。某姓名，頓首。

禍出不圖，賢侄小娘子殞逝〔一一三〕。惟悲慟奈何。春季喧（暄）甚，惟　闍梨道體支（祇）勝〔一一四〕。某拙室殞逝，難以爲懷，皤然獨居，但增悲係。謹遣疏慰，慘愴不次。某姓某名頓首〔一一五〕。

某頓首，禍出不圖，某盛年夭逝，惟悲慟奈何。季夏毒熱，惟嫂動靜支（友）祐〔一一六〕。某諸疹弊，造慰未由，但增悲係。謹遣疏慰，慘愴不次。某姓名頓首。

遠承車騎，久在秦川，萬里蕭條，尺素難達。季夏毒熱，伏惟　動止康勝。某蒙免，遥瞻東秏，旱（早）晚南轅〔一一七〕。沐雨櫛風，野次山谷。儻因迴軺〔一一八〕，時嗣德音。謹因……

凶故無常，賢室殞逝，惟某悲悼傷切。痛當奈何。

賢室貞孝子（有）聞〔一一九〕，謂保終吉，何圖降年不永，奄從逝水。撫視偏露，其情如何。曉夕毒熱，惟　動静兼祐。某不孝罪逆，祥制已周。空悲閔子之琴，難越先王之禮。既喪缺婦，未偶鴻妻。永託高門，旋聞去室〔一二〇〕，飄然殊俗，何以偷生。苦乏毳衣，自合獻紵。迴使明蕟（發）〔一二一〕，開緘夕陽。不及所須，惟所昭（照）諒。地闊封殊，未由造慰。謹遣疏〔慰〕〔一二二〕，慘愴不次。某頓首。

禍故無常，承　賢室殞逝〔一二三〕。聞問惻怛，不能已已。惟哀痛傷切，何可堪任。痛當奈何！當服（復）奈何〔一二四〕！中春已暖，惟　體内何如。某疾弊，未由造慰，但增酸哽。謹遣白書，慘愴不次。某頓首。

日月流速，頻經時序。伏惟　攀慕號擗，貫割五情。哀痛奈何，哀痛奈何〔一二五〕。孟春尚寒，伏惟　闍梨，道體動止支（祇）福勝〔一二六〕。某等卑役有限，不由造慰〔一二七〕。謹因某還，謹奉疏，慘愴不次。某頓首頓首。

日月流速，荼毒如昨。頻經時序，攀慕無及。觸目崩潰，酷罰罪苦，永痛罪苦。仲冬益寒，惟　都督　侍奉外動静止康勝〔一二八〕。某不自死滅，苟延視息。介使西來，寂無箇牘。引領東望，空餘涕零。各天涯相去萬里，未議祇敘〔一二九〕，悲暢何言〔一三〇〕。人李西轅，垂訪存殁。謹因某使，荒塞不次。孤子某頓首頓首。

某月某日，伏惟　靈繻墨貴門，簪纓雅望，風神卓犖，志氣高尚。在　國則忠，處朋

則諒〔一三一〕。江海莫測，崇山難仰。豈圖素髮未垂，橫歌已唱。重泉既啓，九地同葬。白玉將埋，黄金入藏。嗚呼，邊風急兮雲飛揚，木葉墜兮雁南翔〔一三二〕。薦時物兮蒸祭，伏惟　靈兮歆嘗〔一三三〕。尚　父祭女之靈，夫天道混然，浮休莫測。有生必死，天之常也。何圖念汝盛年□□□□□□□□□□□□（後缺）

説明

此件抄於《道德義淵》卷上紙背，首尾均缺，無標題，起『農具既多，耕墾自廣』，訖『何圖念汝盛年』，存一百七十七行。戴密微、張澤咸、姜伯勤、史葦湘及趙和平等，對寫卷做過校録或研究。從其内容來看，此件爲吐蕃管轄敦煌初期（八世紀九十年代後半期）一位漢族沙州都督撰寫的書儀。除體例和順序略有差異外，寫卷與中原通行的書儀書寫格式大致相同，公文中常見的平闕式亦嚴格遵守。此件書法較差，避唐太宗李世民的『世』和『民』字諱，且中間省略文字頗多，似爲節抄本。

此件之内容涉及吐蕃管轄敦煌初期僧人大德的地位、度僧、官員捨官出家、進貢佛像、玉關驛户起義以及邊民缺乏鐵農具等史實，具有重要史料價值（參見趙和平《敦煌寫本書儀研究》四六九至四七四頁，新文豐出版公司，一九九三年版）。

校記

〔一〕『凡厥邊眠』，據殘存筆畫及原件第八三行『凡厥边眠』、第一二六行『凡厥〔邊〕眠』校補，『眠』，當作『氓』，

據文義改。又此啟與原件第一二六至一二八行之啟文字相同，故此所缺文字可據該啟補足。

〔二〕「抃躍」，據殘存筆畫及原件第一二六行「不勝抃躍」補，「抃」，當作「忭」，據文義改。

〔三〕「更蒙支鐵」，據殘存筆畫及原件第一二六行補。

〔四〕「遠送敦煌」，據殘存筆畫及原件第一二六行補。

〔五〕「耕」，據同卷一二六至一二七行「耕農具既多」補。

〔六〕「耕墾」，《敦煌寫本書儀研究》釋作「所耕」，誤；「廣」，《敦煌社會經濟文獻真蹟釋録》釋作「唐」，誤。

〔七〕「皆」，《敦煌寫本書儀研究》據原件第一二七行校補。

〔八〕「某謹奉」，《敦煌寫本書儀研究》據原件一二八行校補。

〔九〕「不宣」，《敦煌寫本書儀研究》據原件一二八行校補。

〔一〇〕「并」，《敦煌社會經濟文獻真蹟釋録》漏録。

〔一一〕「分」，《敦煌社會經濟文獻真蹟釋録》、《敦煌寫本書儀研究》漏録。

〔一二〕「斗」，《吐蕃僧諍記》、《敦煌寫本書儀研究》釋作「升」，校改作「斗」。

〔一三〕「粒」，《敦煌社會經濟文獻真蹟釋録》釋作「寂」，誤。

〔一四〕「纔」，《敦煌社會經濟文獻真蹟釋録》、《敦煌寫本書儀研究》釋作「後」，誤。

〔一五〕「祥」，《敦煌社會經濟文獻真蹟釋録》釋作「群」，誤。

〔一六〕「象」，《敦煌寫本書儀研究》釋作「爲」，誤。

〔一七〕「遺」，當作「遣」，《敦煌寫本書儀研究》據文義校改，《敦煌社會經濟文獻真蹟釋録》逕釋作「遣」。

〔一八〕「伐」，當作「代」，《敦煌寫本書儀研究》據文義校改，《敦煌社會經濟文獻真蹟釋録》逕釋作「代」。

〔一九〕「並」，當作「普」，《敦煌寫本書儀研究》據文義校改，《敦煌社會經濟文獻真蹟釋録》逕釋作「普」。「自然靈物應代，照　贊並（普）德化之年」，《敦煌寫本書儀研究》斷作「自然靈物，應伐（代）照　贊並（普）德化之年」。

〔二〇〕「頓首頓首」，《敦煌寫本書儀研究》釋作「頓マ首マ」，以下同，不另出校。

〔二一〕「死罪死罪」，《敦煌寫本書儀研究》釋作「死マ罪マ」，以下同，不另出校。

〔二二〕「無無」，《敦煌社會經濟文獻真蹟釋録》認爲其中一「無」爲衍文，當刪，從之。

〔二三〕「指」，《敦煌寫本書儀研究》據校改作「捐」，按「指軀」即「捐軀」。

〔二四〕「弘」，《敦煌寫本書儀研究》釋作「宏」。

〔二五〕「使」，《敦煌寫本書儀研究》疑作「便」；「關」，《敦煌社會經濟文獻真蹟釋録》釋作「間」，誤。

〔二六〕「於供」，當作「供於」，《敦煌寫本書儀研究》據文義校改，《敦煌社會經濟文獻真蹟釋録》逕釋作「供於」。

〔二七〕「便」，《敦煌社會經濟文獻真蹟釋録》釋作「使」；「曇」，《敦煌社會經濟文獻真蹟釋録》、《敦煌寫本書儀研究》均釋作「雲」。

〔二八〕「惟」，《敦煌社會經濟文獻真蹟釋録》、《敦煌寫本書儀研究》據文義校補；「障」，《敦煌寫本書儀研究》釋作「薄」，誤。

〔二九〕「因」，《敦煌寫本書儀研究》釋作「困」。

〔三〇〕「貪」，底本原作「增」，後於其旁改寫「貪」，故以「貪」爲是。《敦煌社會經濟文獻真蹟釋録》釋作「憎」，誤。

〔三一〕「永」，《敦煌社會經濟文獻真蹟釋録》據文義補；「住」，《敦煌社會經濟文獻真蹟釋録》、《敦煌寫本書儀研究》

據文義補。

〔三二〕「涅」，《敦煌寫本書儀研究》釋作「渥」，誤。

〔三三〕「含」，《敦煌社會經濟文獻真蹟釋録》釋作「合」，誤。

〔三四〕「以」，《敦煌寫本書儀研究》據文義校補。

〔三五〕「窮」，當作「躬」，《敦煌社會經濟文獻真蹟釋録》、《敦煌寫本書儀研究》據文義校改。

〔三六〕「稐」，當作「稔」，《吐蕃僧諍記》、《敦煌寫本書儀研究》據文義校改，《敦煌社會經濟文獻真蹟釋録》釋作「稐」，校作「稔」。

〔三七〕「勳」，《敦煌社會經濟文獻真蹟釋録》釋作「勤」。

〔三八〕「以」，《敦煌寫本書儀研究》認爲此句與上文「處官位乃智策無能」相對，故此句中「以」爲衍字，當刪。

〔三九〕「伐」，當作「代」，《敦煌寫本書儀研究》據文義校改，《敦煌社會經濟文獻真蹟釋録》逕釋作「代」。

〔四〇〕「昭」，當作「照」，《敦煌寫本書儀研究》據文義校改，「昭」爲「照」之借字。

〔四一〕「未由」，《敦煌社會經濟文獻真蹟釋録》據文義補。

〔四二〕「府」，當作「附」，據文義改，「府」爲「附」之借字，《敦煌社會經濟文獻真蹟釋録》雖亦將此字校作「附」，但將原文釋作「苻」，誤。

〔四三〕「時奉外」，《敦煌社會經濟文獻真蹟釋録》釋作「妹」，誤；「支」，當作「兼」，據下文「動靜兼祐」改，《敦煌社會經濟文獻真蹟釋録》釋作「交」，《敦煌寫本書儀研究》釋作「友」，均誤。

〔四四〕「引望引望」，《敦煌寫本書儀研究》釋作「引マ望マ」。

〔四五〕「相」，當作「想」，《敦煌寫本書儀研究》據文義校改，「相」爲「想」之借字。

〔四六〕「信」，《敦煌寫本書儀研究》釋作「心」，誤。

〔四七〕「努力努力」，《敦煌寫本書儀研究》釋作「努マ力マ」。

〔四八〕「惟」，當作「候」，據文義改，《敦煌寫本書儀研究》逕釋作「候」，《敦煌社會經濟文獻真蹟釋録》釋作「惟」。

〔四九〕「所」，《敦煌寫本書儀研究》據文義校補。

〔五〇〕「覓」，《敦煌寫本書儀研究》釋作「留」，誤。

〔五一〕「科」，《敦煌寫本書儀研究》釋作「料」，誤。

〔五二〕「間」，《敦煌社會經濟文獻真蹟釋録》釋作「聞」，誤。

〔五三〕「斑」，《敦煌寫本書儀研究》校作「班」。

〔五四〕「炎蒸」，據上文「曉夕炎蒸」補。

〔五五〕「葵」，《敦煌寫本書儀研究》釋作「蔡」。

〔五六〕「蕟」，當作「發」，《敦煌寫本書儀研究》據文義校改，《敦煌社會經濟文獻真蹟釋録》逕釋作「發」。

〔五七〕「存」，《敦煌社會經濟文獻真蹟釋録》、《敦煌寫本書儀研究》據文義校補。

〔五八〕「稐」，當作「稔」，據文義改，《敦煌社會經濟文獻真蹟釋録》、《敦煌寫本書儀研究》逕釋作「稔」。

〔五九〕「忠國」，當作「國忠」，據下文「逆賊玉關驛戶氾國忠等六人」、「氾國忠等人」改。

〔六〇〕「申」，《敦煌社會經濟文獻真蹟釋録》釋作「中」，誤。

〔六一〕「芒」，當作「忙」，據文義改，《敦煌寫本書儀研究》校作「慌」；「怕」，底本於其旁改作「白」，然據下文，

「怕」字義長。

〔六二〕「衍」，《敦煌社會經濟文獻真蹟釋録》釋作「行」，誤。

〔六三〕「中」，當作「申」，《吐蕃僧諍記》、《敦煌寫本書儀研究》據文義校改，《敦煌社會經濟文獻真蹟釋録》逕釋作「申」。

〔六四〕「銅」，當作「錮」，《吐蕃僧諍記》、《敦煌社會經濟文獻真蹟釋録》、《敦煌寫本書儀研究》據文義校改。

〔六五〕「豊」，當作「農」，《敦煌社會經濟文獻真蹟釋録》、《敦煌寫本書儀研究》據文義校改。

〔六六〕「謹因」，據上下文之《啟》體例補，《敦煌社會經濟文獻真蹟釋録》逕釋作「謹因」。

〔六七〕「勃」，當作「悖」，《敦煌寫本書儀研究》據文義校改。

〔六八〕「眠」，當作「泯」，《敦煌寫本書儀研究》據文義校改，《敦煌社會經濟文獻真蹟釋録》逕釋作「泯」。

〔六九〕「豊」，當作「農」，《敦煌寫本書儀研究》據文義校改，《敦煌社會經濟文獻真蹟釋録》逕釋作「農」。

〔七〇〕「害」，《敦煌寫本書儀研究》據文義校補。

〔七一〕「隹」，當作「候」，《吐蕃僧諍記》據文義校改，《敦煌社會經濟文獻真蹟釋録》、《敦煌寫本書儀研究》逕釋作「候」。

〔七二〕「珍重珍重」，《敦煌寫本書儀研究》釋作「珍マ重マ」，以下同，不另出校。

〔七三〕「性」，當作「姓」，《敦煌寫本書儀研究》據文義校改，「性」爲「姓」之借字。

〔七四〕「覓」，《敦煌社會經濟文獻真蹟釋録》釋作「不見」，誤。此句及下句，《敦煌社會經濟文獻真蹟釋録》斷作「不見蕃大德，告報相將，逐便回避」。

〔七五〕『惻』，當作『測』，據文義改，《敦煌社會經濟文獻真蹟釋録》、《敦煌寫本書儀研究》均逕釋作『測』，『惻』爲『測』之借字。

〔七六〕『杖』，當作『仗』，《敦煌寫本書儀研究》據文義校改，『杖』爲『仗』之借字。

〔七七〕『西』，當作『惡』，《敦煌社會經濟文獻真蹟釋録》、《敦煌寫本書儀研究》據文義校改。

〔七八〕『謹』，《敦煌社會經濟文獻真蹟釋録》、《敦煌寫本書儀研究》據文義校補。

〔七九〕『廿』，當作『世』，《敦煌寫本書儀研究》據文義校改，《敦煌社會經濟文獻真蹟釋録》逕釋作『世』，唐人避『世』字諱，或寫作『廿』。

〔八〇〕『雁』，《敦煌寫本書儀研究》釋作『應』。

〔八一〕『卜』，底本原作『由』，後於其旁改寫『卜』，故逕録『卜』字，《敦煌社會經濟文獻真蹟釋録》釋作『由』。

〔八二〕『人李次願不絕』，《敦煌寫本書儀研究》校補爲『人李之次願不絕也』。

〔八三〕『止』，《敦煌寫本書儀研究》釋作『心』。

〔八四〕『桂』，當作『掛』，《敦煌寫本書儀研究》據文義校改，《敦煌社會經濟文獻真蹟釋録》逕釋作『掛』。

〔八五〕『甚幸甚幸』，《敦煌社會經濟文獻真蹟釋録》釋作『幸甚幸甚』，《敦煌寫本書儀研究》釋作『甚マ幸マ』。

〔八六〕『勳』，《敦煌社會經濟文獻真蹟釋録》釋作『勤』，《敦煌寫本書儀研究》釋作『動』，校作『勳』。

〔八七〕『望』，《敦煌寫本書儀研究》疑作『惟』，誤；『各』，當作『名』，《敦煌寫本書儀研究》據文義校改。

〔八八〕『西』，《敦煌寫本書儀研究》疑作『惡』，誤。

〔八九〕《敦煌寫本書儀研究》認爲『仲』下叙時候用語，『惟』上可有『伏』字，但既已省略，故不校補。

〔九〇〕「塗訶塗訶」，《敦煌寫本書儀研究》釋作「塗マ訶マ」，

〔九一〕「各各」，《敦煌社會經濟文獻真蹟釋録》認爲當衍一「各」字。

〔九二〕「怛」，當作「坦」，《敦煌寫本書儀研究》據文義校改。

〔九三〕「邊」，《敦煌社會經濟文獻真蹟釋録》、《敦煌寫本書儀研究》據文義校補。

〔九四〕「支」，《敦煌寫本書儀研究》釋作「友」，誤。

〔九五〕「墾」，據此件第一通殘畝補，「耕〔墾〕」，《敦煌社會經濟文獻真蹟釋録》校補爲「耕〔田〕」，《敦煌寫本書儀研究》校補爲「〔所〕耕」。

〔九六〕此句底本原作「某蒙恩免」，《敦煌寫本書儀研究》認爲「某蒙免」是書牘的常用語，且「恩」旁有删除符號，應不録，此從之。

〔九七〕「旱」，當作「早」，《敦煌寫本書儀研究》據文義校改，《敦煌社會經濟文獻真蹟釋録》逕釋作「早」。

〔九八〕「⿰足余」，《敦煌寫本書儀研究》疑作「賒」，誤，「⿰矣余」通「款」。

〔九九〕「圖」，據文義補。

〔一〇〇〕「此」，《敦煌社會經濟文獻真蹟釋録》釋作「以」，誤。

〔一〇一〕「哀」，《敦煌社會經濟文獻真蹟釋録》釋作「享」，誤。

〔一〇二〕「支」，疑當作「衹」，據文義改，《敦煌寫本書儀研究》校作「友」，《敦煌社會經濟文獻真蹟釋録》釋作「交」。

〔一〇三〕「昭」，當作「照」，據文義改，《敦煌寫本書儀研究》逕釋作「照」。

〔一〇四〕「不」，《敦煌寫本書儀研究》據文義校補。

〔一〇五〕「耶」，《敦煌寫本書儀研究》據文義校補。

〔一〇六〕「阿」，《敦煌寫本書儀研究》釋作「何」。此句疑有脱文。

〔一〇七〕「衰」，《敦煌社會經濟文獻真蹟釋録》釋作「襄」，誤。

〔一〇八〕「酷罰罪苦，酷罰罪苦」，《敦煌寫本書儀研究》釋作「酷マ罰マ罪マ苦マ」。

〔一〇九〕「支」，疑當作「衹」，據文義改，《敦煌寫本書儀研究》校作「友」，《敦煌社會經濟文獻真蹟釋録》釋作「交」；「福」，《敦煌社會經濟文獻真蹟釋録》釋作「祐」，誤。

〔一一〇〕「祐」，《敦煌寫本書儀研究》釋作「枯」。

〔一一一〕「如」，《敦煌寫本書儀研究》據文義補。

〔一一二〕底本「馳」下原有「戀」字，其旁有删除符號，不録。此句《敦煌社會經濟文獻真蹟釋録》釋作「但增馳悲係」，是誤將已廢除的「戀」字釋成了「悲」字。

〔一一三〕「逝」，《敦煌社會經濟文獻真蹟釋録》釋作「折」，誤。

〔一一四〕「支」，疑當作「衹」，據文義改，《敦煌寫本書儀研究》校作「友」，《敦煌社會經濟文獻真蹟釋録》釋作「交」。

〔一一五〕「某名」，《敦煌寫本書儀研究》釋作「名」，漏録一「某」字。

〔一一六〕「支」，當作「友」，《敦煌寫本書儀研究》據文義校改，《敦煌社會經濟文獻真蹟釋録》釋作「交」。

〔一一七〕「旱」，當作「早」，《敦煌寫本書儀研究》據文義校改，《敦煌社會經濟文獻真蹟釋録》逕釋作「早」。

〔一一八〕「靶」，《敦煌社會經濟文獻真蹟釋録》釋作「粑」。

〔一一九〕「子」，疑當作「有」，《敦煌寫本書儀研究》據文義校改。

〔一二〇〕「旋」，《敦煌社會經濟文獻真蹟釋録》釋作「旅」，誤。

〔一二一〕「蕟」，當作「發」，《敦煌寫本書儀研究》據文義校改，《敦煌社會經濟文獻真蹟釋録》逕釋作「發」。

〔一二二〕「慰」，《敦煌寫本書儀研究》據文義校補。

〔一二三〕「承」，《敦煌社會經濟文獻真蹟釋録》認爲係衍文。

〔一二四〕「服」，當作「復」，《敦煌寫本書儀研究》據文義校改，「服」爲「復」之借字。

〔一二五〕「哀痛奈何，哀痛奈何」，《敦煌寫本書儀研究》釋作「哀マ痛マ奈マ何マ」。

〔一二六〕「支」，疑當作「祇」，據文義改，《敦煌寫本書儀研究》校作「友」，《敦煌社會經濟文獻真蹟釋録》釋作「交」；「福」，底本原作「福勝」，《敦煌寫本書儀研究》認爲「勝」字衍，從之。

〔一二七〕「不」，《敦煌寫本書儀研究》認爲當校改作「未」，按此件中的其他狀、啟體例，當校改作「未」，但「不」字亦可通。

〔一二八〕「動静」，《敦煌寫本書儀研究》認爲「静」字衍，當删。

〔一二九〕「釵」，《敦煌寫本書儀研究》認爲當校改作「敘」。

〔一三〇〕「暢」，《敦煌寫本書儀研究》疑當校作「傷」。

〔一三一〕「諒」，《敦煌社會經濟文獻真蹟釋録》釋作「謙」，誤。

〔一三二〕「雁」，《敦煌寫本書儀研究》釋作「應」，校作「雁」，原件實作「雁」。

〔一三三〕「嘗」，《敦煌寫本書儀研究》疑當校作「饗」。

參考文獻

P.Demievilde，*Le Concile de Lhasa*，254，271-272 Ⓡ；《東方學報》三一期，二二三頁；《中華文史論叢》一九八一年一期，一五七至一七〇頁；《揚州師院學報》一九八一年二期，一三頁；《青海社會科學》一九八一年三期；《敦煌研究文集》七一至七三頁；《敦煌研究》創刊號（一九八三年），一三一至一四一頁；《1983年全國敦煌學術討論會文集》石窟·藝術編（下），三五五頁；《敦煌吐魯番文獻研究論集》二輯，二三九頁；《敦煌寶藏》一〇冊，六四五至六四八頁（圖）；《西北師院學報》（增刊）《敦煌學研究》一九八四年，三一頁；《吐蕃僧諍記》三四七頁；《歷史研究》一九八四年五期，一七七頁；《敦煌學》七輯，六五頁；《敦煌研究》一九八七年一期，六一頁；《唐五代敦煌寺戶制度》一九頁；《敦煌吐魯番文獻研究論集》四輯，三三頁；《敦煌學林劄記》（上），一九八七年，六八頁；《西北史地》一九八八年二期，二五頁；《敦煌社會經濟文獻真蹟釋録》五輯，三一四至三二五頁（録）、（圖）；《西北師大學報》一九九〇年三期，四七頁；《英藏敦煌文獻》三卷，一八至二一頁（圖）；《敦煌寫本書儀研究》六三至六四頁、四四三至四七九頁（録）；《敦煌研究》一九九四年三期，八六至八九頁；《唐五代書儀研究》八七至八八頁；《敦煌藝術宗教與禮樂文明》三六六至三六七頁；《吐蕃統治敦煌研究》一〇一至一一三頁；《中國敦煌學百年文庫》民族卷（一），三四七至三四九頁、三七八頁、四一六至四一七頁；《中國邊疆史地研究》二〇〇〇年三期，一一至一四頁；《江西社會科學》二〇〇四年一二期，三一至三七頁；《敦煌學輯刊》二〇〇五年二期，一五五至一五六頁。

釋文

（前缺）

□以相息亮。訊㾀〔一〕□疹□□反。施于〔二〕上羊智反。趨促。敎辟疋亦反。孔易□智□□□刀椌楬〔三〕苦江反，下苦轄。

壎（壎）篪（篪）〔四〕上許爰〔五〕，下馳。旄翟〔六〕毛狄。醄（酳）〔七〕羊刃反。鏗土（上）苦耕〔八〕。横上古曠。聲磬苦耕反，或作硜〔九〕。聲濫力暫反〔一〇〕。畜

聚上丑六反。鼓鼙〔一一〕步迷。讙許元〔一二〕。將率子匠反〔一三〕。不軾式。忿然上孚粉。屈侯鮒居勿，下附。穰苴〔田〕苑（完）之苗裔〔一四〕，善兵法，景公時大司馬，故號司馬穰苴。羸（羸）

糧盈音，擔也〔一五〕。病疽七余反，又作癰，於恭反。吮之上食兖反，嗽也。還踵旋。猜（猜）忍〔一六〕上七才反。母訣古穴反，别〔一七〕。齧臂五結反。數有朔。逮代。幾祈音。羊

腸在太原晉陽西〔北〕九十里〔一八〕。欒死五孝反。孰與預音。屬之燭音。應門於陵，國門。收（抆）淚〔一九〕上之粉反〔二〇〕，或作收。孫臏收（扶）忍〔二一〕。騶行（衍）〔二二〕《曹植集》『騶羨』。

孟軻車輔軸，字子輿，故（古）人名字相配〔二三〕。官費字（孚）味反〔二四〕。弛期式至反，變。前和棺兩頭板。張朝更設帳幕而爲朝廷之禮。亟葬上居力反，急。負壘力追反，盛土籠。操插楚洽反，鍤〔二五〕。田需須。

昭魚吾。之璽〔二六〕胥爾反。安釐僖。葉陽〔二七〕式葉反。段干崇段干姓，崇名。貴梟古堯反〔二八〕。周訢欣。而名已（亡）正反〔二九〕。祝曰之青反。鄿丘犀。

中旗其。中行戶郎反。肘韓康子知手反。唐雎七余反。先臣蘇見反。茫然莫郎反，言年老惛恾，志意亂。數矣朔。遽發臣（巨）去反〔三〇〕。范痤在戈反。騎垝騎下魚毀反，室棟。施上式智。

冥阸之塞春秋有九塞。閒之古莧反。文臺隳許規反。濫闞音。於共恭。自度徒洛。能探土南〔三一〕。侯羸（羸）〔三二〕盈。門監古陷，門卒之長。

以監門古衜。虛左謂虛中左畔席〔三三〕，故侯羸（羸）直上車在（載）而坐，不讓。俾倪邪視。偏贊〔三四〕布見反。稠人直由。爲公子本作羞。半辭片音。委上於爲反，咱。齎（齊）

服資。五伯霸。鐵推（椎）〔三五〕直追反，内衣袖中。反自驕翻。博徒博蕩之徒。賣膠（醪）〔三六〕《史記》作賣漿。間步〔三七〕古莧。豪舉據。趣駕促。蒙鶩五到反。醇酒純。子〔王〕假〔三八〕古下。鄢於坂反。惜〔三九〕昔。徒跣先典。搶地七羊反。彗星邃〔四〇〕。傫力追。白虹戶工反。祲裂子鴆反。色撓奴孝反。諭矣羊樹反。縮高所六反〔四一〕。管守古滿反。導使者徒倒反。子煞試。與焉預。悍戶反〔四二〕。縞素上古老反〔四三〕。

楚第八

悼王徒到反。捐不〔四四〕遺專反。射刺上食亦反，下七夕反。得見胡見反。有鯨巨京反。翺翔五高反。窈冥上烏了，下莫丁。蕃田鷃〔四五〕上甫袁反，下厄諫。斷（料）天地〔四六〕上力吊反。之墟丘居反。覆軍煞將上敷目反，下子匠反。滑王閔。乃爲秦使上榮僞反〔四七〕，下所事反。祠祥移反。畫地爲蛇上獲。持巵職移反〔四八〕，酒器。争長珍兩反。廝斯。閉關布結反。致璽胥爾反，印。屈丐（匄）〔四九〕古大反。黔中巨金反。之間諫。說王束銳反。烹普耕反。姑（姤）之〔五〇〕當路反。惡子〔五一〕烏故。強問其兩反。王臭尺又反。劓之魚器反，截鼻。黄棘紀。入質如蕃甫袁反。郢中羊整。頃〔襄〕〔五二〕上丘頰（頸）反〔五三〕。隘之上烏賣反。昭尚上征遥反。從間道閑。蔽明卑袂反。枯熇〔五四〕苦老反。漁父魚甫。渾濁上戶婚反，下根學反〔五五〕。獨醒先丁反。凝滯語陵反。餔其糟〔五六〕上博姑反，下祖曹。而歠觸劣反。其釃力之反〔五七〕。懷瑾居隱反。握瑜羊朱反。拭冠上升力反，下古丸反。惽惽呼尊反。浩浩戶老反。汨羅上迷辟反〔五八〕；又古忽反。而隕榮敏反。計畫〔五九〕獲。儵忽上戶六反。羿蓬蒙上魚列反，下莫工反。枳只。而悼慄上唐致（到）反〔六〇〕，下利日反。不便婢面反。良菟湯露反。東郭駿須閏反〔六一〕。餝士卒上式，下子忽反。會於宛，會於鄢於板反。會於穰羊而。徽（微）繳〔六二〕綽，章約反〔六三〕。所弋亦〔六四〕，羊力反。鳧鴈烏，上房夫反〔六五〕。郯邳羅籠洛東反。砦新繳上蘇哥反，下之藥反〔六六〕，灼〔六七〕。從不約子松反。折（析）酈〔六八〕冥塞上莫經反，下先代反。鼓翅（翅）〔六九〕尸至反。激怒上古歷反，下乃故反。踴躍羊隴反，下羊略反。銳營歲反。以塞桑得反。虎肉臊桑刀反。之糜用（明）悲反〔七〇〕。絀丑律反。三翮衡革。楚輟中劣。黄歇虚謁。說秦昭王束銳。濡其此行有錯字，後勘。尾〔七一〕辱逾反。始之易羊二反。梭（接）踵〔七二〕之勇。宗廟隳許規反。刳曝骸〔七三〕上蒲卜反，下戶匡反。係頸繫音，下經郢反。嬰城於盈反。輦從鄢陵上良善反。老悖乎蒲沒反。國妖乎於驕反。補牢郎刀反。青蛉（蛉）〔七四〕洛丁。挽（俛）蚊虻而食之〔七五〕螻蟻洛侯，下牛綺反。俯啄角丁。白粒立。

菱藻凌早。左挾彈上刑頰，下徒旦。右攝丸酸鹹　矰弩鼎俎夕（刀）井反[七六]，下測（側）呂。左挑幼妾上徒了反。右擁嬖補計反。騁敕領反。此闕一字[七七]。毘塞桑代。變作詐。苟卿須巡。瑇瑁上徒蓋反，下莫蓋反。以鄗恪[七八]，火各反。遺之羊季。[七九]明嫋上孟音，下子須反。仲長〔統〕昌〔言〕曰[八〇]：『毛墻（嬙）、西施、陽文、孟娵、吴姓（娃）[八一]、子夫、飛鸞、皇〔后〕不同而期於美[八二]。』字或作娵，同。嫫母謨音，黄帝妃。更贏脈上古行反，下脈。音或胍直引反。處〔虙〕[八三]力甚。此孽也魚列。創痛上楚莊反，下他凍反。未去美與反。創隕于敏。承間閑。朱英於京反，《史記》及《國冊（策）》無此人字。於蘄巨衣反，今蘄春縣。

齊九

煞簡公試（弑）[八四]。濁澤棖角。騶（鄒）忌莊愁。段干多或作用（朋）字[八五]。裴駰曰：老子之〔子〕名宋（宗）[八六]，爲魏將，封於段干，干疑是邑名。《魏世家》有疑（段）干木[八七]、段干子。《田〔齊〕世家》有段干多（朋）[八八]，疑此三人姓段干也，因邑爲姓。而《風俗通》之姓段干多（名）木[八九]，恐失之矣。自有姓段，何女（必）干木[九〇]。且折之列反。桓隹（侯）[九一]傅子曰：是〔時〕〔齊〕〔無〕〔桓〕侯[九二]。裴駰曰：是齊時（侯）無（田）和之〔子〕桓公午[九三]。扁鵲出（步）典反[九四]。《史記》：勃海鄭人，姓秦氏，名越人，年十餘，長桑君授以禁方，忽然不見。腠理七奏反，膚之謂，皮上。腸胃謂。湯熨於謂反，灸均[九五]。還走上旋音，迴走也。鍼石之任反。許順（慎）注《淮南子》曰[九六]：『藏（鍼）所以刺[九七]，石可以砭[九八]。』韓子曰：『夫疢（痤）疽之痛也[九九]，不能使以半寸砭石而彈之。』是也[一〇〇]。野辟婢亦反，開（開）也[一〇一]。無留事留滯。攻鄄見[一〇二]，居面反。薛陵思列反。擢之上直角反。均諧居倫反。無觀古亂反。狢膏胡各反，又作猺字，下古刀。爲滑古八反。方穿昌涓反，車釭。弓膠臘幹《史記》交錯二音。傅合附音[一〇三]，下古合反。疏罅呼[一〇四]火嫁反，拆絳（縫）[一〇五]。無較古學反。無軫之忍反。眄莫見反。肥孋[一〇六]麗音。操七刀反。豚蹄[一〇七]上徒昆反，下徒兮反。甌窶上烏侯反，下古侯反，謂側之地，本或在（作）窳字[一〇八]。滿溝徐廣曰『溝，籠也，古侯反，言培塿之處，即收一籠一（之）粟[一〇九]。』污耶[一一〇]上烏爪反，下年奢反。污耶，下地田。帣韛上居免反，徐廣曰：『帣，收衣袖。』下古侯反，臂捍也，字或作韝。鞠跽上居六反。徐廣曰：『鞠，曲身。』下巨碁反。脛後肉也。餘灑歷音。投壺胡音，或作投箸。握手上烏角反，把手。目眙徐廣曰：丈甑反[一一一]，今音丑史反，直視。隨珥而志反，耳璫。樂此洛。襦[一一二]而朱反。徽章[一一三]上許韋反，三蒼云：『軍旗熾（幟）也[一一四]。』字或作徽[一一五]。以䜌古亂字，或作率。還告旋。馬棧仕板反。強之其兩反。盼子普諫反，人姓。東漁魚音，捕魚。孫臏扶忍反。不控捲巨員反。捄鬬就[一一六]，救音。不搏撠搏戟。批亢上扶結反，又豐雞反，下胡郎。擣虚形，格劃（勢）禁[一一七]。衛路上胡嚴反，《史記》作衡（衙）路[一一八]。數與朔。重射食邪反，謂以千金爲質[一一九]，輟馬力射。君第[一二〇]徒帝反。桂古惠反。臨質致。刺髡七亦反。之誹夫未反。直走趣音，向也，赴也。蹶上將上巨月反。《魏武帝注孫子》[一二一]：『蹶猶挫也。』并行上卑正反，兼也。僉且[一二二]或作險沮（阻）[一二三]，同。謂一日行百廿里山山（也）[一二四]。柝[一二五]託音[一二六]，破木皮，《史記》作斫字。自剄古挺反。挹水於入反。

顏蠋燭音，齊之高士，或作⿰亻蜀。壟力重反。田駢步田反。韋昭曰：『齊威王時遊於稷下。』接子上子葉反。《史記》曰：『齊人，齊〔稷〕下先王（生）〔一二七〕。』慎到《史記》曰：『趙人，齊稷下〔先〕生〔一二八〕，學黃老〔道〕德之述（術）〔一二九〕，著書十二論。』靖郭靜。愓而舒亦反，驚也。短褐餘藏在浪反。餽與上巨愧反，餉〔一三〇〕。掇食上張劣反。木耦〔一三一〕五口反，刻木爲人形。魁若回反。魁，大貌〔一三二〕。妙小上名小反。登徒直姓登反（名）徒〔一三三〕，直者，當御事。摽賣〔一三四〕上卑遥反。馮煖許袁反。《史記》作馮驩，音同，或作湲（諼）〔一三五〕。人屬之欲食寺音。劍鋏頰（鋏）或作挾〔一三六〕，同。鋏，劍鋒刃。食之寺音。收責〔一三七〕莊賣反，謂放錢出物。賈利古音，商販曰賈。反田田獵。三堀苦骨反。復鑿在洛反，傍穿。譚拾子上徒南反。譚，國名，屬齊，拾是其大夫。補文上布戶。血濺子見反，謂以血迸射之。田瞀茂音，或作瞅〔一三八〕，誤。勝贅或作蒙。贅，音之稅反〔一三九〕。代（貸）之上他得反。盛血成。鄒魯《史記》音誅。供居共反。淖齒卓。洽衣或作沾衣。地坼丑白。遂煞試（弒）。倚門於彼。盡邑〔一四〇〕劉熙曰：『齊西近邑名也。』息忍反，或作畫，非。王⿰亻蜀觸音，齊之忠臣。騎劫居葉反〔一四一〕。僇六。板插〔一四二〕上百服反，下楚洽反。編於上婢然反，補縫。虜掠獲生口。束炬巨，束葦燒之。炫爚上炫音〔一四三〕，下羊略反，火光照。銜枚鄒衍云：『狀籥（箸）〔一四四〕，口銜之，以繩繫兩頭，洽（結）耳須（項）以靜聲〔一四五〕。』鼓譟先到反，衆聲。太史激《史記》音古弔反〔一四六〕，今古狄反。衣食於既反，下寺。洿吾世烏臥。淄水莊師〔一四七〕。巖下五咸反，岸磩下。食寺。貂勃丁遼反。蹠之犬之石反，盜跖。吠堯扶廢反。擢公孫居縛。之腓肥音，脛內肉也〔一四八〕。噬誓。惡得烏。單與余。之鬭扶亦反。惴惴之瑞反，恐懼。棧道士板反。劇巨逆。相倍步昧。漏甕烏貢。拒全巨。反外鬍。憚場上善音，大除地，於中爲壇。忿悁烏玄。攻狄《漢書》云：『田儋，狄人。』羊（韋）昭〔一四九〕：『縣，屬千乘。』即是邑名。織簣巨位反〔一五〇〕，土籠。杖插〔一五一〕楚洽反。之俸扶共反，祿。之虞意所思慮。淄繩（澠）〔一五二〕下食升反，水〔名〕〔一五三〕，出齊地。援桴上爰音，下浮，打鼓椎。椎直隹。於共居凶反，今汲郡恭成縣（縣）是〔一五四〕。

燕語第十

朝鮮潮，《地里（理）志》：『樂浪部（郡）〔一五五〕。』大汕水與海通潮，故曰朝鮮。呼池徒何〔一五六〕。東垣袁。鳥喙許穢反，《本草》一名鳥頭〔一五七〕。偷充腹《史記》本作愈充腹。鴈行戶郎反。愀然在酉反，色變貌。左右賣言東西賣弄。佯僵羊。王噲快。不死殊裴駰云：『不死殊而去者，蘇秦雖不即死，然是死創，故云「殊」』。《風俗〔通〕〔義〕》：〔一五八〕『殊，死形（刑）也〔一五九〕。』鉏耨上士居反，下奴豆反。蓄聚上丑六反。筩首〔一六〇〕狩音，向也。惡所烏。數戰朔。清濟子禮反。鉅防抗拒〔一六一〕，下扶放〔一六二〕。還而〔一六三〕放（旋）音〔一六四〕，迴澆（繞）而領（顧）〔一六五〕。先後胥見反〔一六六〕，謂道引。其霸布嫁〔一六七〕。貴重主斷〔一六八〕丁亂〔一六九〕。屯壽〔一七〇〕上張倫反，或作廣屯〔一七一〕。屬國燭音，託寄。市被扶彼反，漢有五被。恫怨通音。郭隗五罪反。走燕〔一七二〕趨音，向。狼顧郎。齊

紫徐廣曰：『下（取）敗口素染以爲紫〔一七三〕。』如挑徒了反。接收上子葉反。脫躧所解反。石交《史記》作厚交。蜯步項反。鶄聿，水鳥，翠形，青色，臍赤。而挾頰，又夾。擒之禽。啗秦徐廣曰：『啗，謂進說之〔意〕〔一七四〕。』音
徒濫反。分魏上扶問反，謂處分，指畫。怨懟直愧反，怒。齊（濟）上〔一七五〕子禮反。勞軍〔一七六〕力到反。侵掠力上〔一七七〕。阿陘居變反，今云東河（阿）陘〔一七八〕。王燭之欲反，或作僞，同。
呼吸許及反。勠之上六音，煞也，從刀。若勠力，字從力。巨怵思律反，誘其郭（邪）說〔一七九〕。亂沮慈與反，敗亂。得枳巴郡有枳縣，音君爾反〔一八〇〕。於汶亡貧反，江水出汶山，故號汶山（水）〔一八一〕。五渚《戰國策》曰：『秦與荊人戰，大破荊軍，襲
郢，取洞庭五渚洲〔一八二〕。』渚洲〔一八三〕，洲也〔一八四〕，其地在洞庭左右〔一八五〕。
《春申君傳》：『越王會吳王三渚之浦〔一八六〕。』此謂三江之浦，在吳地。少曲上式照反，地名。盡流（繇）女戟〔一八七〕地名。太原卷去員反。銛戈
上息廉反，利也。或作錟，音羊冉反。宿胥徐廣：《記（紀）年》曰：『魏救中山，塞集宿胥之口。』虛頓丘徐廣曰：『秦始皇取魏酸棗、無虛〔一八八〕、長平之地。』踐阸陵知或作制。龍賈《史記》：『魏襄王五〔年〕〔一八九〕，〔秦〕敗我龍賈軍〔一九〇〕。』是也。姓龍名賈，將軍。
岸門韓宣惠王十九年，秦破我軍於岸門。岸門，地名。封陵魏襄王十九（六）年〔一九一〕，秦拔我封陵。封陵，地名。高商趙壯裴駰云〔一九二〕：『此戰趙壯不見出。』曝露步卜。亞卿或作客卿。僅以巨斳反。珍器或作練器。元
英於京反。磨（曆）室〔一九三〕《史記》音歷。服虔曰：『齊南歷城。』張晏曰：『磨（曆）〔一九四〕，山名。然別城中有宮，故得返舊處。』曼臺《史記》作寧臺。薊丘計。之鶴《史記》：『薊丘之鶴，植於汶篁。』汶篁上問；皇（篁），竹藂
生〔一九五〕。徐廣曰：『謂燕之壃界，移於齊之汶水。』嗛於志〔一九六〕上苦簟反，愜也，當也，或作愴〔一九七〕、慊同。服虔曰：『人相匿，蒲之匡滿。』不頓頓，猶挫辱。慎庶孽上市忍，下迎竭。施及羊智反〔一九八〕。鴟夷昌之反，以馬革如樹（榼）形〔一九九〕，盛
屍，投之於江。而不化化，變。毀辱《史記》音或作辱〔二〇〇〕，音越，訓輕。誹謗上甫吠反，腹内非之。欒閒〔二〇一〕間〔二〇二〕。爲昌國地各（名）〔二〇三〕，屬齊。鄗鄉上火各反。慶秦軍將姓名。
飲人之主於縈。將渠燕將姓名。王蹵七六反，蹋。鞠武上之（已）六反〔二〇四〕。批其逆鱗上普迷反，又普結反，撥動也。或挑字。《韓子》：『驪龍頷下有逆鱗，撥動立〔殺〕〔人〕〔二〇五〕。』舟書，無故斛（觸）犯皇作怒〔二〇六〕。於期其反（音）〔二〇七〕。
謂委肉〔二〇八〕於爲〔二〇九〕。搆單于上古豆反，連也。或音古侯反，列也。單于，骨（匈）奴號〔二一〇〕。惛然昏音，或作炲，非。俛而笑俯音。僂而行上力勾反。曲身者示敬受命。距漳濮
（鄴）〔二一一〕上章，下業。數困朔。視以古示字，或作規，非。其贄至音。曹沫音昧，《左傳》作劌，居衛反。擅丘（兵）〔二一二〕市戰反。購之上古豆反。督亢徐廣曰：『方城縣
有督亢亭。』《別録》到（劉）向曰〔二一三〕：『督亢，煞（燕）膏臾（腴）之地〔二一四〕，名（亢）音古郎反〔二一五〕。』涕泣他禮反。揕其胸《史記》音苦感反。徐廣音丁鴆反。字或作柷（扰）〔二一六〕，謂以劍刺其胸也。扼腕烏革反，下烏翫。腑心撫。徐夫人一作陳。
藥淬七對反，劍刃。血濡縷儒〔二一七〕，下力注反。裴駰曰：『言以比（匕）首試人，血出足以沾濡彌（絲）縷〔二一八〕，便立死。』與忤視上吾故反，逆。人不敢逆視，〔畏〕其害己〔二一九〕。改悔本或作愢悔〔二二〇〕。而比（叱）〔二二一〕昌一反，呵也。
漸離晉。擊築竹音。應邵（劭）曰〔二二二〕：『狀似琴而頭（大）〔二二三〕，大（頭）要（安）絃〔二二四〕，以竹擊之，故曰竹（築）〔二二五〕。』濮上卜音。昔殷紂之樂師師延自投於濮水，後衛靈公聞有異聲音，令師涓寫之，國（因）謂之濮上之音〔二二六〕。垂髮涕泣言哀音感人，昏魂傷志但（怛）〔二二七〕，
故髮垂而泣下。衣題羽聲本作『衣題羽聲，悽愴慷慨。』蒙毅是蒙恬第（弟）〔二二八〕，或作加（嘉）〔二二九〕，非。春（奉）地圖匣〔二三〇〕上芳勇反，下胡甲反。小函。振慴之業反。操其室執也，言劍長，秦王不

得拔出，但合削（鞘）拔之〔二三一〕。卒起不意七忽反。搏之博。夏無且子余反。《史記》曰：『秦王賜之音（黃）令（金）〔二三二〕。』提軻上章氏反，擊也。或音直益反，是擿字。軻廢廢，頓地也。晉灼曰：『廢，手足不收。』箕踞居庶反，安坐。榆次孟聶《史記》作蓋，音古盍反。目攝之式業反，目送之。句踐上右（古）侯反〔二三三〕。雖遊於酒人押（柙）中〔二三四〕胡甲反。乃矐古木反，又角音，謂爊瞎其目。以鈆〔二三五〕羊專反。朴（撲）始皇〔二三六〕上普卜反，猶擊也。煞智〔伯〕〔瑶〕於鑿臺之下〔二三七〕徐廣曰：『在榆次』。

說明

此件首缺尾全，起『以相』，訖『煞智〔伯〕〔瑶〕於鑿臺之下徐廣曰：『在榆次』』，《英藏敦煌文獻》定名爲《春秋後語音》。從其内容來看，正文大字書寫，注文則用雙行小字，行間有界欄，注文以音讀爲主，兼及字義、辨别文字及收録異文，體例與陸德明《經典釋文》相似，康世昌《〈春秋後語〉輯校》，王恒傑《春秋後語輯考》，張金泉、許建平《敦煌音義滙考》均定名爲《春秋後語釋文》，此從之。

此件卷背爲唐大中十二年（公元八五八）具注曆日，其抄寫年代當在此前。康世昌據卷中州（郡）、縣的沿革，進一步推斷此件作於天寶元年至乾元元年間（康世昌《〈春秋後語〉研究》，《敦煌學》一六輯，九二頁、一〇〇頁）；李錦繡據其中『有木筆校改』，認爲『應是吐蕃時期抄本』（參見《敦煌典籍與唐五代歷史文化》三九一頁，中國社會科學出版社，二〇〇六年版）。

此件存《春秋後語》《魏語》第七後半、《楚語》第八、《齊語》第九、《燕語》第十部分釋文，雖脱、衍、誤較多，但是唯一的唐代注本，對古書傳本具有一定的輯佚和校勘價值（參見張金泉、許建平《敦煌音義滙考》三一六至三一七頁，杭州大學出版社，一九九六年版）。

校記

〔一〕『疾』，底本僅存左部，據《史記·樂書》『治亂以相，訊疾以雅』補。

〔二〕『施于』，《敦煌音義滙考》據《禮記·樂記》『施于孫子』校補。

〔三〕『椌』，底本僅存左部，《敦煌音義滙考》據《史記·樂書》、《禮記·樂記》『聖人作爲鞉鼓椌楬壎篪』校補。

〔四〕『埵蔍』，當作『壎篪』，《〈春秋後語〉輯校（下）》據《史記·樂書》校改。

〔五〕『爰』，《春秋後語輯考》釋作『受』，誤。

〔六〕『旄』，《〈春秋後語〉輯校（下）》釋作『族』，誤。

〔七〕『䣭』，當作『酳』，《〈春秋後語〉輯校（下）》據《史記·樂書》校改。

〔八〕『土』，當作『上』，《春秋後語輯考》據文義改，《〈春秋後語〉輯校（下）》、《敦煌音義滙考》逕釋作『上』。

〔九〕『硜』，《春秋後語輯考》釋作『硁』，誤。

〔一〇〕『暫』，《春秋後語輯考》釋作『□□』，誤。

〔一一〕『鼙』，《〈春秋後語〉輯校（下）》釋作『䩞』，《春秋後語輯考》釋作『鞶』，均誤。

〔一二〕『元』，《〈春秋後語〉輯校（下）》釋作『丸』，誤。

〔一三〕『匠』，《春秋後語輯考》釋作『近』，誤。

〔一四〕『田』，《〈春秋後語〉輯校（下）》據文義校補；『苑』，當作『完』，《〈春秋後語〉輯校（下）》、《春秋後語輯考》據文義校改。

〔一五〕『擔』，《〈春秋後語〉輯校（下）》釋作『檐』，誤。
〔一六〕『掅』，當作『猜』，《春秋後語輯考》據文義校改，《〈春秋後語〉輯校（下）》逕釋作『猜』。
〔一七〕『别』，《春秋後語輯考》漏録。
〔一八〕『北』，《敦煌音義滙考》據《史記集解》校補。
〔一九〕『收』，當作『拉』，《〈春秋後語〉輯校（下）》、《敦煌音義滙考》據文義校改。
〔二〇〕『之』，《〈春秋後語〉輯校（下）》釋作『配』，誤。
〔二一〕『收』，當作『扶』，《〈春秋後語〉輯校（下）》、《敦煌音義滙考》據文義校改。
〔二二〕『行』，當作『衍』，《〈春秋後語〉輯校（下）》、《敦煌音義滙考》據文義校改。
〔二三〕『故』，當作『古』，《〈春秋後語〉輯校（下）》、《春秋後語輯考》、《敦煌音義滙考》據文義校改。
〔二四〕『字』，當作『孚』，《敦煌音義滙考》據文義校改，《〈春秋後語〉輯校（下）》以爲當作『芳』。
〔二五〕『銿』，《春秋後語輯考》釋作『銀』，誤。
〔二六〕『璽』，《春秋後語輯考》釋作『熏』，誤。
〔二七〕『葉』，《敦煌音義滙考》認爲當作『華』，『式業反』之注音説明此件所據之底本已誤『華』爲『葉』。
〔二八〕『貴梟，古堯反』，《春秋後語輯考》漏録。
〔二九〕『已』，當作『亡』，《〈春秋後語〉輯校（下）》據相關典籍校改。
〔三〇〕『臣』，當作『巨』，《〈春秋後語〉輯校（下）》據文義校改。
〔三一〕自此詞至『虚左』及各詞注音註釋，《春秋後語輯考》漏録。

〔三二〕「羸」，當作「嬴」，《敦煌音義滙考》據文義校改。

〔三三〕「中」，《敦煌音義滙考》認爲此字衍，當删。

〔三四〕「偏」，《春秋後語輯考》釋作「編」，誤。

〔三五〕「推」，當作「椎」，《春秋後語輯考》據文義校改，《〈春秋後語〉輯校（下）》逕釋作「椎」。

〔三六〕「膠」，當作「醪」，《敦煌音義滙考》、《〈春秋後語〉輯校（下）》據文義校改，《春秋後語輯考》逕釋作「醪」。

〔三七〕「間」，《春秋後語輯考》釋作「閒」。

〔三八〕底本原作「子下假」，但「下」旁有删除符號，不録；「王」，《〈春秋後語〉輯校（下）》據文義校補。

〔三九〕「惜」，《敦煌音義滙考》認爲是「措」字之誤，而注音亦爲誤字之注音。

〔四〇〕「星」，《春秋後語輯考》漏録；此句注文「邃」，《〈春秋後語〉輯校（下）》漏録。

〔四一〕「六」，《〈春秋後語〉輯校（下）》釋作「久」。

〔四二〕據文義「戶」字下當有脱文，《〈春秋後語〉輯校（下）》認爲所脱之字應爲「旦」或「幹」。

〔四三〕「反」，《〈春秋後語〉輯校（下）》釋作「切」，誤。

〔四四〕「捐」，底本原寫作「損」，又在「損」字右側改作「捐」，《春秋後語輯考》仍釋作「損」，誤。

〔四五〕「蕃」，《敦煌音義滙考》認爲當作「糞」，注文「甫袁反」是給誤字的注音。

〔四六〕「斷」，當作「料」，《春秋後語輯考》據該字之反切校改，《〈春秋後語〉輯校（下）》逕釋作「料」。《敦煌音義滙考》認爲原文本應作「斷」，後人妄改「斷」作「料」，此釋文是據改後之文本注音。

〔四七〕「僞」，《春秋後語輯考》釋作「爲」，誤。

〔四八〕「反」，《〈春秋後語〉輯校（下）》漏録。
〔四九〕「丐」，當作「匄」，《〈春秋後語〉輯校（下）》、《春秋後語輯考》、《敦煌音義滙考》據文義校改。
〔五〇〕「姑」，當作「妬」，《〈春秋後語〉輯校（下）》、《春秋後語輯考》、《敦煌音義滙考》據文義校改。
〔五一〕「子」，《〈春秋後語〉輯校（下）》漏録。
〔五二〕「襄」，《春秋後語輯考》、《敦煌音義滙考》據文義校補。
〔五三〕「頰」，當作「頸」，《敦煌音義滙考》據文義校改，《〈春秋後語〉輯校（下）》、《春秋後語輯考》釋作「頴」。
〔五四〕「熇」，《敦煌音義滙考》認爲當作「熇」，《〈春秋後語〉輯校（下）》認爲「熇」通「槁」。
〔五五〕「下」，《〈春秋後語〉輯校（下）》漏録。
〔五六〕「餔」，《〈春秋後語〉輯校（下）》釋作「餬」，誤。
〔五七〕「之」，《春秋後語輯考》釋作「支」，誤。
〔五八〕「迷辟」，原件先寫作「迷羅」，又在其右側改爲「迷辟」，《春秋後語輯考》將「迷羅」抄於「迷辟」之後，誤。
〔五九〕此條《春秋後語輯考》漏録。
〔六〇〕「致」，當作「到」，據該字反切改。
〔六一〕「須」，《〈春秋後語〉輯校（下）》釋作「酒」，誤。
〔六二〕「徽」，當作「微」，《春秋後語輯考》、《敦煌音義滙考》據文義校改，《〈春秋後語〉輯校（下）》逕釋作「微」。
〔六三〕「綽」字原寫於「徽（微）」字右側，係直標其音。
〔六四〕「亦」字原標於「弋」字之右側，係直注其音。

〔六五〕『烏』字原標於『鳧』字之右側，係直注其音。
〔六六〕『藥』，《〈春秋後語〉輯校（下）》釋作『樂』，誤。
〔六七〕『灼』字原標於『繳』字之右側，係直注其音。
〔六八〕『折』，當作『析』，《敦煌音義滙考》據文義校改。此條釋文原缺。
〔六九〕『趄』，當作『翅』，《〈春秋後語〉輯校（下）》、《敦煌音義滙考》據文義校改。
〔七〇〕『用』，當作『明』，《敦煌音義滙考》據文義校改，《〈春秋後語〉輯校（下）》校作『甫』，《春秋後語輯考》校作『朋』。
〔七一〕『尾』字在原件上是另起一行的第一個字，『此行有錯字，後勘』用小字寫於行首天頭空白處，係抄寫者自注。
〔七二〕『棱』，當作『接』，原件在『棱』傍有『錯』字，說明抄寫者意識到此字抄錯了。
〔七三〕《〈春秋後語〉輯校（下）》、《敦煌音義滙考》均認爲『刳』下有脫文。
〔七四〕『蛤』，當作『蛉』，《〈春秋後語〉輯校（下）》、《敦煌音義滙考》據文義校改，《春秋後語輯考》逕釋作『蛉』。
〔七五〕『挽』，當作『俛』，《春秋後語輯考》、《敦煌音義滙考》據文義校改；『蚊』，底本僅存左半『虫』部，右部殘，《〈春秋後語〉輯校（下）》釋作『□』，《春秋後語輯考》漏録，《敦煌音義滙考》認爲當是『蚊』字，從之。
〔七六〕『夕』，當作『刀』，《敦煌音義滙考》據文義校改，《〈春秋後語〉輯校（下）》認爲當作『多』，亦可通。
〔七七〕『此闕一字』，寫於該行地角空白處，當爲抄寫者或校勘者所寫。
〔七八〕『恪』，原書於『鄗』字右下部，當爲直注其音，《〈春秋後語〉輯校（下）》釋作『下』，《春秋後語輯考》漏録。
〔七九〕此句下地角空白處有一『恪』字，當爲校勘者所書，重録『鄗』字右下部之原寫得不太清楚的『恪』字，以提醒

讀者。

〔八〇〕「統」，《〈春秋後語〉輯校（下）》據文義校補；「言」，《〈春秋後語〉輯校（下）》、《敦煌音義滙考》據文義校補。

〔八一〕「姓」，當作「娃」，《〈春秋後語〉輯校（下）》、《春秋後語輯考》、《敦煌音義滙考》據文義校改。

〔八二〕「后」，《敦煌音義滙考》據文義校補。

〔八三〕「廩」，《〈春秋後語〉輯校（下）》、《敦煌音義滙考》據文義校補。

〔八四〕「試」當作「弑」，《〈春秋後語〉輯校（下）》、《敦煌音義滙考》據文義校改。

〔八五〕「用」，當作「朋」，據文義校改，《〈春秋後語〉輯校（下）》、《春秋後語輯考》、《敦煌音義滙考》逕釋作「朋」。

〔八六〕「子」，《〈春秋後語〉輯校（下）》、《敦煌音義滙考》據文義校補；「宋」，當作「宗」，《〈春秋後語〉輯校（下）》據相關典籍校改。

〔八七〕「疑」，原件先寫作「段」，又在其右側改作「疑」，據文義當作「段」，《〈春秋後語〉輯校（下）》逕釋作「段」。

〔八八〕「齊」，《春秋後語輯考》據文義校補；「多」，當作「朋」，《敦煌音義滙考》據文義校改，《春秋後語輯考》徑釋作「朋」。

〔八九〕「多」，當作「名」，《〈春秋後語〉輯校（下）》據文義校改。

〔九〇〕「女」，當作「必」，《〈春秋後語〉輯校（下）》、《敦煌音義滙考》據文義校改。

〔九一〕「隹」，當作「侯」，《敦煌音義滙考》據文義校改，《〈春秋後語〉輯校（下）》、《春秋後語輯考》逕釋作「侯」。

〔九二〕「時齊無恒」，《〈春秋後語〉輯校（下）》、《敦煌音義滙考》據《史記集解》校補。

〔九三〕「時」，當作「侯」，「無」，當作「田」，《〈春秋後語〉輯校（下）》、《敦煌音義滙考》均據《史記集解》校改；

『子』，《〈春秋後語〉輯校（下）》、《敦煌音義滙考》據《史記集解》補。

〔九四〕『出』，當作『步』，《〈春秋後語〉輯校（下）》、《敦煌音義滙考》據音義校改。

〔九五〕『均』，《春秋後語輯考》釋作『灼』，校作『灼』。

〔九六〕『順』，當作『慎』，《〈春秋後語〉輯校（下）》、《春秋後語輯考》、《敦煌音義滙考》據文義校改，『順』爲『慎』之借字。

〔九七〕『藏』，當作『鍼』，《〈春秋後語〉輯校（下）》、《春秋後語輯考》、《敦煌音義滙考》據文義校改。

〔九八〕『可』，《〈春秋後語〉輯校（下）》校作『所』。

〔九九〕『疢』，當作『痤』，《敦煌音義滙考》據文義校改，《春秋後語輯考》逕釋作『痤』。

〔一〇〇〕此條注文，底本順序錯亂，原作『許順（慎）刾（刺）石可以砭，注《淮南子》曰藏（鍼）所以之痛，不能使以半也。韓子曰：夫疢（痤）疽寸砭石而弾之是也』。《〈春秋後語〉輯校（下）》、《敦煌音義滙考》校改爲：『許順（慎）注《淮南子》曰：藏（鍼）所以刾（刺），石可以砭。《韩子》曰：夫疢（痤）疽之痛也，不能使以半寸砭石而弾之。是也。』此從之。

〔一〇一〕『閞』，當作『開』，《敦煌音義滙考》據文義校改，《〈春秋後語〉輯校（下）》、《春秋後語輯考》逕釋作『開』。

〔一〇二〕『見』字原書於『鄄』字右下角，係直注其音，《〈春秋後語〉輯校（下）》、《春秋後語輯考》均漏録。

〔一〇三〕『傅』旁原有小字『附』，係直注其音，與此處之『附音』重複，未録。

〔一〇四〕『呼』，《〈春秋後語〉輯校（下）》據《史記·田敬仲完世家》，認爲應不録，《敦煌音義滙考》以爲『呼』原是『鱄』旁之音注，後抄寫者誤入正文中，近是。

〔一〇五〕「絳」，當作「縫」，《〈春秋後語〉輯校（下）》、《春秋後語輯考》據文義校改。

〔一〇六〕「肥」，《春秋後語輯考》釋作「肊」，誤。

〔一〇七〕「蹄」字右側有一小字，似爲「代」，按照此件體例，此字應爲音注，《〈春秋後語〉輯校（下）》、《春秋後語輯考》均未録。

〔一〇八〕「在」，當作「作」，《〈春秋後語〉輯校（下）》、《春秋後語輯考》、《敦煌音義滙考》據文義校改。

〔一〇九〕「一」，當作「之」，《敦煌音義滙考》據文義校改。

〔一一〇〕「污」原寫作「誇」，旁有廢字符號，改作「污」。《〈春秋後語〉輯校（下）》、《敦煌音義滙考》據《史記》相關記載，認爲「誇」當作「洿」，可備一説。然作「污」亦可通，故未取。

〔一一一〕「丈」，《春秋後語輯考》釋作「大」，誤。

〔一一二〕「禡」，《〈春秋後語〉輯校（下）》釋作「襦」，「禡」爲「襦」之別字，《春秋後語輯考》釋作「禱」，誤。

〔一一三〕「徽」，《春秋後語輯考》釋作「微」，誤。

〔一一四〕「熾」，當作「幟」，《〈春秋後語〉輯校（下）》、《春秋後語輯考》據文義校改。

〔一一五〕「徽」，《〈春秋後語〉輯校（下）》釋作「微」，校作「徽」。

〔一一六〕「就」，《〈春秋後語〉輯校（下）》、《春秋後語輯考》漏録。

〔一一七〕「剬」，當作「勢」，《〈春秋後語〉輯校（下）》據《史記·孫子吴起列傳》校改。「格剬禁」，底本原爲雙行小字，被抄作「擣虚形」之注文，《〈春秋後語〉輯校（下）》、《春秋後語輯考》據相關典籍考定其應爲正文，此從之。

〔一一八〕『衘』，當作『銜』，《〈春秋後語〉輯校（下）》據文義校改，《春秋後語輯考》逕釋作『銜』。

〔一一九〕『謂』字前原有一『爲』字，有廢字符號，應不録，《春秋後語輯考》仍釋作『爲謂』。

〔一二〇〕『第』，《春秋後語輯考》釋作『弟』，誤。

〔一二一〕『《魏武帝注孫子》』，《春秋後語輯考》釋作『魏武帝注孫子兵書』，《〈春秋後語〉輯校（下）》釋作『魏武帝注《孫子兵書》』，按『兵書』二字原件有删除符號，應不録。

〔一二二〕『僉且』，此二字原寫入雙行小字釋文，據文義應爲大字正文。

〔一二三〕『沮』，當作『阻』，《敦煌音義滙考》據文義校改。

〔一二四〕第二個『山』字當作『也』，《敦煌音義滙考》據文義校改。按，此條注文，底本原作『或作险，謂一日行百廿里，山山沮同』，《〈春秋後語〉輯校（下）》據此釋文，《春秋後語輯考》略有不同，即將底本『山山』釋作『出』。《敦煌音義滙考》校作『或作險沮（阻），同。謂一日行百廿里山山（也）』。暫從之。

〔一二五〕『㭊』，《春秋後語輯考》釋作『拆』、《〈春秋後語〉輯校（下）》釋作『析』，均誤。

〔一二六〕『託』，《春秋後語輯考》釋作『訛詫』，誤。

〔一二七〕『稷』，《〈春秋後語〉輯校（下）》、《敦煌音義滙考》據文義校補；『王』當作『生』，據文義改。

〔一二八〕『先』，《敦煌音義滙考》據文義校補。

〔一二九〕『道』，《〈春秋後語〉輯校（下）》、《敦煌音義滙考》據文義校補；『述』，當作『術』，《〈春秋後語〉輯校（下）》、《春秋後語輯考》據文義校改，『述』爲『術』之借字。

〔一三〇〕『餉』，《春秋後語輯考》釋作『餇』，誤。

〔一三一〕「耦」，《春秋後語輯考》釋作「㨨」，又校作「偶」。按此字原寫作「耦」，校作「偶」雖可通，但不如「耦」字貼切。

〔一三二〕「魁，大貌」，《春秋後語輯考》釋作「大魁貌」，誤。

〔一三三〕「反」，當作「名」，《春秋後語輯考》、《敦煌音義滙考》據文義校改，《〈春秋後語〉輯校（下）》認爲「反」係衍字，當删。

〔一三四〕「摽」，《〈春秋後語〉輯校（下）》釋作「標」，《敦煌音義滙考》認爲「摽」有「標」意。

〔一三五〕「湲」，當作「諼」，《〈春秋後語〉輯校（下）》據文義校改，《春秋後語輯考》逕釋作「諼」，「湲」爲「諼」之借字。

〔一三六〕「頬」，當作「鋏」，《春秋後語輯考》據文義校改。

〔一三七〕「責」，《春秋後語輯考》校作「債」，按「責」有「債」意，不煩校改。

〔一三八〕「瞅」，《〈春秋後語〉輯校（下）》釋作「稽」。

〔一三九〕「稅」，《春秋後語輯考》釋作「祝」，誤。《〈春秋後語〉輯校（下）》指出：「贅，音之稅反」本爲「勝贅」注文之一部分，底本誤將「贅」字分爲另一條目，按例應將該字移入注文，此從之。

〔一四〇〕「盡」，《春秋後語輯考》釋作「畫」，誤。

〔一四一〕「居」，《〈春秋後語〉輯校（下）》釋作「姑」，誤；「葉」，《春秋後語輯考》釋作「棄」，亦誤。

〔一四二〕「板」，《〈春秋後語〉輯校（下）》釋作「版」，誤。

〔一四三〕「泫」，《〈春秋後語〉輯校（下）》釋作「玄」。

〔一四四〕『狀』，《春秋後語輯考》釋作『吠』；『簫』，當作『箸』，《〈春秋後語〉輯校（下）》據文義校改。

〔一四五〕『洽』，當作『結』，《〈春秋後語〉輯校（下）》據文義校改；『須』，當作『項』，據文義改，《〈春秋後語〉輯校（下）》逕釋作『項』。

〔一四六〕『弔』，《春秋後語輯考》釋作『預』，誤。

〔一四七〕『莊師』，《春秋後語輯考》釋作『莊師反』，誤增一『反』字。

〔一四八〕『也』，《〈春秋後語〉輯校（下）》漏録。

〔一四九〕『羊』，當作『韋』，《〈春秋後語〉輯校（下）》、《春秋後語輯考》據文義校改。

〔一五〇〕『位』，《〈春秋後語〉輯校（下）》释作『伍』，誤。

〔一五一〕『插』，《春秋後語輯考》釋作『捶』，校作『插』。

〔一五二〕『繩』，當作『澠』，《敦煌音義滙考》據文義校改。

〔一五三〕『名』，《〈春秋後語〉輯校（下）》據文義校補。

〔一五四〕『懸』，當作『縣』，《敦煌音義滙考》據文義校改，《春秋後語輯考》逕釋作『縣』。

〔一五五〕『部』，當作『郡』，《春秋後語輯考》、《〈春秋後語〉輯校（下）》、《敦煌音義滙考》據文義校改。

〔一五六〕『何』，《〈春秋後語〉輯校（下）》釋作『河』。

〔一五七〕『一』，《〈春秋後語〉輯校（下）》漏録。

〔一五八〕『通義』，據文義補。

〔一五九〕『形』當作『刑』，據文義改，『形』爲『刑』之借字。『不死殊』之釋文，底本順序錯亂，原作『裴駰云：不死

殊而去者。蘇然是死創，故云殊。風俗殊秦雖不即死，死形也」，文義不通，《〈春秋後語〉輯校（下）》校改作「裴駰云：「不死殊而去」者。蘇秦雖不即死，然是死創，故云「殊」」。此從之。「風俗殊、死形也」，《〈春秋後語〉輯校（下）》存疑未録，據文義應作「《風俗〔通〕〔義〕》：「殊，死形（刑）也。」」。

〔一六〇〕「筩」，《〈春秋後語〉輯校（下）》、《春秋後語輯考》校作「南」。

〔一六一〕「抗」，《〈春秋後語〉輯校（下）》漏録。

〔一六二〕「扶放」，《春秋後語輯考》釋作「扶放反」，誤增一「反」字。

〔一六三〕「還而」，《敦煌音義滙考》認爲當乙作「而還」。

〔一六四〕「放」，當作「旋」，《〈春秋後語〉輯校（下）》、《敦煌音義滙考》據文義校改，《春秋後語輯考》逕釋作「旋」。

〔一六五〕「澆」，當作「繞」，《〈春秋後語〉輯校（下）》、《春秋後語輯考》據文義校改；「領」，當作「顧」，《〈春秋後語〉輯校（下）》據文義校改。

〔一六六〕「胥」，《〈春秋後語〉輯校（下）》釋作「眉」，誤。

〔一六七〕「布嫁」，《春秋後語輯考》釋作「布嫁反」，誤增一「反」字。

〔一六八〕「斷」，《〈春秋後語〉輯校（下）》釋作「亂」，誤。

〔一六九〕「丁亂」，《春秋後語輯考》釋作「丁亂反」，誤增一「反」字。

〔一七〇〕「屯」，《春秋後語輯考》、《敦煌音義滙考》校作「毛」，按，據其注音當作「屯」。

〔一七一〕「廣屯」，《敦煌音義滙考》認爲當校作「鹿毛」。

〔一七二〕此條及注文，底本原抄於「郭隗」注文中，《〈春秋後語〉輯校（下）》、《春秋後語輯考》、《敦煌音義滙考》將

其析出，另立條目，此從之。

〔一七三〕「下」，當作「取」，《敦煌音義滙考》據相關典籍校改；「口」字衍，當刪。

〔一七四〕「意」，《〈春秋後語〉輯校（下）》據文義校補。

〔一七五〕「齊」，當作「濟」，《〈春秋後語〉輯校（下）》、《春秋後語輯考》、《敦煌音義滙考》據文義校改。

〔一七六〕此句及注文，底本原抄於「齊上」注文中，《〈春秋後語〉輯校（下）》、《春秋後語輯考》、《敦煌音義滙考》將其析出，另立條目，此從之。

〔一七七〕「上」，《〈春秋後語〉輯校（下）》認爲當作「六」。

〔一七八〕「河」，當作「阿」，《〈春秋後語〉輯校（下）》、《春秋後語輯考》據文義校改。

〔一七九〕「郭」，當作「邪」，據文義校改，《春秋後語輯考》逕釋作「邪」。

〔一八〇〕「君」，《春秋後語輯考》釋作「居」，誤。

〔一八一〕「山」，當作「水」，《敦煌音義滙考》據文義校改，《〈春秋後語〉輯校（下）》校作「江」。

〔一八二〕「洲」，《〈春秋後語〉輯校（下）》、《春秋後語輯考》未録。

〔一八三〕「渚洲」，《春秋後語輯考》釋作「五渚」，《〈春秋後語〉輯校（下）》釋作「洲」。

〔一八四〕「洲也」，《春秋後語輯考》釋作「渚洲也」。按此句原件「渚洲」有重文符號，作「渚マ洲マ」，應釋作「渚洲，渚洲」。

〔一八五〕「其地」，《〈春秋後語〉輯校（下）》漏録。

〔一八六〕「會」，《〈春秋後語〉輯校（下）》、《敦煌音義滙考》認爲當校作「禽」。

〔一八七〕『流』，當作『谿』，《敦煌音義滙考》據文義校改。
〔一八八〕『無』，《〈春秋後語〉輯校（下）》釋作『燕』。
〔一八九〕『年』，《〈春秋後語〉輯校（下）》、《敦煌音義滙考》據文義校補。
〔一九〇〕『秦』，《〈春秋後語〉輯校（下）》、《敦煌音義滙考》據文義校補。
〔一九一〕『魏』，《〈春秋後語〉輯校（下）》漏録；『九』，當作『六』，《敦煌音義滙考》據文義校改。
〔一九二〕『駰』，《〈春秋後語〉輯校（下）》釋作『騷』，誤。
〔一九三〕『磨』，當作『磿』，《〈春秋後語〉輯校（下）》、《敦煌音義滙考》據文義校改。
〔一九四〕『磨』，當作『磿』，《〈春秋後語〉輯校（下）》、《敦煌音義滙考》據文義校改。
〔一九五〕『藂』，《〈春秋後語〉輯校（下）》釋作『聚』，誤。
〔一九六〕『嗛』，《〈春秋後語〉輯校（下）》釋作『慊』，誤。
〔一九七〕『愴』，《敦煌音義滙考》認爲當是『快』之誤。
〔一九八〕『反』，《〈春秋後語〉輯校（下）》漏録。
〔一九九〕『樹』，當作『樾』，《〈春秋後語〉輯校（下）》、《敦煌音義滙考》據文義校改。
〔二〇〇〕『音』，《春秋後語輯考》釋作『言』，誤。
〔二〇一〕『閒』，《〈春秋後語〉輯校（下）》釋作『間』。
〔二〇二〕『間』，《〈春秋後語〉輯校（下）》釋作『閒』。
〔二〇三〕『各』，當作『名』，《〈春秋後語〉輯校（下）》、《春秋後語輯考》、《敦煌音義滙考》據文義校改。

〔二〇四〕『之』，當作『己』，《敦煌音義滙考》據音義改。

〔二〇五〕『殺人』，《〈春秋後語〉輯校（下）》據文義校補。

〔二〇六〕『斛』，當作『觸』，據文義改。此句疑有脱誤，其義不明。

〔二〇七〕底本『其』入正文中，《〈春秋後語〉輯校（下）》、《春秋後語輯考》、《敦煌音義滙考》認爲『其』當是『期』之音注，從之；『反』，當作『音』，《〈春秋後語〉輯校（下）》據文義校改。此句《春秋後語輯考》釋作『其□反』，認爲『反』前還有一字。

〔二〇八〕『謂委肉』，底本原抄於『於期』注文中，《〈春秋後語〉輯校（下）》、《春秋後語輯考》、《敦煌音義滙考》將其析出爲另一條目，此從之。

〔二〇九〕『於爲』，底本原抄於正文中，《〈春秋後語〉輯校（下）》、《敦煌音義滙考》認爲『於爲』係上文『委肉』之音注，此從之。

〔二一〇〕『骨』，當作『匈』，《〈春秋後語〉輯校（下）》、《敦煌音義滙考》據文義校改。

〔二一一〕『濮』，當作『鄴』，《春秋後語輯考》、《敦煌音義滙考》據文義校改。

〔二一二〕『丘』，當作『兵』，《〈春秋後語〉輯校（下）》、《春秋後語輯考》、《敦煌音義滙考》據文義校改。

〔二一三〕『到』，當作『劉』，據文義改，《〈春秋後語〉輯校（下）》、《春秋後語輯考》逕釋作『劉』。

〔二一四〕『煞』，當作『燕』，據文義改，《春秋後語輯考》逕釋作『燕』，《〈春秋後語〉輯校（下）》、《敦煌音義滙考》認爲係衍字，當删；『臾』，當作『腴』，據文義校改，《春秋後語輯考》逕釋作『腴』。

〔二一五〕『名』，當作『亢』，《〈春秋後語〉輯校（下）》據文義校改，《敦煌音義滙考》認爲係衍字，當删。

〔二一六〕「棁」，原件先寫作「枕」，又改爲「棁」，當作「抌」，據文義改，《春秋後語輯考》逕釋作「抌」，《〈春秋後語〉輯校（下）》釋作「棁」。

〔二一七〕「比」，當作「匕」，《〈春秋後語〉輯校（下）》、《春秋後語輯考》據文義校改。

〔二一八〕「彌」，當作「絲」，據文義改，《〈春秋後語〉輯校（下）》、《春秋後語輯考》逕釋作「絲」。

〔二一九〕「畏」，《〈春秋後語〉輯校（下）》據文義校補。

〔二二〇〕「惙」，《春秋後語輯考》釋作「掇」，誤。

〔二二一〕「比」，當作「叱」，《〈春秋後語〉輯校（下）》、《春秋後語輯考》、《敦煌音義滙考》據文義校改。

〔二二二〕「邵」，當作「劭」，《〈春秋後語〉輯校（下）》、《春秋後語輯考》、《敦煌音義滙考》據文義校改。

〔二二三〕「頭」，當作「大」，《〈春秋後語〉輯校（下）》、《敦煌音義滙考》據文義校改。

〔二二四〕「大」，當作「頭」；「要」，當作「安」，《〈春秋後語〉輯校（下）》、《敦煌音義滙考》據文義校改。

〔二二五〕「竹」，當作「築」，《敦煌音義滙考》據文義校改，「竹」爲「築」之借字。

〔二二六〕「國」，當作「因」，《〈春秋後語〉輯校（下）》、《敦煌音義滙考》據文義校改。

〔二二七〕「但」，當作「怛」，《〈春秋後語〉輯校（下）》據文義校改。

〔二二八〕「第」，當作「弟」，據文義改，《〈春秋後語〉輯校（下）》、《敦煌音義滙考》逕釋作「弟」，「第」爲「弟」之借字。

〔二二九〕「加」，當作「嘉」，《敦煌音義滙考》據文義校改，「加」爲「嘉」之借字。

〔二三〇〕「春」，當作「奉」，《〈春秋後語〉輯校（下）》、《敦煌音義滙考》據文義校改，《春秋後語輯考》逕釋作「奉」。

〔一三一〕『削』，當作『鞘』，《〈春秋後語〉輯校（下）》據文義校改。

〔一三二〕『音令』，當作『黄金』，《〈春秋後語〉輯校（下）》據文義校改。

〔一三三〕『右』，當作『古』，《〈春秋後語〉輯校（下）》據文義校改，《春秋後語輯考》逕釋作『古』。

〔一三四〕『押』，當作『柙』，據文義改，《〈春秋後語〉輯校（下）》、《春秋後語輯考》逕釋作『柙』；『中』，《〈春秋後語〉輯校（下）》釋作『牛』，誤。

〔一三五〕『鈆』，《〈春秋後語〉輯校（下）》釋作『鉛』，『鈆』同『鉛』。

〔一三六〕『朴』，當作『撲』，據文義改，《春秋後語輯考》逕釋作『撲』。

〔一三七〕『伯瑶』，《敦煌音義滙考》據文義校補。

參考文獻

Descriptive Catalogue of the Chinese Manuscripts from Tunhuang in the British Museum, p.233；《敦煌遺書總目索引》一三七頁；《敦煌寶藏》一〇册，六四九至六五一頁（圖）；《敦煌學》一三輯，一二〇至一二二頁；《敦煌學》一四輯，九一至一八七頁；《敦煌學》一五輯，一二至八二頁（録）；《英藏敦煌文獻》三卷，二一至二三頁（圖）；《敦煌學》一六輯，七八至一一六頁；《春秋後語輯考》一〇二至一〇三頁、一七九至三〇四頁（録）；《敦煌研究》一九九五年四期，八一至九二頁；《敦煌音義匯考》三一六至三一七頁、三一八至三二九頁（圖）、三三〇頁至三六一頁；《敦煌遺書總目索引新編》四三頁；《敦煌典籍與唐五代歷史文化》三八七至三九一頁。

斯一四三九背　大中十二年戊寅歲（公元八五八年）具注曆日抄

釋文

正月大，建甲寅。天道〔南〕〔行〕〔一〕，〔宜〕〔修〕〔南〕〔方〕〔二〕。
〔一〕〔日〕甲午金執〔三〕
二日乙未金破
三日丙申火危
四日丁酉火成
五日戊戌木收〔蜜〕〔四〕
六日己亥木開
七日庚子土閉
八日辛丑土建
九日壬寅金除
十日癸卯金滿

十一日甲辰火平
十二日乙巳火定〔蜜〕
十三日丙午水執
十四日丁未水執　立春正月節。
十五日戊申土破　東風解凍。
十六日己酉土危　望
十七日庚戌金成　地囊。
十八日辛亥金收
十九日壬子木開〔蜜〕蟄鳥（蟲）始震（振）〔六〕。
廿日癸丑木閉　祭風伯。
廿一日甲寅水建　往亡。
廿二日乙卯水除
廿三日丙辰土滿　下弦

大歲後，不用。
大歲後，治病、解除、除服吉。
大歲後、天恩，移徙、治竈、解除、葬、入舍吉。
大陰錯，不用。
大會歲後、天恩、母倉，婚嫁、加官、起土、治井〔五〕。
大會歲前、天恩、母倉，加冠、結婚、入學吉。
大會歲前、天恩、歸忌，不遠行、歸家。
大歲前、陽錯、復。
大歲前，祭祀、拜官、移徙、修宅、治病。
大歲前、九坎，不用。

廿四日丁巳土平　魚上冰。　大會歲後、小歲前，祭祀、拜官吉。

廿五日戊午火定　大歲後，拜官、祭祀、移徙、修宅吉。

廿六日己未火執　蜜　大會歲後，不用。

廿七日庚申木破　大歲後，祭祀、葬、治病、破壞吉。

廿八日辛酉木危　雨水正月中，獺祭魚。　大歲後，葬吉。

廿九日壬戌水成　大會歲後，不用。

卅日癸亥水收　大會歲後，移徙、拜官、加冠吉。

閏正月小，天（建）甲寅〔七〕。天道南行，宜修南方。

一日甲子金開　歲位、天恩、母倉，加冠、修宅、起土、治井。

二日乙丑金閉　歲位、天恩、歸忌、血忌，塞穴吉。

三日丙寅火建〔蜜〕　沒　歲位、天恩，婚嫁、移徙、修宅吉。

四日丁卯火除　鴻雁來。　歲位，治病、解〔除〕吉〔八〕。

五日戊辰木滿　歲位、小歲會、天恩、歲前、九坎。

六日己巳木平　土（地）囊〔九〕。　歲位，雜祭祀、加冠、拜官、移徙、納婦吉。

七日庚午土定　歲位，祭祀、加冠、拜官吉。

八日辛未土執　上弦　　歲位。
九日壬申金破　草木萌動。　　歲位、治病、解〔除〕〔一〇〕、葬埋、斬草吉。
十日癸酉金危〔蜜〕　　歲位，解〔除〕〔一一〕、葬吉。
十一日甲戌火成　　歲對、大小歲〔一二〕。
十二日乙亥火收　籍田。　　大小歲對、母倉，加冠、修宅、治井。
十三日丙子水開　往亡〔一三〕。　　大小歲對、母倉，加冠、拜官、婚嫁、移徙。
十四日丁丑水閉　　大歲對、歸忌、血〔忌〕〔一四〕，塞穴吉。
十五日戊寅土閉　驚蟄二月節，〔桃〕〔始〕〔華〕〔一五〕。〔望〕〔一六〕　　大小歲對、天赦、歸忌，修宅、拜官、舉百事吉。
十六日己卯土建　　陰道衝陽、天李、地李、合對。
十七日庚辰金除〔蜜〕　　歲位、天恩，治病、解除吉。
十八日辛巳金滿　　大歲位、天恩，祭祀、加冠、拜官、修宅吉。
十九日壬午木平　　大歲位、天恩，納婦、加冠、拜〔官〕〔一七〕、修宅。
廿日癸未木定　鶬鶊鳴。　　大歲位、天恩、歸忌、血〔忌〕〔一八〕，不用。
廿一日甲申水執　　大歲位，解除、葬吉。

廿二日乙酉水破　下弦　大歲位、小歲後，治病、葬吉。
廿三日丙戌土危　歲對，嫁娶吉。
廿四日丁亥土成　蜜　大會歲後[一九]、母倉，結婚、入學、移徙、修宅吉。
廿五日戊子火收　啓原祭 鴈（鷹）化爲鳩[二〇]。　歲後、母倉，移徙、入舍、修治吉。
廿六日己丑火開　歲後、九焦、九坎、不用。
廿七日庚寅木閉　大會歲後、歸忌，塞穴吉。
廿八日辛卯木建　歲位[二一]、天李、合對。
廿九日壬辰水除　歲位。
二月大，建乙卯。天道西行，宜修西宅（方）[二二]。
一日癸巳水滿 春分二月節（中）[二三]，立（玄）鳥至[二四]。　大歲位[二五]，拜官、加冠、移徙吉。
二日甲午金平　蜜　大會歲前，入財、治病。
三日乙未金定　大會歲前、血忌。
四日丙申火執　歲對[二六]，了戾[二七]。
五日丁酉火破　奠　歲對，厭。
六日戊戌木危　社　雷乃發聲。　歲對、［月］煞[二八]。

七日己亥木成　大會歲前、母倉，移徙、修宅、謝宅吉。

八日庚子土收　大會歲前、母倉，公侯已上移徙。

九日辛丑土開　蜜　上弦　歲後〔二九〕、九坎、九焦。

十日壬寅金閉　歲位〔三〇〕、歸忌。

十一日癸卯金建　始電。　歲位、天李、地李、合對。

十二日甲辰火除　大會歲位，治病吉。

十三日乙巳火滿　歲前，治井吉。

十四日丙午水平　歲前〔三一〕，拜官、納財吉。

十五日丁未水定　歲前、血〔忌〕〔三二〕，入財吉。

十六日戊申土執　〔蜜〕〔望〕〔三三〕　小歲對〔三四〕、章光，解除吉。

十七日己酉土執　清明三月節，桐始花。　大會歲後、天〔尸〕〔三五〕，修宅、解除、葬埋吉。

十八日庚戌金破　歲後、九焦、九坎。

十九日辛亥金危　大會歲後、天恩，修治門戶吉。

廿日壬子木成　大會歲位〔三六〕、天恩、歸忌，祭祀、嫁娶吉。

廿一日癸丑木收　田鼠化〔爲〕〔鴽〕〔三七〕。　歲前、天恩。

廿二日甲寅水開　地囊　歲前、血忌，拜官、種蒔、埋葬吉。
廿三日乙卯水閉〔蜜〕　下弦　歲前，祭祀、結婚、修宅吉。
廿四日丙辰土建　歲前。
廿五日丁巳土除　歲後、小歲前，母倉，拜官。
廿六日戊午火滿　虹始見。　大會歲後、母倉，拜官、修宅吉。
廿七日己未火平　歲後。
廿八日庚申木定　陰錯、厭。
廿九日辛酉木執　歲後，解除、葬吉。
卅日壬戌水破　蜜　歲後、九焦、九坎。
三月小，建丙辰。〔天〕〔道〕〔北〕〔行〕〔三八〕，〔宜〕〔修〕〔北〕〔方〕〔三九〕。
一日癸亥水危　小絕陽〔四〇〕，不用。
二日甲子金成（穀雨三月中，萍始生。）　地囊。　大會歲位、天恩，修宅、上梁、立柱、治井。
三日乙丑金收　小絕陰會。
四日丙寅火開　小絕陰會。
五日丁卯火閉　小絕陰會。
六日戊辰木建　小單陰、絕陽會。

七日己巳木除　蜜　鳴鳩拂羽，往亡。　歲位、母倉，拜官、治病、作竈、解除。

八日庚午土滿　上弦　歲位、母倉，加冠、移徙、〔修〕碓磑〔四一〕、斬草、葬。

九日辛未土平　歲位、不用。

十日壬申金定　歲位，沐浴、葬吉。

十一日癸酉金執　歲位，祭祀、解除吉。

十二日甲戌火破　戴勝降於桑。　歲位、小歲對〔四二〕、九坎、九焦。

十三日乙亥火危　大小歲對，結婚、治病、安竈吉。

十四日丙子水成　蜜　大小會歲對、歸忌，祭祀、拜官。

十五日丁丑水收　望　大小歲對，嫁娶、結婚吉。

十六日戊寅土開　天赦　大會歲〔對〕〔四三〕、天赦〔四四〕、天恩〔四五〕，拜官、修宅、治病吉。

十七日己卯土開　立夏四月節，〔螻〕〔蟈〕〔鳴〕〔四六〕。　歲前、天恩、母倉，祭祀、拜官、加冠吉。

十八日庚辰金閉　歲後、天恩、月煞。

十九日辛巳金建　歲後、天恩，加冠、拜官、移徙吉。

廿日壬午木除　歲後、天恩，拜官、治病、解除吉。

廿一日癸未木滿　蜜　歲後、天恩，拜官吉。
廿二日甲申水平　蚯蚓出，下弦，祭雨師。　歲後、血忌，解除吉。
廿三日乙酉水定　地囊。　歲前、小歲對，嫁娶、天火。
廿四日丙戌土執　歲前、小歲對，嫁娶吉。
廿五日丁亥土破　沒　歲對、小歲前〔四七〕，治病吉。
廿六日戊子火危　往亡〔四八〕　歲前，祭祀、拜官、嫁娶吉。
廿七日己丑火成　土（王）瓜生〔四九〕。　歲前，忌（歸）歸（忌）〔五〇〕。
廿八日庚寅木收　蜜　歲前、母倉，拜官、移徙。
廿九日辛卯木開　歲位、母倉，拜官、祭祀、加冠、入學吉。
四月大，建丁巳，天道西行，宜修西宅（方）〔五一〕。
一日壬辰水閉　歲位、小歲前，塞穴吉。
二日癸巳水建　歲位、小〔歲〕前〔五二〕，拜官吉。
三日甲午金除　小滿四月中，若（苦）草（菜）秀〔五三〕。　歲前，拜官，天赦，治病。
四日乙未金滿　地囊。　歲位、小歲前、九坎。
五日丙申火平　歲位、小歲前、血忌，祭祀。
六日丁酉火定　蜜　歲位、小歲前，解除吉。

七日戊戌木執
八日己亥木破　靡草死。
九日庚子土危　上弦
十日辛丑土成
十一日壬寅金收
十二日癸卯金開
十三日甲辰火閉　〔蜜〕小暑生（至）〔五六〕。
十四日乙巳火建
十五日丙午水除
十六日丁未水滿　望
十七日戊申土平
十八日己酉土平　芒種五月節，〔螗〕〔螂〕〔生〕〔六〇〕。
十九日庚戌金定
廿日辛亥金執　蜜
廿一日壬子木破
廿二日癸丑木危

歲位，嫁娶吉。
歲位、陰陽衝破〔五四〕。
歲位，祭祀吉。
歲位〔五五〕，歸忌吉。
大會歲位、母倉，嫁娶、治病吉。
大會歲位、母倉，祭祀吉。
大會〔歲〕位〔五七〕，塞穴吉。
大會歲位，拜官吉。
歲博會〔五八〕，解除、書符吉。
了戾、陰錯。
歲前後〔五九〕、血忌，治竈吉。
大會歲對、天恩，祭祀、移徙吉。
歲對、天恩。
大會歲〔對〕〔六一〕、天恩，移徙、治病吉。
陰陽具衝〔六二〕，凶。
歲位、天恩、月煞。

廿三日甲寅水成　鶪（鵙）始鳴、下弦。　大會歲位、母倉、歸忌。

廿四日乙卯水收　大會歲位、母倉、九坎。

廿五日丙辰土開　歲位，種蒔吉。

廿六日丁巳土閉　歲位〔六三〕，塞穴吉〔六四〕。

廿七日戊午火建　蜜　地囊。　歲對、月煞〔六五〕，凶。

廿八日己未火除　反舌無聲。　歲對，治病吉〔六六〕。

廿九日庚申木滿　歲對，解除、葬埋吉。

卅日辛酉木平　歲對，解除吉。

五月小，建戊午。天道北行，宜修北方。

一日壬戌水定　歲對，治病、戶德。

二日癸亥水執　歲後，嫁娶、治竈吉〔六七〕。

三日甲子金破　歲後、天恩，治病吉。

四日乙丑金危　蜜　夏至五月中，鹿角解。　歲後、天恩、月煞〔六八〕。

五日丙寅火成　歲後、天恩、母倉、皈（歸）忌〔六九〕，加冠、拜官。

六日丁卯火收　歲後、天恩、母倉、九坎。

七日戊辰木開
八日己巳木閉
九日庚午土建　蜩始見（鳴）〔七二〕。
十日辛未土除
十一日壬申金滿　蜜
十二日癸酉金平
十三日甲戌火定
十四日乙亥火執　半下（夏）生〔七四〕。
十五日丙子水破　望
十六日丁丑水危
十七日戊寅土成　地囊。
十八日己卯土收　蜜
十九日庚辰金收小暑六月節，溫風至。
廿日辛巳金開
廿一日壬午木閉

歲後〔七〇〕、天恩，治病吉。
歲位〔七一〕，拜官、塞穴吉。
歲後，加冠、月厭、鎮宅吉。
歲後，解除吉。
歲後，解除、葬埋吉。
歲後，祭祀、解〔除〕吉〔七三〕。
大會歲前，祭祀、嫁娶。
大會歲前，嫁娶、移徙吉。
歲前，治病、斬草吉。
歲前、月煞。
大會歲前，母倉、歸忌。
歲前、天恩，入軍、血〔忌〕〔七五〕、祭祀吉。
大會歲後、天恩，祭祀、市買吉。
大會歲後、天恩、母倉、重、厭。
大會歲位〔七六〕、天恩、母倉、陰陽不將，嫁娶。

廿二日癸未木建　下弦　大會歲後、陰陽不將。

廿三日甲申水除　沒　大會歲後、八魁，陰陽〔不〕〔將〕〔七七〕、嫁娶、掃舍。

廿四日乙酉水滿　蟋蟀居壁。　大會歲，裁衣、嫁娶、斬草。

廿五日丙戌土平〔七八〕　蜜　大會歲。

廿六日丁亥土定〔七九〕　大會歲對〔八〇〕，市買、内（納）財吉〔八一〕。

廿七日戊子火執〔八二〕　大會歲對〔八三〕、胉（？）復、九焦。

廿八日己丑火破〔八四〕　□□治病。

廿九日庚寅木危〔八五〕　鷹乃學習〔八六〕。　□□官□□

（後缺）

説明

此件首全尾缺，保存了正月一日至五月廿四日的具注曆日，鄧文寬確定其爲唐大中十二年（公元八五八）戊寅歲具注曆日（參見鄧文寬《敦煌天文曆法文獻輯校》，江蘇古籍出版社，一九九六年版，一七四至一七五頁）。

此件爲抄本，抄於《春秋後語釋文》卷背，抄寫者書法不佳，且錯誤較多。鄧文寬先生在上舉著作中

對此件做過校録，二〇〇〇年，同作者又在《〈敦煌天文曆法文獻輯校〉零拾》（《慶祝吴其昱先生八秩華誕敦煌學特刊》，台灣文津出版社，二〇〇〇年版，一四五頁）一文做過校補。

校記

〔一〕『南行』，《敦煌天文曆法文獻輯校》據文例校補。

〔二〕『宜修南方』，《敦煌天文曆法文獻輯校》據文例校補。

〔三〕『一日』，《敦煌天文曆法文獻輯校》據文例校補。

〔四〕『蜜』，《敦煌天文曆法文獻輯校》據文例補。具注曆日中，每隔七日即有『蜜』日標注，此件或有脱漏，《敦煌天文曆法文獻輯校》均有校補，因性質相同，以下不再出校。

〔五〕『治井』，《敦煌天文曆法文獻輯校》釋作『吉』，誤。

〔六〕『鳥』，當作『蟲』，《敦煌天文曆法文獻輯校》據文義校改。

〔七〕『天』，當作『建』，《敦煌天文曆法文獻輯校》據文義校改。

〔八〕『除』，據文義補。

〔九〕『土』，《敦煌天文曆法文獻輯校》疑作『地』，從之。

〔一〇〕『除』，據文義補。

〔一一〕『除』，據文義補。

〔一二〕『歲對、大小歲』，《敦煌天文曆法文獻輯校》認爲此句當作『大小歲對』。

〔一三〕《敦煌天文曆法文獻輯校》認爲「往亡」注於此日誤。
〔一四〕「忌」，據文義補。
〔一五〕「桃始華」，《敦煌天文曆法文獻輯校》據文例校補。
〔一六〕「望」，《敦煌天文曆法文獻輯校》據文例校補。
〔一七〕「官」，《敦煌天文曆法文獻輯校》據文例校補。
〔一八〕「忌」，據文例補。《敦煌天文曆法文獻輯校》認爲此處「歸忌血」當作「血忌」。
〔一九〕「歲後」，《敦煌天文曆法文獻輯校》認爲當作「歲對」，並謂：以下廿五、廿六、廿七日「歲後」均當作「歲對」。
〔二〇〕「鴈」，當作「鷹」，《敦煌天文曆法文獻輯校》據文義校改。
〔二一〕《敦煌天文曆法文獻輯校》認爲此日和以下廿九日之「歲位」均當作「歲前」。
〔二二〕「宅」，當作「方」，《敦煌天文曆法文獻輯校》據文義校改。
〔二三〕「節」，當作「中」，《敦煌天文曆法文獻輯校》據文義校改。
〔二四〕「立」，當作「玄」，據文義改，《敦煌天文曆法文獻輯校》逕釋作「玄」。
〔二五〕「大歲位」，《敦煌天文曆法文獻輯校》認爲當作「大歲前」。
〔二六〕《敦煌天文曆法文獻輯校》認爲此日及以下五日、六日之「歲對」均當作「歲前」。
〔二七〕《敦煌天文曆法文獻輯校》指出此日之「了戾」與清《欽定協紀辨方書》不合。
〔二八〕「月」，《敦煌天文曆法文獻輯校》據文例校補。
〔二九〕「歲後」，《敦煌天文曆法文獻輯校》認爲當作「歲前」。

〔三〇〕《敦煌天文曆法文獻輯校》認爲此日及以下十一、十二日之「歲位」均當作「歲前」。
〔三一〕「歲前」，《敦煌天文曆法文獻輯校》認爲此日及十五日之「歲前」均當作「歲後」。
〔三二〕「忌」，《敦煌天文曆法文獻輯校》據文義校補。
〔三三〕「望」，《敦煌天文曆法文獻輯校》據文例校補。
〔三四〕「小歲對」，《敦煌天文曆法文獻輯校》認爲當作「小歲位」。
〔三五〕「尸」，《敦煌天文曆法文獻輯校》據文義校補。
〔三六〕「大會歲位」，《敦煌天文曆法文獻輯校》認爲當作「大會歲前」。
〔三七〕「爲駕」，《敦煌天文曆法文獻輯校》據文例校補。
〔三八〕「天道北行」，《敦煌天文曆法文獻輯校》據文例校補。
〔三九〕「宜修北方」，《敦煌天文曆法文獻輯校》據文例校補。
〔四〇〕「小絕陽」，《敦煌天文曆法文獻輯校》據其他曆書認爲當作「小絕陰」。
〔四一〕「修」，《敦煌天文曆法文獻輯校》據文義校補。
〔四二〕「歲位小歲對」，《敦煌天文曆法文獻輯校》認爲當作「大小歲對」。
〔四三〕「對」，《敦煌天文曆法文獻輯校》據文義校補。
〔四四〕「天赦」，此日上文已注有「天赦」，此處之「天赦」爲衍文，當刪。
〔四五〕《敦煌天文曆法文獻輯校》認爲「天恩」注於此日誤。
〔四六〕「螻蟈鳴」，《敦煌天文曆法文獻輯校》據文例校補。

〔四七〕「歲對、小歲前」，《敦煌天文曆法文獻輯校》認爲當作「歲前、小歲對」。

〔四八〕《敦煌天文曆法文獻輯校》認爲「往亡」當注於廿五日。

〔四九〕「土」，當作「王」，《敦煌天文曆法文獻輯校》據文義校改。

〔五〇〕「忌歸」，當作「歸忌」，《敦煌天文曆法文獻輯校》據文義校改。

〔五一〕「宅」，當作「方」，《敦煌天文曆法文獻輯校》據文義校改。

〔五二〕「歲」，《敦煌天文曆法文獻輯校》據文義校補。

〔五三〕「若草」，當作「苦菜」，《敦煌天文曆法文獻輯校》據文義校改。

〔五四〕「陰陽衝破」，《敦煌天文曆法文獻輯校》指出清《欽定協紀辨方書》四月「陰陽交破」在癸亥日。

〔五五〕「歲位」之上空白處有另筆大字書寫「塞門道」三字，不能確定是否曆日的内容，未録。

〔五六〕「生」，當作「至」，《敦煌天文曆法文獻輯校》據文義校改。

〔五七〕「歲」，《敦煌天文曆法文獻輯校》據文義校補。

〔五八〕「博」，《敦煌天文曆法文獻輯校》指出清《欽定協紀辨方書》作「薄」。

〔五九〕「歲前後」，《敦煌天文曆法文獻輯校》認爲當作「歲對小歲後」。

〔六〇〕「螗螂生」，《敦煌天文曆法文獻輯校》據文例校補。

〔六一〕「對」，《敦煌天文曆法文獻輯校》據文義校補。

〔六二〕「具」，《敦煌天文曆法文獻輯校》指出清《欽定協紀辨方書》作「擊」。「陰陽具衝」之上空白處有另筆大字書寫「買入鄉□」四字，似爲後人所添加，非曆日的内容，未録。

〔六三〕「歲位」，《敦煌天文曆法文獻輯校》認爲當作「歲對」。「歲位」之上空白處有另筆大字書寫「蛇謹□」三字，不能確定是否曆日的內容，未録。
〔六四〕「塞穴吉」下空白處有另筆大字書寫的「□僞」二字，疑非曆日的內容，未録。
〔六五〕《敦煌天文曆法文獻輯校》認爲「月煞」注於此日誤。
〔六六〕「治病吉」下空白處有另筆大字書寫的「□勸」二字，疑非曆日的內容，未録。
〔六七〕「治竈吉」下空白處有另筆書寫的「伍（？）百（？）□」三字，係後人所添加，非曆日原有內容，未録。
〔六八〕「月煞」下空白處有後人添加的「節度押衙」四字，與曆日無關，未録。
〔六九〕「皈」，當作「歸」，《敦煌天文曆法文獻輯校》據文義校改，「皈」爲「歸」之借字。
〔七〇〕「歲後」上空白處有後人添加的「節度押」三字，與曆日無關，未録。
〔七一〕「歲位」，《敦煌天文曆法文獻輯校》認爲當作「歲後」。
〔七二〕「見」，當作「鳴」，《敦煌天文曆法文獻輯校》據文義校改。
〔七三〕「除」，據文例補。
〔七四〕「下」，當作「夏」，《敦煌天文曆法文獻輯校》據文義校改，「下」爲「夏」之借字。
〔七五〕「忌」，據文義補。
〔七六〕「歲位」，《敦煌天文曆法文獻輯校》認爲當作「歲後」。
〔七七〕「不將」，據文例補。
〔七八〕「廿五日丙戌土平」，《敦煌天文曆法文獻輯校》據文例校補。

〔七九〕『廿六日丁亥土定』，《敦煌天文曆法文獻輯校》據文例校補。

〔八〇〕《敦煌天文曆法文獻輯校》認爲此日及以下廿七日之『歲對』均當作『歲前』。

〔八一〕『内』，當讀作『納』，『内』爲『納』之本字。

〔八二〕『廿七日戊子火執』，《敦煌天文曆法文獻輯校》據文例校補。

〔八三〕『大會歲』，《敦煌天文曆法文獻輯校》據文義校補。

〔八四〕『廿八日己丑火破』，《敦煌天文曆法文獻輯校》據文例校補。

〔八五〕『廿九日庚寅木危』，《敦煌天文曆法文獻輯校》據文例校補。

〔八六〕『鷹乃學習』，《敦煌天文曆法文獻輯校》據文例校補。

參考文獻

《敦煌寶藏》一〇冊，六五二至六五四頁（圖）；《敦煌曆日譜》三九二至三九三頁，圖三；《1983年全國敦煌學術討論會文集》文史·遺書編（上），三二五頁、三四九頁；《英藏敦煌文獻》三卷，二四至二八頁（圖）；《敦煌天文曆法文獻輯校》一六〇至一七四頁（録）、一七四至一七九頁、七〇九頁；*Divination et société dans la Chine médiévale*, p.85、p.87、pp.186–187；《〈敦煌天文曆法文獻輯校〉零拾》（《慶祝吴其昱先生八秩華誕敦煌學特刊》，台灣文津出版社，二〇〇〇年版，一四五頁）。

斯一四四〇　治道集卷第四

釋文

（前缺）

夫火烈[一]，民望而發之[二]，故鮮死焉；水懦弱，民狎而玩之，則多死焉。故寬難。疾數日而卒[三]。

太叔爲政，不忍猛而寬[四]。鄭國多盜，聚人於萑蒲之澤[五]。太叔悔之曰：吾早從夫子，不及此。興徒兵以攻萑蒲之盜，盡〔殺〕之[六]。盜少止。

仲尼曰：善哉！政寬則民慢，慢則糾之以猛[七]。猛則民殘，殘則施之以寬，寬以濟猛[八]，猛以濟寬，政是以和。詩曰：民亦勞止，訖可小康[九]。惠此中國，以綏四方。施之以寬也。無縱詭隨[一〇]，以謹無良。式遏寇虐，懆不畏明[一一]。引（糾）之以猛也[一二]。柔遠能邇，以定我王。平之以和也。又曰：不競不絿，不剛不柔。布政優優，百禄是遒[一三]。和之至也。

及子產卒，仲尼聞之，出涕曰：古之遺愛也。

審大臣第卅四

徐幹《中論》曰：帝者，昧旦而視朝，南面而聽天下。將與誰爲之，豈非群公卿士也，故大臣不可以不得其人也。大臣者，君之股肱耳目也，所以視聽也，所以行事也。先王知其如是也，故博求叡哲君子〔一四〕，錯諸上位，使執邦之政令焉。執政叡哲〔一五〕，則其舉百僚莫不任其職，舉百僚莫不任其職，則庶事莫不致其治，庶事莫不致其治，則九牧之民莫不得其事所〔一六〕。故《書》曰：元首明哉，股肱良哉，庶事康哉。故大臣者，治萬邦之重器也〔一七〕，不可以衆譽置也，由人主所視察也。衆譽者可以聞斯人而已，故堯之聞舜也以衆譽。及其任之也，則以心之所自見也。又有不因衆譽而獲大賢，其文王田於渭濱〔一八〕，見太公秉竿而釣，召而與之言〔一九〕，〔則〕帝王之佐也〔二〇〕。乃載之歸〔二一〕，以爲太師，非有衆人之譽也。其言誠當於聖君之心，其術誠合於致平之道。文王之識也，豈〔假〕之於人哉〔二二〕？故聖人知眾譽之或是或非，故〔其〕用人也〔二三〕，則亦〔或〕〔因〕或獨〔二四〕，不以一檢爲也。世非有唐，大道寢矣，邪說行矣〔二五〕，臣已詐矣，民以或矣。雖有獨見之明而專任衆人之譽，不以己察，不以事考，亦何由獲大賢哉〔二六〕？且大賢之未遇也，固非流俗之所識也。何則？大賢之爲行也，不辭謗，不求愛，其味至淡，其觀至拙。夫如是則何以異於人乎？其異者，謂心統於無方而不留智，周於萬物而不過變，故暴至而不或，真僞蘩萃而

不迷，斯誠非流俗之所識也。然則安得赫赫之譽哉！夫有赫赫之譽者，皆刑（形）於流俗之觀〔二七〕，而曲同於流俗之聽者也〔二八〕。魯人見仲尼之好讓而不争也，亦謂之無能爲也。爲之語曰〔二九〕：『素韠羔裘〔三〇〕，投之無尤，羔裘〔素〕韠〔三一〕，投之無戾。』夫〔以〕聖人之德昭明融顯〔三二〕，高宏博厚，宜其易知也。且猶若此〔三三〕，而況賢者乎？以此論之，則時俗之所不譽〔三四〕，未必爲非也。其時俗之所譽者〔三五〕，未必爲是也。故詩曰：山有扶蘇，隰有荷華，不見子都，乃見狂且。言所謂好者非好也〔三六〕，所謂醜者非醜也。由亂之所致也，治世則不然矣。叔世之君，生於亂，長於亂，求大臣，置宰相而信流俗之説者，固不免於國風之譏也。而欲與之〔三七〕，興大和，致時雍，遏禍亂，弭妖災，亦必難矣。故《書》曰：『股肱惰哉，萬事隳哉。』此之謂〔也〕〔三八〕。問者然（曰）〔三九〕：曰（然）則君子不爲時俗之所稱也〔四〇〕。曰：孝悌誠信之稱則有之〔矣〕〔四一〕，治國致平之稱則未之有也。其稱也，無以加於習訓之儒也。夫治國致平之術不兩得，其人則不能相周通也。其人又寡矣，寡不勝衆，將誰使辨之？故君子不遇其時，則不如流俗之士聲名章徹也。非徒如此，又爲流俗之士所裁制焉。高下之分，貴賤之賈〔四二〕，賣（一）由彼口〔四三〕，是以沒齒窮年，不免於疋（匹）夫。昔孫卿生於戰國之際，而有叡哲之才，祖述堯舜，憲章文武，宗師仲尼，明撥亂之道，然而列國之君以爲迂闊〔四四〕，不達時變，終莫之肯用也。至於遊説之士，講邪率徒黨〔四五〕，所如之國，靡不盡禮郊迎擁彗先驂（騑）者〔四六〕，不可勝數也。故名實之不相當也，所從來久

矣，何世無之。天下有道，然後斯物廢矣。

詳任使第卌五

《淮南子》曰：人主貴缶（正）而尚忠〔四七〕，忠延（正）在上位〔四八〕，則讒倿（佞）奸邪無由進矣〔四九〕。譬猶方圓之不相蓋，曲直之不相入。是故聖人得志而在上位，讒倿（佞）奸邪而欲犯主者〔五〇〕，亦〔必〕無由入矣〔五一〕。故人之一舉也〔五二〕，不可不慎。所任者，得其人，則國家治，上下和〔五三〕；所任者〔五四〕，非其人，則國家危，上下乖。故一舉而不當必身傷〔五五〕，則得失之道，權要在主矣〔五六〕。故人主誠缶（正）〔五七〕，則直士任事〔五八〕，而奸人伏匿矣。人主不缶（正）〔五九〕，則邪人得志〔六〇〕，忠者隱蔽矣〔六一〕。

傅子曰〔六二〕：昔者夏殷之興也，以后益、保衡；其亡也，以大獻〔六三〕、惡來〔六四〕。周之興也，以二虢、四臣；其衰也〔六五〕，以榮公、石甫。齊桓之霸也〔六六〕，以鮑叔、夷吾；其喪也，以豎刁、易牙。夫觀古興國，何嘗不任忠賢；亡國，何嘗不用奸倿（佞）也哉〔六七〕。任賢則享天下之福，用倿（佞）則受天下之禍〔六八〕。成敗之徵若此，而亡國不息者，由忠賢以道直忤情〔六九〕，奸倿（佞）以曲媚悅意也〔七〇〕。上之人誠能少容忤情，不求悅意，使忠賢少得用言〔七一〕，則奸倿（佞）之人〔七二〕，庶幾有憚矣。歷觀古賢用人，不能無誤。夫用人誤則有受其殃者，上之人又矜其失由己之所誤用，惡聞其非。既聞其非，又諱而飾之，則私道

開，讒邪因〔之〕〔而〕〔興〕〔矣〕〔七三〕。〔夫〕〔上〕〔之〕〔所〕〔用〕〔七四〕，〔衆〕〔之〕〔所〕〔趣〕〔也〕〔七五〕。〔自〕〔非〕〔大〕〔賢〕〔七六〕，〔則〕〔不〕〔能〕〔利〕〔説〕〔其〕〔短〕〔也〕〔七七〕。〔又〕〔諱〕而飾之〔七八〕，則有識之人杜口結舌，而不敢言。讒邪之人阿上所親〔七九〕，以非爲是；誣其所疏，以是爲非。上不能察也。信衆言而行賞罰，則賞不必當有功，而罰不必值有罪。夫有道者則不然。内秉至公，外持至平。己之所用，賢則進而賞之，不以爲己功也；不賢則退而罰之，不以爲己累也。夫進不以爲己功〔八〇〕，則聞其是嘉而不憙〔八一〕，退而不以〔爲〕己累〔八二〕，則聞其非慼而不戚。無憙無戚〔八三〕，又何矜飾之有也。己之所用與非己所用，待之如一，至公至平，無矜無飾，則私道閉而讒邪止矣〔八四〕。夫以非爲是，以是爲非。是非之理，遠近之所公見，天下之所甚疾。讒邪冒而爲之者〔八五〕，將以合上私心，而與下爲市也。若上無私心，則阿諛何合？非徒無合而已矣。則公平之道開，而阿諛之情見〔八六〕。阿諛之情見〔八七〕，則刑戮及之矣〔八八〕。將與誰爲市乎？

愍誠臣第卅六

《家語》曰：孔子論詩，至於正月之六章，惕焉而〔懼〕曰〔八九〕：彼不遇之君子，豈不殆哉！從上依世則廢道，違上離俗則危身。時不興善，己獨由之，非妖則妄也。故賢者既不遇，又恐不終其命焉。桀殺龍逢〔九〇〕，紂殺比干〔九一〕，皆是類也。

荀悦《漢紀》曰：以孝文之明，本朝之治，百僚之賢，而賈誼被排逐，張糗（釋）之爲郎十年不見省用〔九二〕，馮唐白首屈於郎署〔九三〕，豈不惜哉！夫以絳侯之忠〔九四〕，功存社稷而猶見疑，不亦痛哉！夫知賢之寡，用人之不易，是忠貞（臣）自固之難也〔九五〕。雖在明世，且猶若茲，而況亂世闇君者乎？然則屈原赴湘水，子胥鴟夷於江，安足恨哉〔九六〕！周勃質樸忠誠，高祖知之，以爲安劉氏者，必勃也。既定漢室，建立明主，惓惓之心，豈有貳哉！狼狽失據，喟然囚執，俛首撫衿，屈於獄吏，豈不可愍哉！夫忠臣之於其主，猶孝子之於其親也，盡心焉，盡力焉。進而憙，非貪位也；退而憂，非懷寵也。忠結於心，戀慕不已〔九七〕，進德及時〔九八〕，樂行其道也。故仲尼去魯曰〔九九〕：遲遲吾行〔一〇〇〕，孟軻三宿而後出境〔一〇一〕，彼誠仁聖之心也〔一〇二〕。

（後缺）

說明

此件首尾均缺，書法頗工，但每有錯漏，起『民望而發之，故鮮死焉』，訖『孟軻三宿而後出境，彼誠』，中題『審大臣第卅四』、『詳任使第卅五』、『愍誠臣第卅六』。二十世紀三十年代，王重民先生已據此件所存篇目，判定其爲隋李文博所撰之《治道集》殘卷。《治道集》記載的是諸子及前賢關於治國的精要，共有一百篇，分爲十卷。後避唐高宗李治諱改名《政道集》或《理道集》（參

見王重民《敦煌古籍叙録》一八七頁，中華書局，一九七九年版）。此卷所存爲《治道集》卷四的部分内容。卷中『世』、『民』、『治』字不諱，但有武周新字『缶（正）』，疑爲武周時或武周以後寫本。

敦煌文獻中另有伯三七二二號文書亦爲《治道集》殘卷，該件始於卷三某篇第廿四之『然後可也，君順與可之地（？）者少矣，小人唯言之從也』，終於卷四愍誠臣第卅六之『進退猶不得免，是以』。卷中『世』、『民』有缺筆，但不避『治』諱。所存篇目，卷三有□□第廿四、懼説第廿五、遠佞人第廿六、屏姦臣第廿七、慎所從第廿八、辯邪正第廿九、儲訓第卅；卷四有君臣相濟第卅一、君臣成敗第卅二、寬猛相濟第卅三、審大臣第卅四、詳任使第卅五、愍誠臣第卅六、爲臣難第卅七、舉大罪過略小過第卅八、臣體第卅九、諷諫第卌（《敦煌古籍叙録》一八八頁）。此件所存之内容，均見於伯三七二二號。

以上釋文是以斯一四四〇爲底本，用伯三七二二（稱其爲甲本）參校。

校記

〔一〕底本首段取自《左傳》昭公二十年『郑子産有疾』一節（简称《左傳》），故釋文以甲本和《左傳》爲參照。『夫火烈』，據甲本及《左傳》補。

〔二〕『民望而發』，據甲本及《左傳》補。

〔三〕『日』，甲本、《左傳》作『月』。

〔四〕「猛」，《左傳》同，甲本脱。

〔五〕「聚」，甲本同，《左傳》作「取」；「於」，《左傳》同，甲本脱；「藋蒲」，甲本同，《左傳》作「萑苻」；「滜」，甲本、《左傳》作「澤」。

〔六〕「殺」，甲本亦脱，據《左傳》補。

〔七〕「以」，《左傳》同，甲本脱。

〔八〕「以」，《左傳》同，甲本作「則」。

〔九〕「訖」，甲本作「迄」，《左傳》作「汔」。

〔一〇〕「無」，甲本同，《左傳》作「毋」，均可通。

〔一一〕「慄」，甲本及《左傳》作「慘」，「慄」通「慘」。

〔一二〕「引」，當作「糾」，據甲本及《左傳》改。

〔一三〕「是遒」，《左傳》同，甲本脱。

〔一四〕「悊」，甲本作「哲」，「悊」爲「哲」之古字。

〔一五〕「悊」，甲本作「哲」，「悊」爲「哲」之古字。

〔一六〕「事」字衍，據甲本當删。

〔一七〕「也」，甲本無。

〔一八〕「其文王田於渭濱」，甲本作「其文王乎。文王田於渭濱」。

〔一九〕「召」，甲本無。

〔二〇〕「則」，據甲本補；「佐」，甲本作「右」，誤。
〔二一〕「乃」，甲本作「及」，誤。
〔二二〕「假」，據甲本補。
〔二三〕「其」，據甲本補。
〔二四〕「或因」，據甲本補。
〔二五〕「邪」，底本作「耶」，「耶」爲「邪」之俗字。
〔二六〕「何」，甲本作「所」，誤。
〔二七〕「刑」，當作「形」，據甲本改，「刑」爲「形」之借字。
〔二八〕「同」，甲本作「周」，疑誤。
〔二九〕「語」，甲本作「詩」。
〔三〇〕「素」，甲本作「表」。
〔三一〕「素」，據甲本補。
〔三二〕「以」，據甲本補；「昭」，甲本作「照」，疑「照」爲「昭」之借字。
〔三三〕「此」，甲本作「是」。
〔三四〕「之」，甲本脱。
〔三五〕「所」，甲本脱。
〔三六〕「言」，甲本脱。

〔三七〕「而」，甲本脱。

〔三八〕「也」，據甲本補。

〔三九〕「然」，當作「曰」，據文義及甲本改。

〔四〇〕「曰」，當作「然」，據文義及甲本改。

〔四一〕「矣」，據甲本補。

〔四二〕「賈」，甲本作「價」，時「賈」有「價」意，均可通。

〔四三〕「賣」，當作「一」，據甲本改。

〔四四〕「迂」，甲本作「于」，誤。

〔四五〕「邪」，底本作「耶」，「耶」爲「邪」之俗字。

〔四六〕「迎擁彗」，據甲本補；「驜」，當作「駈」，據甲本改。

〔四七〕「缶」，當作「正」，據甲本改。

〔四八〕「延」，當作「正」，據甲本改。

〔四九〕「倭」，當作「佞」，據甲本改；「邪」，底本作「耶」，「耶」爲「邪」之俗字。

〔五〇〕「倿」，當作「佞」，據甲本改；「邪」，底本作「耶」，「耶」爲「邪」之俗字。

〔五一〕「必」，據甲本補。

〔五二〕「人之一」，據甲本補。

〔五三〕「下和」，據甲本補。

〔五四〕「所」，據甲本補。
〔五五〕「必身」，據甲本補。
〔五六〕「矣」，甲本作「也」。
〔五七〕「缶」，當作「正」，據甲本改。
〔五八〕「任事」，據甲本補。
〔五九〕「缶」，當作「正」，據甲本改。
〔六〇〕「邪」，底本作「耶」，「耶」爲「邪」之俗字。
〔六一〕「矣」，據甲本補。
〔六二〕「傅」，據甲本補；「子」，甲本作「子子」，第一個「子」在行末，第二個「子」在次行行首，此非衍文，而是時人的一種書寫習慣，可稱爲「提行重書例」，遇此情況，重書的字可不録。
〔六三〕「獻」，據甲本補。
〔六四〕「惡」，據甲本補。
〔六五〕「其」，甲本作「之」。
〔六六〕「桓」，據甲本補。
〔六七〕「倭」，當作「佞」，據甲本改。
〔六八〕「倭」，當作「佞」，據甲本改。
〔六九〕「道直」，甲本作「直道」。

〔七〇〕『倿』，當作『佞』，據甲本改。
〔七一〕『用』，甲本作『有』。
〔七二〕『倿』，當作『佞』，據甲本改。
〔七三〕『之而興矣』，據甲本補。
〔七四〕『夫上之所用』，據甲本補。
〔七五〕『衆之所趣也』，據甲本補。
〔七六〕『自非大賢』，據甲本補。
〔七七〕『則不能利説其短也』，據甲本補。
〔七八〕『又諱』，據甲本補。
〔七九〕『邪』，底本作『耶』，『耶』爲『邪』之俗字。
〔八〇〕『以』，甲本脱。
〔八一〕『憙』，甲本作『喜』，『喜』爲『憙』之省字。
〔八二〕『爲』，據甲本補。
〔八三〕『憙』，甲本作『喜』，『喜』爲『憙』之省字。
〔八四〕『邪』，底本作『耶』，『耶』爲『邪』之俗字。
〔八五〕『邪』，底本作『耶』，『耶』爲『邪』之俗字。
〔八六〕『諛』，甲本作『諓』。

〔八七〕『諛』，甲本作『諛』。
〔八八〕『刑』，甲本脱。
〔八九〕『懼』，據甲本補。
〔九〇〕『殺』，甲本作『煞』，均可通。
〔九一〕『殺』，甲本作『煞』，均可通。
〔九二〕『糗』，當作『釋』，據甲本改。
〔九三〕『白』，甲本作『皓』。
〔九四〕『之』，甲本脱。
〔九五〕『貞』，當作『臣』，據甲本改。
〔九六〕『安』，據甲本補。
〔九七〕『不已』，據甲本補。
〔九八〕『進』，據甲本補。
〔九九〕『仲尼去魯曰』，據甲本補。
〔一〇〇〕『遲遲吾行』，據甲本補。
〔一〇一〕『孟軻』，據甲本補。
〔一〇二〕『仁聖之心也』，據甲本補。

參考文獻

Descriptive Catalogue of the Chinese Manuscripts from Tunhuang in the British Museum, p.244；《敦煌古籍叙録》一八七至一八八頁；《敦煌寶藏》一〇册，六五五至六五七頁（圖）；《敦煌古籍叙録新編》一〇册，一頁、二四至三三頁（圖）；《英藏敦煌文獻》三卷，二九至三一頁（圖）；《敦煌典籍與唐五代歷史文化》三一頁。

斯一四四一＋斯五七六三　勵忠節鈔卷第一、第二

釋文

（前缺）

袁山松曰〔一〕：或有人評論朝政，未嘗言人主之非〔二〕，書數十上而外人不知〔三〕；私理謁見〔四〕，即流涕極諫，此可謂忠臣。

道德部〔五〕

夫以道德馭人〔六〕，故可大可久〔七〕，而福祚長遠；以刑法馭人，故可淺可近，而福祚短促〔八〕。行道德則福流子孫〔九〕，用刑法則禍延後嗣。

《莊子》曰：夫體道者，無天怨，無人非，無物累，無鬼責，一心定而萬事得。夫道者，無爲無刑（形）〔一〇〕，内以修身，外以理人，故君臣有道則忠惠，父子有道則慈孝，士庶人有道則相親〔一一〕。故有道即和同〔一二〕，無道即離二。

《管子》曰：道者〔一三〕，一人用之，不聞有餘；天下行之，不聞不足，所以正其身而清

其心，直道在身〔一四〕，言自順，行自正，事君自忠，事父自孝。

《淮南子》曰：大道之行，其猶日月也。江河淮濟〔一五〕，不能餘（移）其所〔一六〕；馳騖千里，不能移其處。是以容成得之，宜爲軒轅〔一七〕；傅說得之〔一八〕，而爲殷相。故致魚者先通水〔一九〕，欲務鳥者先樹木〔二〇〕，欲養身者先以道〔二一〕。

《說苑》曰：山致其高，而雲雨起焉；水致其深，而蛟龍止焉〔二二〕；人得其道〔二三〕，萬事通焉〔二四〕。萬事得其本則生，百事得其道萬事通焉〔二五〕。萬事得其本則生〔二六〕，百事得其道則成〔二七〕。

漢明帝問東平王蒼曰〔二八〕：居家何以得其樂〔二九〕？蒼曰〔三〇〕：唯念善事最爲樂。

《書》曰：聖莫大於唐虞，賢莫過於周孔〔三一〕，道莫過於莊老〔三二〕。

荀卿子曰：夫道仁義之於身，譬之若貨財穀米之於家〔三三〕，多有之則富〔三四〕，少有之則貧〔三五〕，至無道（有）者窮也〔三六〕。

《老子》曰：若使道之可獻〔三七〕，則人莫不獻之於其君〔三八〕；若使道之可進〔三九〕，則人莫不進之於其父；若使道之可以共（告）失（人）〔四〇〕，則人莫不識（告）其弟兄〔四一〕；若使道之可以與人〔四二〕，則人莫不與其子孫〔四三〕。然而不可與己者〔四四〕，爲道無形也〔四五〕，中無主也，無受道之質，則雖聞而道去也。夫知道者不言，言者不知，故聖人行不言之教〔也〕〔四六〕。故（古）之得道者〔四七〕，窮亦樂，道亦樂〔四八〕，所樂非窮道，但爲道德耳。

夫君子通於道謂之道（通）〔四九〕，窮於道謂之窮；今丘者懷仁義之道，遭亂世之患而非窮〔五〇〕。

無始曰〔五一〕：道之不可忠，忠而非道也；道不〔可〕見〔五二〕，見而非道也。有道名而竟無形〔五三〕，像也。道不可問，問而無應。能修忠孝仁義之行者，即合於道。

古之有重賞而人不歡，有嚴刑而人不畏；由此言之，嚴刑重賞，不可以制人也〔五四〕。能行一德者，可以馭人。一德者，一而後誠，誠而後信，信而後變，則人知正〔五五〕；正則人知道〔德〕〔五六〕，道德行則人不犯也〔五七〕。

恃德部

《列子》曰〔五八〕：居其位而無其德，君子恥之；有其言而無其行，君子恥之。夫君子者，蓋恥德之而〔不〕能理〔五九〕，不恥能理而不能德也〔六〇〕。

夫道德者以爲城〔六一〕，人〔仁〕義爲墎〔六二〕，莫之敢敵，文王是也；以道德爲甲冑〔六三〕，以仁義爲劍戟〔六四〕，莫之敢敵，湯武是也。

司馬錯對秦惠王〔曰〕〔六五〕：臣聞滋畜國者〔六六〕，務廣其地；欲強其兵者，務富其人；欲附人者，務厚其德。

荀卿子言：志意修則驕富貴，道德至善重則輕公王〔六七〕。

《列子》曰：夫人之道有德，若魚之有水，魚得水則生，人無道則死。

田子方有道德，侍坐於魏文侯。太子繫入朝，群臣皆起，獨子方不起，太子不悦。子方曰：爲子而起，無如禮何〔六八〕？不爲子起，無如罪何？吾聞敬其父而兼其子〔六九〕，非禮也。太子納子方之言，三覆而誦之。

《呂氏春秋》曰：泛江者託之於船，致遠者託之於驥，霸王者託之〔於〕賢相〔七〇〕。

馬融曰：夫〔大〕人者〔七一〕，與天地合其德，與日月齊其明。

鄧林（析）曰〔七二〕：爲人君有德於百姓者，若冬日之陽，夏日之陰。

《淮南子》曰：古者至德之代，賈人勸（歡）於市〔七三〕，農人樂於田，大夫安其職，處士修其道。風雨以時，草木不殘。

賈誼《新書》曰：禹見高山仰之，深谷俯之〔七四〕，慮有遺材。

《語》曰：爲政以德，譬如北辰，居其所而衆星共之〔七五〕。有（又）云〔七六〕：天何言哉！四時行焉，百物生焉。

德行部

曾（魯）參（恭）曰〔七七〕：以德勝人者昌，以力勝人者亡。

應世叔曰：逝不可追者，時也；往而不返者，年也。立德弘道〔七八〕，宜與及時。

夫有言者不必有德，有德者不必有言〔七九〕。

黄（廣）陵太守有俊才〔八〇〕，輕天下士，謂功曹陳嶠（矯）曰〔八一〕：開（閨）門應（雍）目（穆）〔八二〕，有德有行，吾敬陳元方父子；冰清玉潔，有德有言，〔吾〕〔敬〕莘（華）子魚〔八三〕；博聞強職（識）〔八四〕，奇逸卓犖，吾敬孔父（文）舉〔八五〕。〔潘〕〔尼〕云〔八六〕：夫崇德立行，莫大乎安身，安身莫大乎存正〔八七〕，存正莫大乎無私〔八八〕，無私莫大乎寡欲，是以賢人君子，安其身而後動，易其心而後語，定其志而立後存〔八九〕，立其言而後動。

劉向曰：德行在身，必善譽於人。今若不修善於身，而求譽於人，不亦或乎？

樂彥輔曰：不求言詞之長，恐口勝於人；不論身之有伎（技）〔九〇〕，恐德勝於人。

《莊子》曰：天德精誠之至，不精不誠，不能動人。故強哭者雖疾不哀，強怒者雖嚴不威，強親者雖笑不和。故真悲無聲而哀〔九一〕，真怒未發而威，真親〔未〕〔笑〕〔而〕〔和〕〔九二〕。〔真〕〔在〕〔内〕〔者〕〔九三〕，〔神〕〔動〕〔於〕〔外〕〔九四〕，〔是〕〔所〕〔以〕〔貴〕〔真〕〔也〕〔九五〕。〔其〕〔用〕〔於〕〔人〕〔理〕〔也〕〔九六〕，〔事〕〔親〕則慈孝〔九七〕，事君則忠貞，飲酒則歡樂〔九八〕，處喪則悲哀。忠貞以功爲主，飲酒以樂爲主，資（處）喪以哀爲主〔九九〕，事親以適爲主。若事親以適，〔不〕論其養矣〔一〇〇〕！若飲酒成樂，不選其具矣！若處喪以哀，不聞其禮矣！

昔公明儀入曾子學，三年不讀書。曾子問之，公明儀曰：吾見夫子事親孝，事君忠，與朋友信，吾悅之，學〔猶〕未及〔一〇一〕，所以不敢讀書。曾子再拜而稱之曰：吾爲學未及於子〔一〇二〕。故君子之學，不必在於讀書，而在於德行也。

執親之喪，未曾見齒〔一〇三〕，高柴之行〔也〕〔一〇四〕；不念舊惡，伯夷、叔齊之行也；畏天之威而敬於人，蓋趙元（文）子之行也〔一〇五〕；臨事不畏其死，謀身不遺其友，君用之則進，不用之則退，蓋隨武子之行也；外寬而內自正，直己而不直人，以德自恃，蓋璩（蘧）伯玉之行也。

《書》曰：責人斯無難，惟受責俾如流。故人之有伎（技）〔一〇六〕，若己有之〔一〇七〕；人〔之〕彥聖〔一〇八〕，其心好之，弗啻如自出其口，是能容之。

漢光（孝）武之代〔一〇九〕，儒雅則公孫弘、董仲舒、倪（兒）寬〔一一〇〕、萇弘；德行則石建〔一一一〕、石慶；質直則卜式、汲黯；推賢則韓安國、鄭當時；定律令則趙禹〔一一二〕、張湯；文章則司馬遷〔一一三〕、相如；骨（滑）稽則東方朔〔一一四〕、牧（枚）皋〔一一五〕；應對則嚴助、朱買臣；曆數則唐都、洛下閎；協律則李延年；運籌則桑弘羊〔一一六〕；奉使則張騫〔一一七〕、蘇武；將師（帥）則衛青〔一一八〕、霍去病；受制則霍光、金日磾；并德冠當時，行光前列，其餘則不可勝紀。

子謂子産有君子之道四焉：其行也（己）己（也）恭〔一一九〕，其事上也敬，其養人也惠，

其使人也義。

孔子曰：吾見蹈水火或時煞人，未見蹈仁而人死者也〔一二〇〕。

《大戴禮》曰：玉在山而草木潤焉，水（淵）生珠而岸不枯焉〔一二一〕，身抱德而人自敬焉。

《六韜》曰：帝堯之代，文綺不衣，玩好不寶，溫飯暖羹〔一二二〕，不酸不易。

《禮》曰：德者，本〔也〕〔一二三〕；財者，末也。是故財聚則人散，財散則人聚〔一二四〕。

孔子曰〔一二五〕：辭禄不辭貧，辭貴不辭賤。

《禮》云：居上位不凌（陵）下〔一二六〕，在下位不凌（援）上格〔一二七〕。

《禮》云：愚而好自用，賤而好自專，生乎今之代，反行古之道〔一二八〕，災及其身。

徐陵云：陛下惟神不測，聖德無方，應物等於衢罇，虛心比於懸鏡〔一二九〕。

《薛吏部狀》云：智略如神，道德明悟，廣祖宗之業，弘宇宙之風。

黄門云：元首膺期〔一三〇〕，肱股佐命〔一三一〕，玄祖補天之業〔一三二〕，銘當鏤鼎之功。

《溫黄門狀》云：運籌罇俎之間〔一三三〕，折衝千里之外，廓雄圖於邵陵，申英滅（威）於踐土〔一三四〕。

沈僕射約云：地光魯衛〔一三五〕，勳彝鼎業，望隆国範，德勝人宗〔一三六〕，儀表臺階〔一三七〕，冠冕把路〔一三八〕。

《庾信狀》云〔一三九〕：声動天下，光昭四鄰〔一四〇〕；虎嘯風飛，龍騰雲起〔一四一〕。

《沈約書》云〔一四二〕：協贊通天〔一四三〕，其梁宇宙〔一四四〕；高勳盛烈〔一四五〕，則被管弦〔一四六〕。

《庾信墓誌》云：明略佐時，雄圖贊務，鱗翼更張，風飈遂遠。

《徐僕射碑》云：同恩同德之侶〔一四七〕，如貔如虎之臣，舉日月而建功名〔一四八〕，憑風雲而作卿相。

《溫黄門碑》云〔一四九〕：標格千仞，崔嵬萬里〔一五〇〕；擁去（玄）雲以上騰〔一五一〕，負青霄以高引〔一五二〕。

薛吏部云〔一五三〕：共工既剪（翦），重立乾坤；蚩尤就戮，更調風雨〔一五四〕。

盧黄門云：或佐命元功，廊廟上宰〔一五五〕；或龍潛賓友，帷幄重臣〔一五六〕。

庾信詩云：網隨三面落，風逐五絃彈〔一五七〕。

崔黄門云：恩澤之彼（被）〔一五八〕，若時雨及苗；政化之行，如和風靡草。

朱穆云：君有正道〔一五九〕，臣有政路，從之如昇堂，建（違）之如赴谿（壑）〔一六〇〕。

溫黄門云：恩與春露俱柔，威共秋霜比厲，化著（若）神明〔一六一〕，威如風雨。

薛吏部云：行仁布義〔一六二〕，如春秋之二時；既恩且威，兼冬夏之兩日。

盧黄門云：詰旦坐朝，諮請填湊，千端萬渚（緒）〔一六三〕，決斷如流。

魯肅云：龐士元非百里才，處中郡太守〔一六四〕，然可展其驥足。

于公爲郡獄吏，私門壞屋〔一六五〕，鄉里父老私爲修理。于公曰：君以能修理，辛苦，可高其門，令容駟馬車蓋。父老曰：何爲作此言？公曰：我理獄多行陰德，吾子孫當有興者。于公卒，子定國果爲丞相矣。

賢行部

陳容曰：夫仁義者，豈有嘗（常）乎〔一六六〕！蹈之則爲君子，背之則爲小人。

夫士有忠義之行，守貞直之亮，其於平日，無異衆人。及至處忠（患）難〔一六七〕，蹈危險，經窮厄而不顧，志氣雄烈，而後知其異也〔一六八〕。故孔子曰：歲寒然後知松柏之後凋也〔一六九〕。

又曰：一言之善，重於千金；一行之虧，痛於斧鉞〔一七〇〕。

郄中尚書曰：彼以惡來，我以善應，苟非木石，理無不感；但患處之不弘（恒）〔一七一〕，弘之不積可（耳）〔一七二〕。或曰：〔以〕直枕（報）怨〔一七三〕，怨何謂也〔一七四〕？答曰：彼以曲來，我以善（直）應〔一七五〕，恬心無憾，則於理自直矣。

《曾子》曰：行善，雖福未來，而禍以（已）遠矣〔一七六〕，安得不行之哉！

又曰：所患不行不能過人〔一七七〕，不患身之不顯；所患不能覺過徒（徙）義〔一七八〕，不患

名之不彰。

《易》曰：天下有常勝之道，有不常勝之道，改（故）常勝之道曰柔〔一七九〕，不常勝之道曰剛。

夫賢良君子擬存德行者，當行人所不能行，當守之人所不能守〔一八〇〕，當割人所不能割，當棄人所不能棄。人所不能行：人（仁）所不能義〔一八一〕，我行之；人所不能守〔一八二〕：忠信，我守之；人所不能割〔一八三〕：情欲，我割之；人所不〔能〕棄〔一八四〕：貪濁，我棄之；人所不能除〔一八五〕：偏頗，我除之。問（聞）見者不能行焉〔一八六〕，與聾盲者〔等〕一種〔一八七〕。

馮衍曰〔一八八〕：富貴易爲善，貧賤難爲工。故語曰：相馬失於瘦，相士失於貧。

東阿育王曰〔一八九〕：古之賢人，不以貧窶介意，是故原憲以貧窮居顯行，顔迴以簞（簞）瓢著名〔一九〇〕。君子者口惟言善，不得言惡。

昔漢丞相問左右曰〔一九一〕：梟生子，長食其母〔一九二〕，然後能飛，寧有此乎？左右對曰：唯聞鳥反哺，不聞梟食其母。丞相大慚，咋舌數日而不言。

愁（嵇）中數（散）曰〔一九三〕：古之君子，交絶而不出醜言。

到（劉）向曰〔一九四〕：言善無及身，言惡無及人。

蔡邕〔曰〕〔一九五〕：凡人見人之失，未嘗對面而語其人之失也。古（故）人之視

己〔一九六〕，亦由（猶）己之視人〔一九七〕。

庾亮字元規，嘗有馬白脚的頭〔一九八〕，或有人云：妨主，宜貨之。亮曰：若其妨主，豈可移禍於人？終不肯貨也〔一九九〕。

宋時顧初，〔吴〕郡人〔二〇〇〕，嘗有人放牛暴其禾，初繫牛陰樹下，刈蒭而飼之。牛主懷慙，不敢更暴，時人重其賢行。

郭正己稱法言（真）曰〔二〇一〕：名可得而聞〔二〇二〕，昇（身）難得而〔見〕〔二〇三〕，逃名而名我隨，避名〔而〕〔名〕我追〔二〇四〕，可謂百代之師也。

《孟子》曰：聞伯夷、叔齊之風者，貪夫爲之坐廉〔二〇五〕，懦夫爲之立志〔二〇六〕。

《語》曰：寧煞身以成名（仁）〔二〇七〕，無求生以害人（仁）〔二〇八〕。

郭象曰：夫聖人處物而不傷於物，夫不能傷物，〔物〕亦不能傷我也〔二〇九〕。

昔百里奚乞食於路，秦穆公委之以政；寧戚飯牛車下，齊桓公任之以國。此二人者，豈假宦於朝〔二一〇〕，借舉於左右也〔二一一〕，皆由負才而身達〔二一二〕。

又曰：夫物早成則疾亡〔二一三〕，晚就則善終；朝莘（華）之草〔二一四〕，夕則零落，松柏之茂，隆冬不凋〔二一五〕，是以君子惡速成。

諸葛武侯曰：君子之心當如繩，引之則可彈耶，屈之則可入其懷抱也。

郭象曰：古者言之不出口，非不能言，懼身行之不達其言也，故藏之至死而〔不〕敢

道〔二一六〕。

子貢曰：夫無財曰貧，學不能行曰病，今孔子貧而非病也。

孔子歎曰：勇者不懼，智者不或〔二一七〕。仁者必有勇，勇者不必有仁。

朱（袁）宏曰〔二一八〕：夫莊敬足以軌物，慈惠足以庇人，剛毅足以歡（威）暴〔二一九〕，清貞足以勵俗，則可矣。

《家語》曰：芝蘭生於深林之中，不以無人知而不芳；君子修道立德，不以固窮而改其操。

言行部

《賈子》曰：一出口而不後（復）者〔二二〇〕，言也；一見而不可掩者，行也。坟（故）言與行〔二二一〕，智之表也。是以言必可行，然後言之；行必可行（言）〔二二二〕，然後行之。

應世〔叔〕曰〔二二三〕：夫言者其猶刀劍也〔二二四〕，操之失柄則反自傷。

弟（第）五伯魚曰〔二二五〕：以身教者從，以言教者訟。

董仲舒曰：言出於口，不可收也；行發於身，不可掩也。

桓君山曰：言有速患，行有招恥。人能端揆無爲，自致患禍者，未之有也。

臣聞情切者，其言必哀；理正者，其言必直。是以窮者欲達其言，勞者欲歌其事。

漢史稱云：毛義、薪（薜）包二子〔二二六〕，每言談，皆推至誠以爲行，抱忠信以接物〔二二七〕，唯言及行皆能感人，可謂哲士矣〔二二八〕。

《語》曰：一言合理，天下歸之；一言乖違，妻、子背叛。

孔融曰《與士元將父書》曰〔二二九〕：前見元將舉措有禮，後見仲將乃是保家之子，豈意明珠生於老蚌。

叔孫武〔叔〕毁仲尼於朝〔二三〇〕，子貢曰：他人之賢，丘陵也，猶可逾焉；仲尼賢，日月也，無得而逾焉。

齊景公問於子貢曰：仲尼賢乎？對曰：賢。景公曰：其賢如何〔二三一〕？子貢曰：終日戴天，不知天之高〔二三二〕；終日履地，不知地之厚〔二三三〕。

枚乘曰〔二三四〕：欲使勿聞，不如勿言；欲使勿知，不如勿爲。

《語》曰：夫言者，與人以實，雖踈（疏）不（必）密〔二三五〕；與人以虚，雖密必踈（疏）〔二三六〕。故君子者，行詳乃動〔二三七〕，言思乃出。明鏡所以照形，法（往）古所以知今〔二三八〕。

夫善者非歷年不顯，不可以一善希譽〔二三九〕，不可以一朝求達；要當積之於太素，終之於年命。

王文舒曰：君子之人不自稱者，非以讓人也。惡其自稱而云長於人也。

郭象曰：庾異行〔二四〇〕，言必行之〔二四一〕。若心有擬（疑）〔二四二〕，未當（嘗）復行也〔二四三〕。佇聞未信，未嘗復說。

《列子》曰：言美則嚮（響）美〔二四四〕，言惡則響惡；身長則影長，身短則影短。故君子慎其言，恐有知之；慎其身，將爲（有）隨之〔二四五〕。

武侯曰：夫賢者出言，能轉禍爲福；愚者出言，能構怨興禍。能轉禍爲福者，其唯宋就乎〔二四六〕！

孫卿〔子〕曰〔二四七〕：談人之惡，痛相戈矛〔二四八〕；聽人之善，樂相鐘鼓〔二四九〕。

郭象云〔二五〇〕：夫非知之難，而行之難；非行之難，而守之難，而修（終）路之難〔二五一〕。

《語》曰：有始有卒者，其唯聖人乎！

趙景真年十二，就師學，早起聞父叱牛聲，棄書而泣。師怪而問之，答曰〔二五二〕：自傷未能榮莘（華）〔二五三〕，使老父皓首晨旦自駈牛而不免於辛苦〔二五四〕。師大驚異之〔二五五〕，稱其當爲奇器，後果爲牧伯。

《尚書》曰：伊尹誡太甲曰：君無以辯言亂舊政，無以利口覆國家。

《周書》〔曰〕〔二五六〕：以言取人，人飾其言〔二五七〕；以行取人，人竭其行。

親賢部

《語》曰：與善人居，如入霧露中行，縱不濕衣〔二五八〕，時時有潤；與惡人居，如入鮑肆之中，久而加穢。

又曰：與善人同行者〔二五九〕，無不吉；與惡人同行者，無不失。善人〔者〕〔二六〇〕，是不善人之師；不善人者〔二六一〕，是善人之資。

語曰：德義高於人者，衆所慕；財賄高於人者，衆所惡〔二六二〕。衆惡者亡〔二六三〕，衆慕者昌。

周文王問太公曰：吾欲強於國，如何？對曰：親賢若身，則強矣〔二六四〕！王曰：若之何可得知賢？對曰：三人所廢，天下不能興；〔三〕〔人〕〔所〕〔興〕〔二六五〕，〔天〕〔下〕〔不〕〔能〕〔廢〕〔二六六〕。文王曰：請問其義？太公曰：親曰不孝，君曰不忠，友曰不信，是謂三人所廢，而天下不能興。親言其孝，君言其忠，友言其信，是爲三人所興〔二六七〕，而天下不能廢。

孔子曰：得地千里，不如一賢。

《莊子》曰：黃金累千里〔二六八〕，不如一賢。

又曰：贈人萬兵，不如一賢策。

魏文侯見田子房、段干木，立拱而敬之，及見翟黃，牀而與之語。翟黃不悅，文侯曰：干木官之則不顧，禄之則不受；令（今）子官之則上卿〔二六九〕，禄之則千鍾。既食吾禄，又責吾禮〔二七〇〕，豈不其（甚）哉〔二七一〕！翟黃慙，拜而出〔二七二〕。

《書》曰：不寶遠物，則遠人格；所寶則（惟）賢〔二七三〕，則爾（邇）人安〔二七四〕。

晏平仲曰：君子居必擇善鄰，處必慕良友〔二七五〕。聞一善言，即終夜想像；見一惡事，即累日廢餐。

任賢部

臣聞教化之流，非家至而人說也，由乎賢者在位，能者處職，朝廷榮（崇）福（禮）〔二七六〕，百寮敬讓，道德之行〔二七七〕，自爲（內）及外〔二七八〕。

昔齊桓公問管仲：吾國之霸至（其）若之何〔二七九〕？仲曰：智（知）人而不能用〔二八〇〕，害霸也；用而不能任，害霸也；任而不能信，害霸也；既信，而使小人參之，害霸也。

然齊桓公非夷吾不能成霸，越王非范蠡無以存國。唯君及臣非親近賢良，信任忠直，故亦不可。

夫任智則愚者爲用〔二八一〕，任力則強者復弱；而智形隱，力形見，任力棄智，亂之道也。能任其智，使其力，因嚴以教敬，因親以教愛。

夫任人者，蓋國之急務也。〔故〕所任其（者）賢則人安〔二八二〕，所任者愚則人弊。故《周書》曰〔二八三〕：存亡在所任，安危在所用，存亡之機，不可不察也。

魏武侯曰遣吳起治西河〔二八四〕，〔曰〕〔二八五〕：先生何以爲理？答曰：以忠以信，以勇以感（敢）〔二八六〕。武侯曰：請言其義。起曰：忠於君，信於人，勇於士，感（敢）於用賢〔二八七〕。武侯曰：四者足矣，行之〔二八八〕！

漢宣帝時，渤海郡飢荒，盜賊並起，二千石不能制。帝憂，乃以龔遂爲太守。帝曰：卿將〔何〕〔以〕安之〔二八九〕。遂曰：臣聞理亂人如理繩，急之則結，緩之則治，無拘臣以文法。既至，盜賊屏息，家給人足。

夫忠賢者內則邪臣外〔二九〇〕，邪臣內則忠賢蔽〔二九一〕；是以惡來任而比于（干）死〔二九二〕，無忌用而五（伍）胥奔〔二九三〕。

《語》曰：伊尹至而湯道興，微子奔而殷道喪。

魏惠王問齊威王曰：有寶乎？威王曰：無。惠王曰：寡人國雖小，尚有侄（徑）寸之珠〔二九四〕，照車前後十二乘十枚，奈何萬乘之國而無寶乎！威王曰：寡人之寶與王之異〔二九五〕，吾吏有禮（檀）子者〔二九六〕，〔使〕〔守〕〔南〕〔城〕〔二九七〕，〔則〕〔楚〕〔人〕〔不〕〔敢〕〔爲〕〔寇〕〔東〕〔取〕〔二九八〕，〔泗〕〔上〕〔十〕〔二〕〔諸〕〔侯〕〔皆〕〔來〕〔朝〕〔二九九〕。〔吾〕〔吏〕〔有〕〔盼〕〔子〕〔者〕〔三〇〇〕，使守高唐，則趙人不敢陷（漁）於河〔三〇一〕。吾吏有黔夫

者〔三〇二〕，使守徐州，燕人祭北門，趙人祭西門。吾吏有種首者〔三〇三〕，使備盜賊〔三〇四〕，則犬無夜吠〔三〇五〕，道不拾遺。此等諸賢，以照千里，豈徒十二乘哉！

武侯曰：宗廟尚親，朝庭（廷）尚尊〔三〇六〕，鄉黨尚齒，行事上（尚）賢〔三〇七〕，大道之序也。

帝曰：來！禹，降水徵（儆）予〔三〇八〕，成允功，惟汝賢。克勤於邦，克儉於家，不自滿假，惟汝賢。

景公遊獵而還，告晏子曰：寡人出遊，見不祥。晏子曰：何謂也？景公曰：吾出山見虎，入澤見蛇。晏子曰：此非不祥，國爲（有）三不祥也〔三〇九〕，期（斯）豈預焉〔三一〇〕。公曰：何也？〔晏〕〔子〕〔對〕〔曰〕〔三一一〕：有賢臣而不知，一不祥；知賢而不用，二不祥〔三一二〕；用賢而不信，三不祥〔三一三〕。夫山者虎所居，澤者蛇所處，非不祥也。爲（有）賢不用〔三一四〕，是不祥也。臣聞進一士之爵，恐官之失賢，賞豪（毫）釐之善〔三一五〕，必有所歡（勸）〔三一六〕；罰纖介之罪，必有所懲。

漢武踐祚，異人間出，故卜式發於芻牧，弘羊出於賈豎，衛青奮於奴僕，日磾出於降虜。斯並曩時版築飯牛之徒，超居不次之用。張良誦《三略》之説，以遊相（於）郡〔三一七〕，推其言也，如以水投石，莫之受也。及其漢祖，用言也，如以石投水，莫之逆也。非張良之拙於陳項，而巧言於沛公，用與不用，遇與不遇耳〔三一八〕。

荀彼（攸）字公達〔三一九〕，太祖素聞其名，與語，不（大）悦〔三二〇〕，歎曰：然公達故（固）非常人所識〔三二一〕，若得與之計事，天下何憂哉！當（常）謀帷幄之中〔三二二〕，前後盡（畫）奇策十二事〔三二三〕，太祖用之，破袁紹也〔三二四〕。

簡賢部

夫構大廈者〔三二五〕，先擇匠，然後簡材；治國家者，先擇佐，然後擇人。夫擇人者，居家視其孝友，鄉黨推其誠信，出入觀其中（忠）義〔三二六〕，〔憂〕〔難〕求其智謀〔三二七〕，時危觀其中節，臨財察其廉恥，此乃知賢之道。夫銓衡者〔三二八〕，德者與位相稱〔三二九〕，才與職相當，是謂爲官擇人，必理之道也〔三三〇〕。苟有其位，德必稱之。德與位不必相稱〔三三一〕，才與職不必相當，是爲人謂擇官〔三三二〕，必亂其（之）道〔三三三〕。苟有其位，德必乖之。夫擇人者，若不以言察，不以事考，不以行觀，亦何由獲大賢哉！

夫中智之人豈無小察小惠〔三三四〕，然材非經國，慮不及遠，竭力盡誠，終不免其傾覆。

陳王曹植曰：夫遠不可知者，天也；近不可知者，人也。《傳》曰：智（知）人則哲〔三三五〕，堯舜其由（猶）病諸〔三三六〕。

夫與人共其樂者，人必憂其憂；與人同其安者，人必拯其危；先王知獨理之不能久，故簡賢而共理之；知獨守之不能固，故擇善而共守之。

昔齊桓公任管仲以霸，任豎〔刁〕以亂〔三三七〕，一人之身，唯所任之〔錯〕〔三三八〕。夫萬事之情，當（常）立於得失之界〔三三九〕，治亂榮辱之機，可不慎乎！故楊朱泣歧路，墨翟悲素絲〔三四〇〕，傷其本同而末異。

魏文侯問於李尅（克）曰：寡人欲立相，而季成子、翟黄二人熟（孰）可〔三四一〕？李尅（克）對曰：臣問（聞）賤不謀貴〔三四二〕，踈不謀戚，臣敢（不）不（敢）奉制〔三四三〕。文侯曰：此乃國之大事，卿不得不言。李尅（克）曰：富，視其所與；貴，視其所舉；貧，視其所不取；窮，視其所不爲。以此觀之，相可知矣！文侯定季成子爲相，翟黄作色，〔不〕〔悦〕〔曰〕〔三四四〕：吾不伏也。西河無守，吾進吴起；鄴城無令，吾進西門豹。李尅（克）曰：不然，季成子進子夏，而君師之；進段干木，而君敬之；進田子房，而君友之。所進者，師友之才；今子之所進者，人臣之才。翟黄罔然失色，三日叱口而不敢言。

《語》曰：欲知其地者，看草；欲知其人者，觀其所使〔三四五〕。

凡邀時之人，但虛造聲譽〔三四六〕，妄生毛羽〔三四七〕。覽察其狀，則行侔顔舟（冉）〔三四八〕；詳竅厥能〔三四九〕，則鮮及乎人；皆總族昇官，自相進達。

《玄遊子》曰：夫二人處（交）争〔三五〇〕，則知其曲直；二人論議，則知〔其〕道德〔三五一〕；二人舉重，則知其有力；二人忿怒，則知其勇怯；二人俱行，則知其先後；二人理官，則知其貪廉。以此而論，知賢之道。

語曰：夫智士不爲愚者謀〔三五二〕，勇者不爲怯者怒〔三五三〕，如坐漏舟之中，伏燒屋之下，蓋無益於事也。

薦賢部

李（曹）操擢徵事郎邴元（原）〔三五四〕、議郎張軌（範）〔三五五〕，然二人者皆淳一（懿）之德〔三五六〕，志行忠謹，公平勵俗，貞清足以幹事，溫恭足以給（洽）物〔三五七〕，所謂龍輪（翰）風（鳳）翼〔三五八〕，國之重寶，舉而用之，則不仁者遠矣！

晉武（平）帝（公）時〔三五九〕，趙武立如不勝衣〔三六〇〕，言如不出口，然其所舉者數十人，皆天下令德也。

楚莊王退朝而晏，樊姖（姬）問曰〔三六一〕：王退朝何晏也？莊王曰：適與諸賢相共語。姖（姬）曰：誰也？莊王曰：虞丘子也。姖（姬）曰：虞丘子爲相多年，未見進一士。知賢而不進〔三六二〕，是不賢也；不知賢，是不智也。何得云與賢相共語耶？虞丘子問（聞）之〔三六三〕，歎曰：誠如夫人之言〔三六四〕。於是進孫叔教（敖）爲令尹〔三六五〕。

晉問文侯問於咎犯曰〔三六六〕：誰可使爲西河守者？對曰：子恙（羔）可〔三六七〕。文侯曰：子恙（羔）非卿之仇歟？犯曰：君問可爲守者，非問臣之仇。子恙（羔）見犯，匍匐謝之曰：君幸赦吾之過〔三六八〕，薦之於君，得爲西河守。犯曰：薦君，公也，吾不以私事爲害於

公〔三六九〕。子其去矣，顧吾之謝（射）子矣〔三七〇〕。

《列子》曰：理國之道在於知賢，而不在於自賢。司馬景王東征，取上黨，孝（李）喜爲從事中郎〔三七一〕。因問喜曰：昔先公辟君，君不就，今孤召君，君何以來？喜對曰：先君以禮見待，故得以禮進退，明公以法見召〔三七二〕，畏法而來，亦何怪哉！

子貢問孔子曰：今之大夫孰賢？孔子曰：齊有鮑叔牙，鄭有子皮。子貢曰：然則齊無管仲，鄭無子産耶？子曰：吾以進賢者爲賢耳，鮑叔牙進管仲，鄭子皮進子産，然今以管仲、子産未聞進一人，所以非賢也〔三七三〕。

《語》曰：有清白之志者，不可以爵禄得；有守節之志者，不可以威刑脅〔三七四〕。故致清白之士者，臨其禮；致守節之士者，臨其道。

《漢書》〔曰〕〔三七五〕：韓安國爲人多才大略，所舉者皆廉士今（令）德而賢於己者〔三七六〕。

勵忠節鈔卷第二

將帥部

周處，吴人。晉惠帝時，西羌反叛，上冊處爲平西將軍，統兵數萬。受命之日，悲喜交咽，對帝而言曰：臣夙因多幸，蒙國厚恩。臣聞良將臨戎，鑿凶門而出，此則示有進無退，生還者爲恥。臣暴（忝）爲國將〔三七七〕，負荷榮寵，恒恐命先朝露，報效無因。平羌之功，非臣所望，臣今喜得脂膏原野殉國。〔退〕而對妻子攬涕曰〔三七八〕：吾今足矣！義不生還，即於此爲別。攻羌數勝，每在陣先，親當矢石，通中之瘡卌餘所〔三七九〕，遂戰亡。於是朝野哀悼，士卒號泣，帝乃圖其形於麟閣，命史書之曰：當爲後代出師者之軌。

鄧禹曰〔三八〇〕，光武帝時爲大將軍，領兵鎮匈奴，後改爲司徒。公歎曰：吾常領百萬之衆，在兵中十餘年，未嘗非理妄害一人；束髮朝廷，與知識相逢，未嘗失一人心，其後當有興者。禹死後，孫女果爲皇后，子孫貴盛，光赫滿朝。

《漢紀》云：班超久鎮西戎，其姊表訴，帝矜其年老，以任尚代超爲將。尚至鎮，啓顙謂超曰：公在外國卅餘年，武略蓋世，威振天下。余以不才，猥承子後，軍謀秘策，惟所悔（誨）示〔三八一〕。超曰：夫敵者，可以智攻，勿以力競。塞外吏士，本非孝子順孫，皆以

負罪，希求功效。而蠻夷戎狄，懷鳥獸之心，飢附飽颺，難養而易皆（背）〔三八二〕。且邊方之人，又不可以全仁義禮智信處也〔三八三〕，又不可以深刑峻法駈也。今幸君性嚴而急〔三八四〕，恐難可以安邊。夫水至清則無大魚，歧（政）令峻察則下人不附〔三八五〕，宜佯爲蕳（簡）易〔三八六〕，出宥小過，任賢才，總大綱而已。若故犯者，雖小過必刑之；悟（誤）犯者〔三八七〕，雖大過必宥之。然不得縱恣威怒，誅鋤無罪。〔接〕君子以禮〔三八八〕，接小人以恩，必育故人，無棄人，隨才任使。將德恩惠，以慈爲本，以法令刑罰爲末。權柄自犯，威恩自施，當宜任人，勿以自任。

齊師侵魯，卞莊子請擊，以塞前責。大破之，獻捷於君，君曰：子多心哉！非忠也。卞莊子曰：臣前三戰三退者，爲老母在也；今戰而捷者，爲母已亡。今君辱敬（莊）〔三八九〕，交遊責敬（莊）〔三九〇〕，臣聞志節之士，不以行辱身。遂刎頸而死。

後漢趙包（苞）爲遼西太守〔三九一〕，志性嚴明，威振邊俗。到官，遣人迎親及妻、子，未到郡境，值鮮卑入塞，母及妻、子並陷入賊手。賊縛包（苞）母至郡，乃出母以示包（苞），包（苞）悲號爲（謂）母曰〔三九二〕：爲子無狀，欲以微禄奉養，不啚（圖）爲母作禍〔三九三〕。昔爲母子，今爲王臣，不得更顧（顧）秘（私）恩〔三九四〕，毁辱忠節。包（苞）乃發聲號慟。母遥謂包（苞）曰：人各有命，何得相顧，以虧忠節。昔王陵母向漢使伏劍，以固忠節，汝其勉之！包（苞）即進戰，賊遂大破，其母及妻、子並爲賊所煞。包（苞）收骸

骨，殯斂畢，靈帝遣使封包（苞）爲鄃侯。包（苞）謂鄉人曰：食君之禄，避難非忠也；煞母以死，榮非孝也。遂歐（嘔）血而死。

諸葛武侯謂蜀王曰：臣號定之後，弛令，士坐者涕沾襟，瞑者泣交頸，所以然者，求至（其）爲臣謀也〔三九五〕，求其爲臣効也，〔求〕其爲臣死也〔三九六〕。

簫（蕭）何謂高祖曰〔三九七〕：夫韓信者，真良將也。有智、有仁、有信、有嚴、有象（勇）〔三九八〕、有決，凡此六者，非人所能及。今若攻項羽而得韓魏，非信不可也。

趙奢謂王曰：臣聞孔子云：不教人戰，是謂棄之。故兵不習練，與無兵同；甲不堅蜜（密）〔三九九〕，與鈆錫同；弩不及遠，與短矢同；射不能中，與無矢同；中不能傷，與無鏃同。

衛青謂王曰：臣謂（聞）明王不以私怒而興兵〔四〇〇〕，良將不以私忿而合戰。故有利則攻，無利則守。

王陵云：臣聞良將之馭三軍也，使智、使勇、使貪、使愚。使智者與之謀，勇者與之決，貪者使之趨〔四〇一〕，愚者使之忘生，則人盡至（其）力矣〔四〇二〕。

《語》曰：逢蒙善射，不能用不調之弓；造父善馭，不能策不服之馬；孫吴善將，不能戰不習之兵。

《莊子》曰：夫兵猶酒也。兵也可千日而不用，不可一用而不備；酒可千日而不飲，不可一飲而數醉。

衛青云：夫良將爲國家安社稷，鎮邊境，使萬里之外，不爲半烽；百郡之中，令無一戍。吴王闔閭將伐楚，登臺向風而嘯，面有憂色，頃之而歎曰〔四〇三〕，群臣莫曉。五（伍）〔子〕胥深知王憂〔四〇四〕，乃薦孫武爲將，而武善爲兵法，人莫知其能。

漢高祖云：夫良將之馭士卒也，將視兵如子，兵視將如父；如獸之使爪牙，如鳥之使羽翮。

白起云：臣聞明主憂其國，忠臣憂其名，臣寧伏受重誅，不忍爲辱軍之將。夫爲將者，先謀而後事者昌，先事而後謀者亡；利則思其害，害則思其利，此古帝王禦寇之術。

趙汲桑爲將，六月盛暑，重裘累茵而坐，使人扇之，患不清涼，遂斬扇者。時軍中謡曰：奴爲將，識可羞；六月重茵披豹裘，不識寒暑斬他頭。

穰苴辭上赴軍，奏曰：臣聞古之良將者，以誅爲威，以賞爲明；煞一人而三軍震慴者，煞之；賞一人而三軍勇（踴）躍者〔四〇五〕，賞之。苴出自寒素，人皆不伏，非法無以制難，非賞無以勸人。到軍，遂煞寵臣莊賈。

趙奢曰：夫將者，謀欲蜜（密）〔四〇六〕，攻欲疾。

王剪（翦）云〔四〇七〕：兵不如者勿與挑戰，粟不如者勿與持久。

張像（儀）云〔四〇八〕：法令既明，士卒氣死；主明以嚴，將智以武。

《抱朴子》曰：夫國之伐者，人之司命也，社稷存亡於是乎在。

《歌》曰：隴上壯士有陳安，軀體雖小腹中寬，愛養士卒同心肝。

隨（隋）帝出塞云〔四〇九〕：聽壯士之曲，則猛將衝冠；聞出塞之聲，則群胡流涕。

安國部

《語》曰：夫能扶天下之危者，則據天下之安；能除天下之憂者，則受天下之樂；能破天下之禍者，則得天下之福。

《尸子》曰：澤及人者，則真人歸之；澤及昆蟲，則聖人歸之。真人所歸，則國強之，聖人所歸，則合昌。

《淮南子》曰：治國者若耨田，去其害苗而已。今沐者，髮雖落而由（猶）不已〔四一〇〕，以其所去者少，所利者多。

楚與梁接境，〔梁〕庭（亭）種瓜〔四一一〕，茂好而多子，楚庭（亭）瓜羸而無子〔四一二〕。楚人侵竊梁瓜，守瓜者告其大夫宋就，就曰：何得效至（其）惡也〔四一三〕，以相結怨耶？若然者，是構禍之道。及（乃）私使人夜往灌〔四一四〕，楚瓜茂盛。楚覺，懷慙以白楚王，王感其德而厚交於梁。梁楚二國致穆，就之德。

申包胥者，楚人也。吳、陳伐楚，楚照（昭）王出亡於外〔四一五〕。包胥赴秦求救，秦王不許也。包胥倚秦宮門大哭，七日七夜不絕聲。秦王感其忠，乃發兵救楚。吳、陳聞之，收

軍而去。昭王復，因以包胥有命（功）〔四一六〕，重賞之，胥辭曰：夫輔君安國，非爲子（身）也〔四一七〕；救難除害，非爲名也；功成而愛（受）賞〔四一八〕，是賣勇也。國既定矣，功亦成矣。遂潛隱，修（終）身不見〔四一九〕。

盛國之道，工爲（無）僞事〔四二〇〕，農無遺力，士無隱行，官〔無〕失法〔四二一〕，辟（譬）若設網者〔四二二〕，引其網（綱）而萬目張〔四二三〕。

孔子曰：夫爲國者，省刑則人壽，薄賦則人富。

《禮》曰：一家人（仁），一國興〔仁〕〔四二四〕；一人貪戾，一國作亂。故堯舜率天下以仁，而人從之；桀紂率天下以暴，而人從之。

《禮》云：故治國者，先修其身，先正其心，欲正其心，先誠其意。

廉頗曰：我有攻城野戰之勳，而相如以口舌之勞，位居我上。逢見之，當必相辱。相如問（聞）之〔四二五〕，每出入行路，迴車避之。從者曰：臣等所以辭親事君者，慕君之高義。今廉公與公同到（列）〔四二六〕，而君畏之，臣等不肖，請辭而歸。相如謂之曰：吾尚不畏秦王，豈棄國家怯廉頗也〔四二七〕。今念強秦不敢加兵於趙者，難吾二人在也。辟之兩虎共斗，勢不俱全，吾豈棄國家之急，而計私忿哉！廉頗聞之，伏其德義，遂由（肉）祖（袒）負荊〔四二八〕，詣相如門而謝之曰：鄙人寡識，輕侮君子，將軍弘雅，乃至於斯。卒與相如爲刎頸交。

晉朝過江諸人，每至吉辰，輒相邀於新亭，藉草讌飲。周侯坐中，乃歎息曰：風景不殊，正有山河之異。皆相親（視）流涕〔四二九〕，唯王丞相愀然變色曰：當共公等戮力王室，克復宗社，何至作楚國（囚）相對耶〔四三〇〕？

晉來伐楚，楚諸大夫請出擊之，楚王止之曰：先王之時，晉不伐楚，及孤之伐（代）〔四三一〕，而晉伐楚，孤之罪也。如何〔其〕辱〔四三二〕？諸大夫稽顙曰：先君之時，晉不伐楚；及臣之任也，而晉伐楚，臣之罪也。不能輔翼聖化，致使鄰國侵兵。晉人聞之，相與謂曰：楚之君臣爭罪在己，上下同心，三軍齊力，此不可攻。遂旋師而歸。

漢武帝末時，悔征伐之事，乃封丞相爲富人侯。

古賢臣聖主，皆〔以〕安國養人爲本〔四三三〕。

曹參云：臣聞守文之代，有德者位尊；蒼（倉）卒之時，功多者厚賞。

語曰：千金之裘，非一狐之腋；大廈之材，非一丘之木；太平之功，非一人之力。

秦孝（惠）公（王）曰〔四三四〕：毛羽未成，不可以高飛；文理未成，不可以兼國。

政教部

夫爲政者，必先擇其左右。左右正，則人主自正矣！人主正，則左右安得曲乎？

《書》曰：僕臣正，身（厥）舌（后）自聖〔四三五〕；僕臣諌（諛）〔四三六〕，身（厥）后不

聖〔四三七〕。

古帝明王所以致官立政者，爲天下強掩弱，衆陵寡，懷智而不相教，積財而不相分。故立官以齊之，立政以制之。

《語》曰：王者法三光而置三公也。

夫人之不善，吏之罪也；吏之不善，君之罪也。故見其人而知其吏，見其吏而知其君。故君明而吏賢，〔吏〕〔賢〕而人善矣〔四三八〕。故君之功見於選吏，吏之功見於理人，故政不可不慎，而吏不可不選也。

《語》曰：捨己而教人者，逆教也；正己而教人者，順理也。

周生烈曰：天下所以平者，政〔平〕也〔四三九〕；政所以平者，人平也；人所以平者，心平也。

堯舜之人，非生而理；桀紂之人，非生爲亂。然治亂由人，教之失也。

孔子云：入其境，其政（教）可知也〔四四〇〕。若溫柔敦厚，《詩》教也；若流（疏）通知遠〔四四一〕，《書》教也；若廣情（博）易良〔四四二〕，藥（《樂》）教也〔四四三〕；若潔浄（静）精微〔四四四〕，《易》教也；若恭儉莊敬，《禮》教也；若屬辭比事，《春秋》教也。

漢景帝云：彫文刻鏤，傷農事；錦繡纂組，害女功。農事傷，飢之本；女工害，寒之源。飢寒並至，而能爲理者，未之有也。

鄧析曰：夫水濁者，則無掉尾之魚；政令峻察，則下無逸樂之士。

《尸子》曰：夫人君能善於貨者，藏於萬人之室；不善藏者，藏於府庫之內。

《管子》曰：倉廩實，知禮節；衣食足，知榮辱。

孔子爲魯司寇，攝政行政（相）事〔四四五〕，七日而誅少正卿（卯）〔四四六〕，使男女行各別途，斑白不混〔四四七〕，道不捨（拾）遺〔四四八〕，而後興行。

《史記》云：夫理人者，先誘進以仁義，束縛〔以〕刑憲〔四四九〕，所以惣一海之內〔四五〇〕，而整齊萬人。

《文苑》云：董安於立法也，規模深闊；子太叔之爲政，當如烈火。

荀卿云：化人如風之靡草，人之從教若影隨形。

太傅〔司〕〔馬〕〔宣〕〔王〕〔久〕〔病〕〔四五一〕，曹爽攝政，時人語曰：曹爽之勢熱如湯，太傅父子冷如漿。

《玄遊子》曰：夫爲政者，目貴明，耳貴聰，心貴智，形貴正。以衆之目視，則無所不見；以衆之耳聽，則無所不聞；以衆人之智慮〔四五二〕，則無所不知；以正身之理物，則無所不平。政之所行，在順人心；政之所廢，在逆人心。人惡憂勞，我逸樂之；人惡貧賤，我富貴之；人惡危墜，我安存之；人惡滅絕，我生育之。

《說苑》曰：晏子理東阿，三年，景公召而數曰：吾以子爲可矣！而使子理東阿，今子理

而孔（亂）〔四五三〕，子追（退）而自察也〔四五四〕。晏子曰：臣請改節而（易）行〔四五五〕，而理東阿，若三年不理，臣請死。相（於）是經年〔四五六〕，晏子入計，景公迎而賀之曰：政教善矣！晏子曰：昔理東阿也，使囑託不行，貨賂不至，波池之魚，以利貧人。當此之時，人無飢者，而君反以罪臣。自爾之後理東阿也，囑託行，貨賂至，謹事王之左右，波池之魚，並入權豪。今人之飢者太多矣，君反以迎而賀，臣願乞骸骨而還也〔四五七〕。景公慙如（而）止之曰〔四五八〕：寡人〔之〕過也〔四五九〕。

張重者，〔日〕南小吏也〔四六〇〕。帝與語，問爲政之道。答曰：政在正心〔四六一〕，心正則〔身〕正〔四六二〕，〔身〕正則遠近皆正〔四六三〕，〔遠〕〔近〕〔皆〕〔正〕〔四六四〕，則天下太平矣！夫爲政之務，貴在正身，身正於此，而人應於彼。詩云：爾之教矣，人胥教（效）矣〔四六五〕。是以葉公問政於孔子，孔子對曰：子率爲政（正）〔四六六〕，孰敢不正？不能正其身，而正人何？夫爲政者，罷無能，廢無用，捐不給之事〔四六七〕，塞私門之請，政乃成矣。

商（齊）王能用田巴先生爲相〔四六八〕，將問政焉。巴對曰：政在正身，〔正〕〔身〕之本〔四六九〕，在於群臣。群臣正而王正矣，群臣佞而王惑矣。臣被王召，臣政（改）服飾〔四七〇〕，以問臣妾，妾變（愛）臣〔四七一〕、諛臣，皆曰：善。臣恐有嬌（矯）〔四七二〕，以問臣妻，妻語臣曰：臨淄水而觀焉，則善惡分矣！今王商（齊）國之郡（群）臣〔四七三〕，臣恐諛王者亦言王聖者多矣！願臨淄水以察，左右正直之人而任之，則善惡明矣。王曰：善哉〔四七四〕！

夫樹不高則鳥不棲，泉（淵）不深則龍不居〔四七五〕；心不寬則交友不親，心不平則百姓不附。

知爲吏者，奉法以臨人；不知爲吏者，枉法以侵人〔四七六〕。理官莫如平，臨財莫如廉。廉平之德，吏之寶也。

孔子曰：立人之道〔四七七〕，曰仁與義。仁義者，理之本也，政教之基，國以〔之〕存亡〔四七八〕，身以之生死。吾聞其語矣〔四七九〕，未見其人。若人仁於君者，謂之忠；仁於親者，謂之孝；仁於子弟者，謂之慈；仁於百姓者，爲（謂）之惠〔四八〇〕；仁於法令者，謂之政（正）〔四八一〕。

問（閭）丘先生曰〔四八二〕：臣所願者，願大王選良吏，平法度，政無阿，如此臣少得富矣；王出令，使少者敬長者，使長者敬老者，如此，臣少得貴焉。

昔李康侍坐於晉文帝〔四八三〕，時爲（有）三長吏俱之言（官）〔四八四〕，同日辭見，上曰：夫爲官者，當清、當慎、當勤，能行此三者，何患不理乎？受敕而出，上顧康曰：必不得已，三者何先？或人對曰〔四八五〕：清爲本。次復見問，〔康〕對曰〔四八六〕：清慎之道，相須而成，必不得已，慎爲本。夫慎者必清，清者不必有慎；猶人（仁）者必勇〔四八七〕，勇者不必爲（有）仁〔四八八〕。上曰：善哉！

夫爲政者若撥亂〔四八九〕，抑強則先刑，扶弱雖新則先德，安平之則刑德並用。大亂無教，

大治無刑。

《毛詩》云：烹魚煩則爛，治人煩則亂，若烹魚則知治人矣！

《老子》曰：舟非水不行，水入舟則覆；君非人不治，人背君則危，故君子之當政也，不可不勵其身而守其道也。

君子曰：夫荷（苛）政猛於暴虎〔四九〇〕。今若使邪吏行弊政〔四九一〕，用倦令治薄人，故不得而作（化）〔四九二〕。

夫政者猶張琴瑟也，若大弦急則小弦絕矣。《詩》曰：琴瑟不調，改而更張。

夫政者靜也，故足寒實則傷人〔四九三〕，心勞則傷國；理之（人）人（之）本〔四九四〕，在於省事；未有揺其本而靜其末，濁其源而清其流〔者〕〔也〕〔四九五〕。

《尸子》曰：夫立政者有四焉〔四九六〕：士則言相與言於人（仁）義〔四九七〕，工則相與談於伎巧，商則相與談於財利，農則相與論其耕稼〔四九八〕。夫言談論議者，無得越於斯焉。

《說苑》曰：政有三品〔四九九〕，王者之政化之，霸者之政威之，強者之政脅之。凡此三者〔五〇〇〕，化之爲貴矣〔五〇一〕。夫以德化之不變〔五〇二〕，而強（後）威〔之〕〔五〇三〕，強威之不變〔五〇四〕，而後脅之，則休矣。

孝宣皇帝明於君人之道，審爲政之街（術）〔五〇五〕，故嚴刑峻法，破奸邪之膽。君子曰：然非王者之政也。

孫卿子曰：夫一仞之牆，人不能踰；百仞之山，童子昇焉，陵遲故也。今政教陵遲久矣，而人所以踰焉。

哀公問政於孔子，對曰：政之急者，莫大於養（使）人富其（且）壽也〔五〇六〕。哀公曰：爲人（之）奈何〔五〇七〕？孔子曰：省力役，薄賦斂，舉善人而理之，則人富矣；敦禮教，遠罪戾，則人壽矣。

陸賈《新語》曰：夫賢臣良宰之爲政也，混然無事，寂然無聲；官府若無人，亭侯若無事；郡無夜行之卒，鄉無夜召之正（征）〔五〇八〕；耆老甘味於堂，男夫耕私（耘）於野〔五〇九〕。

善政部

童恢爲太守，百姓爲虎所害，及（乃）設檻〔五一〇〕，生獲二虎。恢曰：虎自知食人者低頭〔五一一〕，不食人者舉頭。一虎低頭伏罪，即令人煞之；一虎舉頭號叫吼喚，即令放之。君之德政給於暴虎，蓋亦鮮矣。

任孝恭云：分刑致治，寔奇良能；剖竹臨人，諒兹威德。

孔翊爲洛陽令，庭中置水，以投私書〔五一二〕，糾弼貴戚，無所迴避。

董宣字少平〔五一三〕，爲洛陽令，東京號曰『臥虎』〔五一四〕，亦號強項〔五一五〕。

任延爲武威太守〔五一六〕，帝親戒之曰：善事上官，無失名舉（譽）〔五一七〕。〔延〕〔對〕

曰〔五一八〕：上下雷同，非忠臣之節；善事上官，非陛下之福。

劉寬爲南陽太守，吏人有過〔五一九〕，將蒲鞭罰之，示辱而已。

卓茂爲密縣令，勞心勤懇，視人如子，教化大行，道不拾遺。時天下大蝗，苟（獨）不入密界〔五二〇〕。

裴潛爲兗州刺史〔五二一〕，嘗作胡牀，及去〔五二二〕，留以掛柱。

龔遂爲渤海郡守，敕人曰：諸治田興（器）者爲良人〔五二三〕，治兵興（器）者爲盜賊〔五二四〕。郡人俗愛帶於刀劍者〔五二五〕，使令賣劍，以之買牛〔五二六〕，而佩其犢〔五二七〕，自是吏人殷富〔五二八〕，獄訟寧息耳。

《呂氏春秋》曰：密子賤治單父〔五二九〕，彈琴不下堂，而單父自理〔五三〇〕。

巫馬期憂百姓，每星出星入，而單父亦理。或人問子賤〔五三一〕，子賤曰〔五三二〕：我之理者，任人〔五三三〕；巫馬期理者〔五三四〕，任力。

張翕爲雟郡守，布衣蔬食，儉以化人。我（自）有（乘）二馬之官〔五三五〕，一馬死，一馬病，翕曰：吾將〔步〕還矣〔五三六〕。百姓懷惠，畏而愛之。

時苗爲壽春令，赴任〔五三七〕，薄輂車駕以牸牛〔五三八〕，臥於布被〔五三九〕。居歲餘，牛生一犢。及去，留其犢，謂人曰〔五四〇〕：我來日本無此犢〔五四一〕，犢是淮牛所生也〔五四二〕。郡吏曰：畜不識父，自當隨母。苗不肯將〔五四三〕，竟留此犢而去〔五四四〕。

袁宏爲平（東）陽郡守〔五四五〕，知友相餞〔五四六〕。謝安而（起）執宏手〔五四七〕，並贈一扇。宏應聲答曰：謹當奉揚仁風〔五四八〕，慰彼黎庶。

陳番（蕃）爲豫章太守〔五四九〕，在郡不接賓客，獨止一室，唯徐孺子來〔五五〇〕，特設一榻〔五五一〕，去則縣（懸）之〔五五二〕。

黄霸爲穎川郡守，先以德化人，而後刑罰〔五五三〕。故田者讓畔〔五五四〕，道不拾遺，自漢以來〔五五五〕，治人以霸爲首。

辛（羊）續爲南揚（陽）郡〔太〕守〔五五六〕，妻、子後到，續唯布被弊幃〔五五七〕，畜（蓄）米數升〔五五八〕，謂其妻、子：俸禄若此，難以自資。妻、子辭而歸。

密子賤爲單父宰，其人不忍欺；子産治鄭，其人不忍欺；宋登爲穎川太守，政理清能，市無二價，其人不忍欺。〔故〕謂之三不忍欺〔五五九〕。

楊泉《物〔理〕論》曰〔五六〇〕：使武官宰人，如使狼牧羊也。

王郎爲冀州刺史〔五六一〕，不發私書，不交豪族，號王獨坐。每言曰：有功不賞，有罪不罰，雖唐虞之智猶不能理也〔五六二〕。

《韓子》曰：猛虎所以不伏於犬者〔五六三〕，爪牙也。向虎無爪牙，則虎及（反）伏於犬矣〔五六四〕。立國無道，亦由（猶）是焉〔五六五〕。

《禮記》曰：大道之行天下也，選直簡能，以養萬物。

劉弘爲荊州刺史〔五六六〕，每有調發，皆手自書，百姓咸曰：得公一紙書，直於十部從事〔五六七〕。

子路爲蒲城宰，百姓無事，宇庭可（門）能雀羅〔五六八〕。

劉昆爲弘農太守，先是郡多虎子，行旅被害。昆到，虎皆負子渡河而去。

辛（羊）續爲南楊（陽）太守〔五六九〕，有故吏獻生魚，續不能免逆其意，受而不食，懸之於庭。其後，吏送魚來，續乃呈前所縣（懸）魚〔五七〇〕，吏乃正（止）也〔五七一〕。

魏文侯當（嘗）出遊〔五七二〕，見人反裘而負薪，問之，對曰：吾愛其毛。文侯曰：皮之不存，毛將安附？因謂公卿曰：此人何異東陽上計，而卿等相賀耶？東陽戶口加而田收不增，今計錢帛十倍於常年，無異及（反）裘而負薪之子〔五七三〕，空知愛其毛而不知亡其皮。卿等貪計錢乞利，而不知喪失戶口矣。

字養部

周武（文）王問安人之道〔五七四〕，太公曰：臣聞王國富人，霸國富士，僅〔存〕〔之〕國富丈（大）夫〔五七五〕，亡國富庫，所以養人難理。

《管子》曰：凡爲國〔之〕道〔五七六〕，必先富人，人富則易治，貧則難理也。

臣聞天下太平者先人（仁）義〔五七七〕，理擾攘者先擾（權）謀〔五七八〕。

甘龍對秦孝公〔曰〕〔五七九〕：聖人不易人而教，智者不度（變）法而理〔五八〇〕。因人而教，不勞而功成；緣法而理，吏習而人安。

丈（大）夫足以牧人〔五八一〕，牧人足以奉吏，上下足以奉吏〔五八二〕，上下足以相供，俸祿足以優贍〔五八三〕，禮教興行而不可絕也。今官多祿薄，冬夏無以供衣服，四時無以奉祭祀，賓客無以供斗酒之費〔五八四〕，自非夷吾（齊）〔五八五〕，誰能餓死不竊食百姓者哉！

夫養雞者不畜狸，牧羊者不畜材（豺）〔五八六〕，樹木者憂其蠹〔五八七〕，養人者除其賊〔五八八〕。

宋〔世〕景〔五八九〕，後魏廣平人也。下情視覽，尤精經義，通明法理，善於律令，裁決疑獄，剖判如流。任尚書祠部〔郎〕〔五九〇〕，台中疑事，常以委之。景才優於政術，加之恭勤不怠，兼領數曹，保（深）著聲續（績）〔五九一〕。後遷榮（滎）陽郡守〔五九二〕，終〔日〕坐於廳事〔五九三〕，未嘗寢息。百姓至即見，無早晚之節，來者無不盡其情，皆侵（假）以恩顏〔五九四〕。人問（間）之事〔五九五〕，巨細必察，發奸摘伏，有若神明。

臣聞昔者七十九代之君，法令（制）不一〔五九六〕，號令不同，然而俱王天下，何〔也〕〔五九七〕？必國富而粟多，人則異（易）理也〔五九八〕。

楊震自（字）伯起〔五九九〕，性貞廉，不受私謁。子孫常蔬食步行，故舊勸震令開産業，不肯，震謂竭曰〔六〇〇〕：吾欲使後代稱爲清白吏子孫，以此遺之，不亦厚乎？君何爲以言耶？

郭（郎）基〔六〇一〕，比高人，爲海州刺史，性能清慎，無所營求，常語人曰：任官之處，木枕亦不須作，何況重於此事。

張恂爲常山太守，到任，開建學教（校）〔六〇二〕，獎勸儒術。又清簡不營産業，身死之日，而家無餘財，斂以時服。

張長年爲汝南太守，有郡人兄弟分析，家貧，唯有一牛，争之不決。長年見之，悽然傷感云：汝家唯有一牛，故知（致）此競〔六〇三〕，若有二牛，各應得一。即以家牛賜之。一郡之中，感其德化，咸相誡曰：有守如此，豈可妄爲争訟耶？

杜纂爲漢陽太守，立志清吉（苦）〔六〇四〕，在官以潔白著名。性矜貧愛老〔六〇五〕，每問（聞）人疾苦〔六〇六〕，皆對之泣涕。勸課農桑〔六〇七〕，若勤者賞以疋帛，有墮（惰）者加之以笞撻〔六〇八〕，而問（弔）死予（問）生〔六〇九〕，甚有惠政。

鄧價（攸）爲吴郡守〔六一〇〕，遂負米之官，俸禄一無所受，唯飲吴中水而已。刑政清白，百姓畏愛。

劉寵爲太尉，性清廉，蔬食惡衣，弊車羸馬，立朝正色，有不可犯之客（容）〔六一一〕。三去相位，輒歸本土。不知道上吏人，每下道而去。曾至亭，而寵入亭，亭吏拒之曰：此亭擬待劉公。寵知，遂入。

竇允字子稚〔六一二〕，〔出〕身寒素〔六一三〕，授浩倚璽門長〔六一四〕。勤〔於〕爲政〔六一五〕，每

勸課田蠶，平均賦役。帝謂之曰：夫當官者，能立身修己，則公平之節自然顯著，朕有厚賞，何惜於卿。

路邕任高（齊）州〔東〕〔魏〕〔郡〕太守〔六一六〕，有惠政，蒞職清勤，善綏人俗。時經失稔，百姓飢餓，郡（群）庶嗷嗷〔六一七〕，將就溝谿（壑）〔六一八〕。邕自出粟，以賑給單貧。

公沙穆，後漢人，遷弘農令。界有蝗蟲食禾稼苗，百姓憂懼，穆設壇場，曰：百姓有過，咎在典宰，請罪穆之〔由〕〔六一九〕。遂以身禱。於時玄雲四布，雨下滂霈。

黃霸爲穎川太守，咸稱神明。奸人去入他郡，盜賊日少。霸先行教化而後誅罰，外寬內〔明〕〔六二〇〕，無囚徒，時稱政化爲天下第一。

祝良字邵平，爲洛陽令。時屬亢旱，天子祈雨不得，良乃暴身階庭，告誠引罪〔六二一〕，甘雨即深（降）〔六二二〕。

賈琮爲交沚（趾）太守〔六二三〕，郡多沴（珍）産〔六二四〕，刺史卒（率）皆貪濁〔六二五〕，吏人怨叛。靈帝時，三府舉琮爲刺史，至郡，訊其反狀，咸云賦斂過重，百姓冤苦，人不聊生，故聚爲盜。即日移書告之，並安其資業，選良吏以撫之，應時簡揚而定，人爲〔之〕歌曰〔六二六〕：賈父來晚，使我先反；今見清平，吏不敢飯。

百里嵩爲徐州刺史，郡內遭旱，嵩行步所到處，每甘雨隨車。唯東海兩縣，僻在山間，父老請嵩蹔到，到則二縣皆雨。

孫謙爲錢塘令，理繁以簡，獄無斬之繫。在職不受餉遺，秩滿言歸，百姓追載縑帛以送之，謙辭而不受。雖年老，每強力爲政。是時，郡境多有暴獸，謙至絶跡。乃至旦夜〔六二七〕，獸不害人〔六二八〕。後徵還，高祖數（嘉）其清潔〔六二九〕，每朝見，猶請劇職自效，高祖笑曰：朕使卿智，不使卿力。

清貞部

夫水見底者清，人見微者明；行獨潔者貞，法向理者平。夫居官者，不可以不清明。苟能清，清心則平〔六三〇〕，平則怨不生；苟能明，明則静，静則人自整。

武侯曰：富貴以情（博）施爲德〔六三一〕，貧賤以貞信爲賢。故君子貧則守貞廉，富則務廣施。

胡威父子之當官也，與玉均清，將冰共潔。其平以（似）秤〔六三二〕，其直如弦，半（伴）之以賞罰〔六三三〕，離之以寬猛，士（世）謂人範也〔六三四〕。

宋人得玉，獻諸司城子罕，子罕不受。獻玉者曰：當（嘗）與（以）爾（示）玉人〔六三五〕，〔玉〕〔人〕以之爲寶〔六三六〕，故取獻子罕。子罕曰：我以不貪爲寶，爾以玉爲寶，若以玉與我，皆喪寶也，不若人有其寶。

季（李）恂爲兗州刺史〔六三七〕，清貞無氈，當（常）臥羊皮上〔六三八〕。

第五倫爲會稽太守，所得俸禄，悉私出糶與貧人，身自斫草飼馬。

魏霸爲長史，性清貞，妻、子不到官舍。父兄在家稼穡勤苦，而獨守尊榮。故常服麤疎，而全（令）其身（子）〔六三九〕，射（躬）耕以養母〔六四〇〕，州閭慕其仁化。

《列子》曰：能清能静，能平能整，能聽訟，能納人，能言能採言，能知國俗，故負薪之語，爲廊廟之言也。

又曰：廉士非不愛財，取之必有道；貞夫非不愛色，致之必有義。苟非其道，廉士不取；苟非其義，貞夫不爲。

晉簡文性清謹，未登位爲撫軍時，所坐牀上，塵不聽拂，見鼠行跡，乃示（視）以爲佳〔六四一〕。有參軍見鼠白日而行，以手板枇（批）煞之〔六四二〕，簡文高（意）色不悦〔六四三〕，門下彈之，乃教曰：鼠被枉害，吾尚不忘懷，今復爲鼠而損人，無〔乃〕不可乎〔六四四〕？

范宣以潔行廉約〔六四五〕，韓豫章重其德行〔六四六〕，遺絹百疋，不受；減五十疋〔六四七〕，又不受；如是減半〔六四八〕，遂至一疋，終不受。韓後與范同車行，遂裂二丈與范，范云：乍可體赤露恩，財終不可取，取易而報難。韓竟不能屈其志。

堇（董）盛（威）聲（輦）每得殘破（絹）碎帛〔六四九〕，輒能（結）以爲衣〔六五〇〕，號曰百能（結）〔六五一〕。

荀爽爲三公，食不過一味，飧脱粟飯〔六五二〕，坐羊皮蓐〔六五三〕。

張堪爲蜀郡太守，破公孫術（述）時〔六五四〕，珍寶山積，翫好之物，足富十代，而堪肅然不以介意，毫髮不近。

張奐（奐）字然明〔六五五〕，〔父〕漢陽太守〔六五六〕。羌胡散（敬）其威信〔六五七〕，贈以萬（方）物〔六五八〕，奐（奐）以酒酧（酹）他（地）曰〔六五九〕：使馬如羊，不以入廄；使金銀如粟，不入吾門。

晏平仲相高（齊）〔六六〇〕，租食不重肉〔六六一〕，妾不衣帛。

羊茂爲東郡太守，每當（常）出界買鹽豉〔六六二〕，以（唯）食任所水米而已〔六六三〕。

公正部

《語》曰：非公正不可以理物，非公正不可以理家，非公正不可以奉上〔六六四〕，非公正不可〔以〕事人〔六六五〕。

《語》曰：行至公之道也，故非殃；行姧私之心也，故速亡〔六六六〕。夫淫逸盜竊〔六六七〕，百姓之所惡，我從而刑之〔六六八〕，不〔以〕乘（我）〔爲〕暴者〔六六九〕，公也。死（怨）壙（曠）飢寒〔六七〇〕，遁逃亡返，我之從而惻隱寬宥之〔六七一〕，百姓不以爲偏者，公也。我之所重，百姓所憎；我之所輕，百姓所憐者，公也。

昔孔子與顏淵、子貢更相稱譽，不爲朋黨，公也。禹稷與臯陶轉相汲引，不爲比周，何

則？忠於爲國無邪心也〔六七二〕。

《語》曰：夫理人者使平，致平者以清，致清者以貞〔六七三〕。

《語》曰：不以邪損正〔六七四〕，不以私害公。見善行之，如不及；善舉直行之〔六七五〕，如不遠（逮）〔六七六〕。務有益於國，務有齊（濟）於人〔六七七〕。

故天無私覆，地無私載，日月無私照，四時無私爲。忍所私而行仁義，可爲公矣。

蕭何以（與）曹參每不相能〔六七八〕，及何病患，帝自臨視，因問何曰：萬一卿不諱，望可相者。何對曰：臣聞知臣莫若於君，知子莫若於父，唯陛下裁之。帝曰：朕意在曹參。何頓首曰：帝得之矣！臣死不恨也。朝野聞之曰：公也。夫智而用私，不若愚而用公。人臣之於公者，理官事則不營私家，在公門則不言貨利，當公法則不阿親戚，奉公舉賢則不避仇讎。忠於事君，仁於利下；推之以忠恕，行之以不黨，何即是也。

石奢事楚昭王，爲人公正好義。昭王〔使〕爲大理〔六七九〕，時荀（道）〔有〕煞人者〔六八〇〕，奢卒（率）兵討之〔六八一〕，乃其父也。從（縱）而不誅〔六八二〕，遂自拘相（捆）〔六八三〕，返朝請死。昭王止之曰：安有父罪而子治之乎？奢再拜稽顙曰：不公其君，不忠也；不私其父，非孝也；以罪求生，非廉也。君赦其罪，上之惠也；臣守其法，下之行也。言訖，自刎而死。

魏文侯問於善（狐）卷〔子〕曰〔六八四〕：父子、兄弟、臣道（賢）〔六八五〕，足恃乎？卷對

曰：父實（賢）不過堯〔六八六〕，而舟（丹）朱放〔六八七〕；子實（賢）不過舜〔六八八〕，而瞽叟頑；兄實（賢）不過舜〔六八九〕，而象傲；弟實（賢）不過周公〔六九〇〕，而管蔡誅；臣實（賢）不過湯武〔六九一〕，而桀紂代（伐）〔六九二〕。君之治國，亦從身治（始）〔六九三〕，國法當視，何一一恃乎？

晉文公任李離爲大理，誤法煞人，自拘執請死。文公止之曰：官有貴賤，罪有輕重，下吏之咎，非卿之過也。李離曰：臣受爵禄，不與下吏分之，今誤法煞人，而移罪下吏，非臣之所願也。陛下任臣爲大理，大理之法，〔法〕失則刑〔六九四〕，刑〔失〕則死〔六九五〕。臣今誤法煞人，罪故（固）當死〔六九六〕，雖蒙恩宥，臣不敢奉制。

《慎子》曰：夫投鉤分財，投策分馬，所以爲平者，爲鉤鉤策無情而平也〔六九七〕。故著（著）龜所以公者〔六九八〕，識也；權衡所以公者，正也；書契所以公者，信也；法制禮藉（籍）所以公者〔六九九〕，義也。凡立公平者，自非棄私，故不可也。

夫醜明醜於貌而惠於心，趙一高於才而下於位；羅褒富而無義，原憲貧而有道，其不同也如斯。懸絕興喪，得失咸必由之，天下痛夫比干之剖心〔七〇〇〕，以爲忠貞不可爲，聞安王之亡國，以爲仁義不足恃者，斯其惑〔七〇一〕。

俊爽部

汝南陳仲舉，體氣高列（烈）〔七〇二〕，有王臣之節。

潁川李元禮，公平正直，有社稷之能。

王夷甫處衆人中，如珠玉在瓦石間。又曰：口不言錢，口不談人之短。

《尸子》曰：虎豹未成文，以（已）有食牛之心〔七〇三〕；鴻鵠在卵中，以（已）有陵（凌）雲之勢〔七〇四〕；英雄處大（代）〔七〇五〕，亦伏（復）然也〔七〇六〕。

司馬長〔卿〕曰〔七〇七〕：夫人識惠明達者，見機於未萌；智度深遠者，避危於無刑（形）〔七〇八〕。

〔徐〕〔孺〕〔子〕〔年〕〔九〕〔歲〕〔七〇九〕，〔嘗〕〔月〕〔下〕〔戲〕〔七一〇〕，〔人〕語〔之〕曰〔七一一〕：若今（令）月〔中〕無物〔七一二〕，當應極明。徐孺〔子〕曰〔七一三〕：不然，辟如眼無有童（瞳）子〔七一四〕，〔必〕〔不〕〔明〕〔七一五〕。

〔顧〕〔悅〕〔與〕〔簡〕〔文〕〔同〕〔年〕〔七一六〕，〔而〕〔髮〕〔蚤〕〔白〕〔七一七〕。〔簡〕〔文〕〔曰〕〔七一八〕：〔卿〕髮何以先白〔七一九〕？對曰：蒲柳之姿，望秋先落；松柏之質，凌霜不凋。

王道（導）謂賀修（循）云〔七二〇〕：子珪璋特達，機警鋒峻，體識陵（凌）遠〔七二一〕，

行必以禮，不徒東南之美，遂有海內之珍。

顧愷之曰（目）王夷雨（甫）云〔七二二〕：此侯巖巖秀峙，壁立千仞。

謝莊語袁叔（淑）云〔七二三〕：江東無我，卿當獨步；我君（若）〔無〕〔卿〕〔七二四〕，亦一時之俊桀（傑）〔七二五〕。

夏侯太初當（嘗）倚柱作書〔七二六〕，時暴雨，霹靂破所倚柱，衣服焦然而朽，神色不變，書仍如故，賓客左右皆跌盪側立〔七二七〕，太初書猶不廢，衆皆飲（歎）伏（服）其神異也〔七二八〕。

王爽與司馬太傅飲酒，太傅醉，呼王爲小兒，王曰：予亡祖長史，與簡文皇帝爲布衣之交，亡姑、亡姊伉儷二宫，何小子之有？太傅慙其言。

潘京，武凌（陵）人〔七二九〕，弱冠爲州辟，因謁見向（問）策〔七三〇〕，得不孝名字〔七三一〕，刺史戲京曰：辟士如何不孝耶？京答曰：今爲忠臣，不得爲孝子。

索靜（靖）子名林〔七三二〕，少有逸群之量，而靜（靖）每云〔七三三〕：廊廟之材，非簡杭（札）之用〔七三四〕；周（州）郡之職〔七三五〕，不足以污吾兒。

王右軍羲之年十歲時，錢鳳爲大將軍，甚憐務愛〔七三六〕，恒置帳中眠。大將軍嘗先出不在，右軍未起，須臾錢鳳入，屏人論事，忘卻右軍在帳中，便言逆節之謀。羲之覺，勞問所論，知無活理，乃剔吐污頭面被褥，詐眠。鳳論事半，方憶右軍未起，相與大驚曰：不得不

除之。乃開帳，見義之吐縱橫，信其實眠，相（於）是得全其命〔七三七〕。子（於）時伏（服）〔其〕小而有大智〔七三八〕。

恩義部

《語》曰：積恩不已，天下可使；積恩不倦，以一取萬。

《語》曰：六合之內，八方之外，懷生之物有〔不〕浸潤於澤者〔七三九〕，則君王恥之；士有不談於王道者，則樵夫笑之。

薛（徐）吏部云昔在衡睪（皋）〔七四〇〕，深流（留）夙惠〔七四一〕；仁恩可以懷猛獸，威名可以懼啼兒。

楚惠王食苻菹，菹中見水蛭，爲隱廚人之過，遂吞之，因得心腹之疾。令尹入問王病之由，惠王屏左右，具以得病答之。令尹再拜而賀之曰：臣聞天道無親，惟德是輔。王有愛人之德，天當福助，此疾安不愈？言訖，須臾，王吐出蛭，心裏豁然。君子曰：天高聽遠，報恩甚近。此之謂也。

孔子曰（過）北山〔七四二〕，或見婦人哭於路，聲甚哀。孔子使人問之。婦人對曰：昔年虎食吾父，去年虎食吾夫，今年虎食吾子，是以悲耳。孔子曰：爾何不徙居？婦人對曰：其君清甚政平，其人貞，是以不去。孔子顧爲（謂）弟子曰〔七四三〕：記之，善，荷（苛）政

猛〔七四四〕，猛於虎，豈虚也哉！

夫百姓不安，舜息揁（損）己〔七四五〕；一人飢餓，堯動深人。

王者之貨，藏於萬人之室。

昔周文王使康叔守殷，誡之曰：無殺不辜，寧失有罪；乍可無功而誤賞，不可無罪而悮誅〔七四六〕。

高（齊）宣王時〔七四七〕，有人鬪死〔於〕道〔者〕〔七四八〕，追窮不得，時義高（齊）二子立於路傍〔七四九〕，吏推爲之迫急，兄曰：我煞。弟曰：非兄煞，第（弟）煞身〔七五〇〕。如此朞年，吏不能決。其父先亡，乃召其母問之，欲子誰活？母掩泣對曰：乞煞小者。相曰：末小，人情之所愛，欲煞何也？對曰：大者前妻之子，小者妾之所生，雖痛情惜義，合誅小者。宣王聞之泣下，愍其義，赦二子，並贈母郡君夫人〔七五一〕。

寒之相（於）衣〔七五二〕，不待輕煗（煖）〔七五三〕；飢之相（於）食〔七五四〕，不待甘旨；飢寒至身，不顧廉恥。今情，一日不再食〔則〕〔飢〕〔七五五〕，終歲不製衣則寒。夫腹飢不選食，膚寒不擇衣，飢寒切身〔七五六〕，不顧廉恥〔七五七〕。故茲（慈）母不能養其子〔七五八〕，良君不能養其人，成（誠）可哀哉〔七五九〕！

雋不疑當威而不猛，嚴而不殘。每行縣録囚徒迴遠（還）〔七六〇〕，其母問曰：所活幾人？母聞所活人多則喜；無出，母怒，倚衙累日〔七六一〕，爲之不飡，雋乃叩頭再拜。

桓公入蜀，至三硤（峽）中〔七六二〕，有得猿子者，其母孫（緣）下峰（岸）哀號〔七六三〕，行百餘里不去，遂從岸跳來上船，至便即氣絕。破視其腸，腸皆寸寸斷。恒（桓）公之（聞）聞（之）〔七六四〕怒，決其所得猿子者〔七六五〕，乃趁上岸，不與衣糧步走數百里，以誡其不仁。

閔子騫爲魯司寇，每戮罪人，涕泣而後刑。其後，子騫遇讒被謫，則人者乃匍匐相語，悲哀而憶之。君子曰：夫仁於刑者，其義情（博）〔七六六〕；慈於煞者，其惠深遠。

智信部

《史記》曰：樗里子骨（滑）稽多智〔七六七〕，秦人號爲智囊。

劉德少修黄公術，有智略，武高（帝）謂之千里駒〔七六八〕。

石季倫少小而多意一智〔七六九〕，敏敏捷有計略〔七七〇〕。

《諸葛亮集》曰：曹操智計，殊絕於人，憶奇出異，亮每伏（服）之〔七七一〕。

夫上好智而無道，則天下大亂矣。夫弓矢弋激（繳）之智多〔七七二〕，即（則）鳥亂於上矣〔七七三〕；鈎餌綱罟之智多，則魚亂於水矣；羅絡置罦之智多，則獸亂於郊矣；故攻之者逾密，而避之者逾巧，是則古人貴樸而不重其智。

《寧武子》〔曰〕〔七七四〕：邦有道則智，邦無道則愚。

《周書》曰：夫智與衆同者，非人師。

《商〔君〕書》曰〔七七五〕：愚者闇於成事，智者見於未萌。

漢光武時，來君叔當（常）使乎三（二）國之間〔七七六〕，天下稱其人爲信。

《呂氏春秋》曰：信之不爲功大矣哉〔七七七〕！天行不信，則不能成歲；地行不信，則草木不大。春之德風，之（風）不信〔七七八〕，則其花不成；夏之德暑〔七七九〕，暑不信，則其物不長；秋之德雨〔七八〇〕，雨不信，則穀不堅；冬之德寒，寒不信，則其地不剛。夫以天地四時之化，不信猶不成物，况於人乎？故君臣不信，則國政不安；父子不信，則家道不睦；兄弟不信，則其情不親；朋友不信，則其交必絶。夫可以爲始事與之終者，其惟信乎！

《傅子》曰：故爲臣不信，不足以奉君；爲子不信，不足以事親。故臣以忠（信）信（忠）其君〔七八一〕，則君臣之道逾睦；子以信孝其父，則父〔子〕之情益隆〔七八二〕。

夫以誠信爲本者，謂之君子；以詐僞爲本者，謂之小人。君子雖損，善名不滅；小人雖貴，惡名不除。

陳平以智有餘而見疑，周勃以樸忠取信。古語曰：巧詐不如拙誠。此之謂也。

孔子曰：好學者智，自用者愚。

《論》曰：信心不如避嫌，求福不如避禍，信之功大哉（矣）矣（哉）〔七八三〕！

立身部

夫人〔不〕立身〔七八四〕，而縱有他能，若忠孝不終，其由（猶）〔玉〕屑盈車〔七八五〕，終無益也。

公沙家《文軌》曰：居家之身（方）〔七八六〕，惟儉與約；立身之道，唯學與謙。

袁子《子問》曰：小人有自愛之道。身貧賤，欲人之接〔己〕也〔七八七〕；富貴，棄己之接人。

又曰：人有三難，亦有三至：從貧至富難，從賤至貴難，不驕不奢難。

又曰：正事（士）重道而輕祿〔七八八〕，俗人重祿而輕道；正事（士）直而有義〔七八九〕，俗人貪而無恥。

司馬子身（長）曰〔七九〇〕：修身者，智之府也；愛施者，仁之端也；恭慎者，義之府也；清貞者，行之極也。士有此四者，然後可於物也。

武侯曰：凡人處貧賤之地，不能屈節以求申，則不足論道也。

馬伏波曰：聞人之過，如聞父母之名，耳可聽聞，而口不得道。

諸葛亮曰：夫上等人修心，中等人修身，下等人修服。夫修服者爲於人，修身者爲其體，修心者求其真也。

華嶠曰：堇（董）安於性緩而佩弦〔七九一〕，西門豹性急而佩韋，所以懲戒其短。

《語》曰：非所言勿言，以避其患；非所爲勿爲，以避其危；非語而行，雖勞不至其義。君子廉潔以全其真，守清以保其身，財多不如義深，位高不如德尊矣。

孔子曰：君子之行也，期於必達，可以屈則屈，可以申則申。故屈節者，冀以待用也；求申者，所以及時也，屈而不毁其節，雖申而不逾於義。

子曰：非先王之法服不敢服，非先王之德行不敢行，非先王之法，言不敢道。是故非法不言，非道不行，口無擇言，身無擇行。言滿天下無口過，行滿天下無怨惡。

夫道高者安，勢高者危。

夫學不勤則不知道，耕不勞則不得穀。笞不廢於家，刑不損（捐）於國也〔七九二〕。

夫居高尊之位，欲喜怒不形於色，得失不易其心。昔顧雍封侯之日，而家人不知〔七九三〕，前史稱其弘亮。

謝安爲相，其〔兄〕子玄爲元帥〔七九四〕，領四方之衆，平苻堅百萬之師，安心悦而外人不知，妻子之前竟□

《曾子》曰〔七九五〕：夫狎甚則人不懼，莊甚則人不親，是故君□

（後缺）

說明

此件首尾均缺，起『有人評論朝政』，訖『莊甚則人不親，是故君』，中題『勵忠節鈔卷第二』。卷背抄有二月八日文、安傘文、患難月文、維摩押座文、印沙佛文、燃燈文、慶揚文、讚功德文等及《雲謡集雜曲子》三十首。

《勵忠節鈔》是鈔録古代忠臣節士之言論和行事的相關文字，並加以分類編排之類書。《宋史・藝文志六・子部類書類》有『勵忠節四卷，魏玄成撰』；『勵忠節鈔十卷，王伯璵撰』。據此，研究者認爲此件即爲王伯璵編纂的十卷本《勵忠節鈔》。關於《勵忠節鈔》的成書年代，方南生認爲在唐太宗至高宗時期（方南生《敦煌本類書〈勵忠節鈔〉殘卷考》，載《文獻》一九九四年一期），屈直敏認爲在武周時期（屈直敏《敦煌本類書〈勵忠節鈔〉研究》，民族出版社，二〇〇七年版），王三慶認爲在開元天寶年間（王三慶《敦煌本〈勵忠節鈔〉研究》，《九州學刊》一九九二年四期）。

此件存卷一『忠臣部』最後一則之『有人評論朝政，未嘗言人主』至卷二『立身部』之『曾子曰：夫狎甚則人不懼，莊甚則人不親。是故君』，存忠臣、道德、恃德、德行、賢行、言行、親賢、任賢、簡賢、薦賢（以上爲卷第一）、將帥、安國、政教、善政、字養、清貞、公正、俊爽、恩義、智信、立身（以上爲卷第二）等二十一部。

此卷有界欄，分欄書寫，書法雋秀，但中間每有塗抹，內容亦每有脫、誤。在脫、誤和塗抹處，多有修改文字，修改文字或寫於行間，或寫於該行天頭地脚，說明此件在鈔寫後經過校勘。此件卷一與卷二筆體明顯不同，知非一人所鈔。爲避唐諱，此件改『世』爲『代』，改『民』爲『人』，改『治』爲『理』，王

三慶據卷中書法筆跡及避諱情況，推斷此件鈔寫於中晚唐時期（王三慶《敦煌類書》二二至二八頁），依據此卷背面鈔寫的內容，其鈔寫時代的下限應該是公元七八六年（參看同號卷背『二月八日文』之說明）。

除此件外，敦煌文獻中尚有斯五六七三、斯一八一〇、斯五六一五、伯二五四九背、伯二七一一、伯二九八〇背、伯三六五七、伯三八七一背、伯四〇二六、伯四〇五九、伯五〇三三、Дх.一〇二八九背和Дх.一〇八三八背等號亦爲《勵忠節鈔》，共十四個卷號，可見此部類書當時曾經頗爲盛行。其中斯五六七三可以和此件綴合，Дх.一〇六九八背＋伯三八七一背＋伯二九八〇背＋伯二五四九背亦可綴合。斯一八一〇首尾均缺，起卷一序文之『若能師識前』，訖德行部『夫言者不必有德，有德者不必』，存序文兩行及卷一之忠臣部、道德部、恃德部及德行部三則。斯五六一五首尾均缺，起『德行部』之『時，定律令則趙禹、張湯』，訖同部之『擁雲以上騰，負青霄以高引。薛吏部云』。伯二七一一首尾均缺，起『戒慎部』之『則有憍，憍則有禍』，訖『家誡部』之『顔延之《庭誥》曰：夫火含煙而煙妨，桂懷蠹而蠹殘柱』。伯三六五七首尾均缺，起『恃德部』之『君子恥之，有其言而無』，訖『薦賢部』之『故得以禮進退，明』，存恃德部、德行部、賢行部、言行部、親賢部、任賢部、簡賢部和薦賢部的相關內容。伯四〇二六首尾均缺，起『諫諍部』之『義，上無許史之屬，下無』，訖同部『蓋傷恾（茫）禹跡，毁於一朝』；伯四〇五九由三個殘片組成，殘片一起『孔翊爲洛陽令，庭中置水以投』，訖『郡多虎子，行旅』。殘片二起『清貞部』之『簡文高色不悦，門下彈之，乃教』，訖『公正部』之『蕭何與曹參不相能，及何患病』。殘片三起『智信部』之『不如拙誠，此之謂也』，訖『立身部』之『欲人之接也，富貴棄己之接』；伯五〇三三首尾均缺，起『諫諍部』之『信既盡，解網之仁已末，徒以繼體所及，守』，訖『陰德部』之『江中，後實十餘年，鎮守葉』。存諍諫部、梗直部、刑法部、品藻部、交友部、言志部、嘲謔部及陰德部等目。Дх.一〇六九八

背＋Дx. 一〇八三八背＋伯三八七一背＋伯二九八〇背＋伯二五四九背共五個殘片，其中Дx. 一〇六九八背起『孝行部』之『語康曰』，訖『以孝悌廉正聞』。Дx. 一〇八三八背起『孝行部』之『於上，跪拜讀之』，訖『康伯母聞之輸輟』。伯三八七一背＋伯二九八〇背＋伯二五四九背起『孝行部』之『悲不自勝』，訖『貞烈部』之『染室女曰：吾豈爲不嫁之故而悲哉！』存孝行部、人物部、志節部和貞烈部。

以上釋文是以斯一四四一＋斯五六七三爲底本，用與此件有校勘價值的斯一八一〇（稱其爲甲本）、斯五六一五（稱其爲乙本）、伯三六五七（稱其爲丙本）和伯四〇五九（稱其爲丁本）參校。

校記

〔一〕『袁山松曰』，據甲本補。
〔二〕『之非』，據甲本補。
〔三〕『書數十上而外人不知』，據甲本補。
〔四〕『私理謁』，據甲本補。
〔五〕『道德部』，據甲本補。
〔六〕『夫以道德馭人』，據甲本補。
〔七〕『故可大可』，據甲本補。
〔八〕『而福祚短促』，據甲本補。
〔九〕『行道』，據甲本補。

〔一〇〕『刑』，當作『形』，據甲本改，『刑』通『形』。

〔一一〕『人』，甲本無，《敦煌寫本類書〈勵忠節鈔〉研究》認爲此字爲衍文，應删。

〔一二〕『即』，甲本作『則』。

〔一三〕『者』，甲本作『有』。

〔一四〕『直』，《敦煌寫本類書〈勵忠節鈔〉研究》認爲據相關典籍當校改作『故』。

〔一五〕『淮』及『河』字之大半保存在斯五七六三號。

〔一六〕『餘』，當作『移』，據甲本改，《敦煌寫本類書〈勵忠節鈔〉研究》認爲據相關典籍當校改作『易』。

〔一七〕『宜爲軒輔』，保存在斯五七六三號。

〔一八〕『傅説』，保存在斯五七六三號。

〔一九〕『致』，甲本作『至』，『至』爲『致』之借字。

〔二〇〕『木』，甲本脱。

〔二一〕『欲養身者先以道』，保存在斯五七六三號。

〔二二〕『止焉』，保存在斯五七六三號。

〔二三〕『人得其道』，保存在斯五七六三號。

〔二四〕『萬事』，保存在斯五七六三號。

〔二五〕『百事得其道萬事通焉』，甲本同，《敦煌寫本類書〈勵忠節鈔〉研究》認爲此句爲衍文，當删，可以信從。

〔二六〕『萬事得其本則生』，保存在斯五七六三號，甲本無此句，《敦煌寫本類書〈勵忠節鈔〉研究》認爲此句爲衍文，當

删，可以信從。

〔二七〕『百事得其道』，甲本脱。

〔二八〕『曰』，保存在斯五七六三號。

〔二九〕『居家何以得其樂』，保存在斯五七六三號。

〔三〇〕『蒼』，保存在斯五七六三號。

〔三一〕『莫過於周孔』，保存在斯五七六三號。

〔三二〕『道莫過』，保存在斯五七六三號。

〔三三〕『財穀米之於家』，保存在斯五七六三號。

〔三四〕『多』，保存在斯五七六三號；『之』，甲本作『人』。

〔三五〕『之』，甲本作『人』。

〔三六〕『道』，當作『有』，據甲本改。

〔三七〕『使道之可獻』，保存在斯五七六三號。

〔三八〕『則』，保存在斯五七六三號。

〔三九〕『使』，甲本作『所』，疑『所』爲『使』之借字。

〔四〇〕『若使道之』，保存在斯五七六三號；『使』，甲本作『所』，疑『所』爲『使』之借字；『共』，甲本同，當作『告』，《敦煌寫本類書〈勵忠節鈔〉研究》據相關典籍校改；『失』，甲本無，當作『人』，《敦煌寫本類書〈勵忠節鈔〉研究》據相關典籍校改。

〔四一〕「識」，當作「告」，《敦煌寫本類書〈勵忠節鈔〉研究》據相關典籍校改。
〔四二〕「使」，甲本作「所」，疑「所」爲「使」之借字。
〔四三〕「與其子孙」，保存在斯五七六三號。
〔四四〕「已」，甲本無，《敦煌寫本類書〈勵忠節鈔〉研究》認爲此字爲衍文，當删，可以信從。
〔四五〕「形」，甲本作「刑」，「刑」通「形」。
〔四六〕「也」，據甲本補。
〔四七〕「故」，當作「古」，據甲本改。
〔四八〕「道」，甲本同，《敦煌寫本類書〈勵忠節鈔〉研究》認爲當校改作「通」。
〔四九〕底本第二個「道」字，甲本同，當作「通」，《敦煌類書》據今本《庄子》改。
〔五〇〕「非」，甲本作「罪」，誤。
〔五一〕「無」，甲本作「元」。
〔五二〕「可」，《敦煌寫本類書〈勵忠節鈔〉研究》據相關典籍校補。
〔五三〕「形」，甲本作「刑」，「刑」通「形」。
〔五四〕「以」，甲本無。
〔五五〕「知正」，甲本作「之政」，「之政」爲「知正」之借字。
〔五六〕「正」，甲本作「政」，「政」爲「正」之借字；「德」，《敦煌寫本類書〈勵忠節鈔〉研究》據文義校補。
〔五七〕「道」，甲本脱。

〔五八〕「列」，《敦煌寫本類書〈勵忠節鈔〉研究》認爲當校作「孔」，似嫌證據不足。
〔五九〕「不」，據甲、丙本補。
〔六〇〕「德」，甲本同，丙本作「得」，「得」爲「德」之借字。
〔六一〕「城」，甲本作「成」，「成」爲「城」之借字。
〔六二〕「人」，當作「仁」，據甲本改，「人」爲「仁」之借字。
〔六三〕「胄」，甲本作「曹」，誤。
〔六四〕「仁」，甲本作「人」，「人」爲「仁」之借字。
〔六五〕「惠」，甲、丙本無；「曰」，據甲、丙本補。
〔六六〕「滋」，甲本同，丙本作「兹」；「滋畜」，《敦煌寫本類書〈勵忠節鈔〉研究》認爲當校作「之富」。
〔六七〕「至」，甲本無，據文義爲衍文，當刪。
〔六八〕「禮何」，甲本作「何禮」，誤。
〔六九〕「敬」，甲本作「敦」。
〔七〇〕「於」，據甲本補。
〔七一〕「大」，《敦煌寫本類書〈勵忠節鈔〉研究》據相關典籍校補。
〔七二〕「林」，甲本同，當作「析」，《敦煌類書》據相關典籍校改。
〔七三〕「勸」，當作「歡」，據甲本改。
〔七四〕「俯」，甲、丙本作「府」，「府」爲「俯」之借字。

〔七五〕「共」，甲、丙本同，當讀作「拱」。
〔七六〕「有」，當作「又」，據文義及甲、丙本改，「有」疑爲「又」之借字。
〔七七〕「曾參」，當作「魯恭」，據甲、丙本改。
〔七八〕「德」，丙本作「得」，「得」爲「德」之借字。
〔七九〕甲本至此句止。
〔八〇〕「黄」，當作「廣」，《敦煌類書》據相關典籍校改。
〔八一〕「嶠」，當作「矯」，據丙本改。
〔八二〕「開」，丙本同，當作「閨」，《敦煌類書》據相關典籍校改；「應」，當作「雍」，據丙本改；「目」，當作「穆」，《敦煌類書》據文義校改，「目」爲「穆」之借字。
〔八三〕「吾敬」，《敦煌類書》據文義及相關典籍校補；「莘」，《敦煌寫本類書〈勵忠節鈔〉研究》釋作「莘」，當作「華」，《敦煌寫本類書〈勵忠節鈔〉研究》據相關典籍校改。
〔八四〕「職」，當作「識」，據文義及丙本改。
〔八五〕「父」，當作「文」，《敦煌寫本類書〈勵忠節鈔〉研究》據相關典籍校改。
〔八六〕「潘尼」，《敦煌類書》、《敦煌寫本類書〈勵忠節鈔〉研究》據相關典籍校補。
〔八七〕「正」，丙本作「政」。
〔八八〕「存正」，丙本無。
〔八九〕「立」字衍，據文義當删。

〔九〇〕『伎』，當作『技』，時『伎』通『技』。
〔九一〕『悲』，丙本作『悲傷』。
〔九二〕『未笑而和』，《敦煌類書》據《莊子》本文補。
〔九三〕『真在內者』，《敦煌類書》據《莊子》本文補。
〔九四〕『神動於外』，《敦煌類書》據《莊子》本文補。
〔九五〕『是所以貴真也』，《敦煌類書》據《莊子》本文補。
〔九六〕『其用於人理也』，《敦煌類書》據《莊子》本文補。
〔九七〕『事親』，《敦煌類書》據《莊子》本文補。
〔九八〕『則』，丙本作『即』。
〔九九〕『資』，當作『處』，《敦煌類書》據相關典籍校改。
〔一〇〇〕『不』，據文義及丙本補。
〔一〇一〕『猶』，據文義及丙本補。
〔一〇二〕『學未及』，丙本作『及學』，有脱誤。
〔一〇三〕『曾』，丙本作『嘗』。
〔一〇四〕『也』，《敦煌寫本類書〈勵忠節鈔〉研究》據相關典籍校補。
〔一〇五〕『元』，丙本同，當作『文』，《敦煌類書》據相關典籍校改。
〔一〇六〕『伎』，當作『技』，時『伎』通『技』。

〔一〇七〕「己」，丙本作「以」，誤。
〔一〇八〕「之」，丙本亦脱，《敦煌類書》據相關典籍及文義校補。
〔一〇九〕「光」，丙本同，當作「孝」，《敦煌類書》據相關典籍校改；「代」，當作「世」，是在摘編時避唐太宗諱所改。
〔一一〇〕「倪」，丙本同，當作「兒」，《敦煌寫本類書〈勵忠節鈔〉研究》據《漢書》相關記載校改。
〔一一一〕「石建」，丙本作「建達」，誤。
〔一一二〕「禹」，丙本同，乙本在此字處留一空格。
〔一一三〕「章」，丙本同，乙本作「漳」，「漳」爲「章」之借字。
〔一一四〕「骨」，乙、丙本同，當作「滑」，《敦煌類書》據相關典籍校改。
〔一一五〕「牧」，乙、丙本同，當作「枚」，《敦煌類書》據相關典籍校改。
〔一一六〕「則」，乙、丙本脱。
〔一一七〕「則」，乙、丙本脱。
〔一一八〕「師」，乙本同，丙本作「使」，當作「帥」，《敦煌類書》據文義及相關典籍校改；「青」，丙本同，乙本作「責」，誤。
〔一一九〕「也」，當作「己」，據乙、丙本改；「己」，當作「也」，據乙、丙本改。
〔一二〇〕「仁」，乙本同，丙本作「人」，「人」爲「仁」之借字。《敦煌寫本類書〈勵忠節鈔〉研究》認爲此句之第二個「人」字爲衍文，當删。
〔一二一〕「水」，乙、丙本同，當作「淵」，《敦煌寫本類書〈勵忠節鈔〉研究》指出此字係避唐李淵諱而改。

〔一二二〕「飯」，丙本同，乙本脫。

〔一二三〕「也」，《敦煌寫本類書〈勵忠節鈔〉研究》據相關典籍校補。

〔一二四〕「財散則人聚」，丙本同，乙本作「則人散則人聚財散」，誤。

〔一二五〕「曰」，丙本同，乙本作「云」。

〔一二六〕「凌」，當作「陵」，據乙、丙本改，「凌」爲「陵」之借字。

〔一二七〕「凌」，乙、丙本作「陵」，當作「援」，《敦煌寫本類書〈勵忠節鈔〉研究》據相關典籍校改；「格」，乙、丙本無，據文義爲衍文，應刪。

〔一二八〕「反」，乙本同，丙本作「返」，均可通。

〔一二九〕「於」，乙本同，丙本脫。

〔一三〇〕「期」，乙本同，丙本脫。

〔一三一〕「佐」，乙本同，丙本作「佑」，誤。

〔一三二〕「天」，乙本同，丙本脫。

〔一三三〕「間」，乙本同，丙本作「簡」，誤。

〔一三四〕「滅」，丙本同，當作「威」，據文義及乙本改。

〔一三五〕「魯」，乙、丙本作「曾」，誤。

〔一三六〕「德」，乙本同，丙本作「得」，「得」爲「德」之借字。

〔一三七〕「階」，乙本同，丙本作「陛」，誤。

〔一三八〕『把』，《敦煌寫本類書〈勵忠節鈔〉研究》釋作『杷』，按底本作『杷』，丙本作『把』，敦煌寫本中『木』旁和『扌』旁常相混淆，此字據文義當釋作『把』；『把路』，丙本同，乙本無。

〔一三九〕『庚』，乙本同，甲本作『庚』，誤；『信』，乙本同，甲本作『辛』，疑『辛』爲『信』之借字。

〔一四〇〕『昭』，乙、丙本作『照』，均可通。

〔一四一〕『騰』，乙本同，丙本作『吟』。

〔一四二〕『書』，乙本同，丙本作『建』，誤。

〔一四三〕『天』，乙、丙本脱。

〔一四四〕『梁』，丙本同，乙本脱。

〔一四五〕『高』，丙本同，乙本脱。

〔一四六〕『弦』，丙本同，乙本作『絃』，均可通。

〔一四七〕第二個『同』字乙本脱。

〔一四八〕『而』，乙本同，丙本作『之』，誤。

〔一四九〕『云』，乙本同，丙本脱。

〔一五〇〕『里』，丙本同，乙本作『重』。

〔一五一〕『去』，乙本同，當作『玄』，據文義及丙本改。

〔一五二〕『霄』，乙本同，丙本作『雲』。

〔一五三〕『薛吏部』，丙本同，乙本至此句止。

〔一五四〕「雨」，丙本作「雲」，誤。
〔一五五〕「廊」，丙本作「廓」，誤。
〔一五六〕「幄」，丙本作「握」，「握」當爲「幄」之借字。
〔一五七〕「絃」，丙本作「弦」，均可通。
〔一五八〕「彼」，當作「被」，據文義及丙本改。
〔一五九〕「正」，丙本作「政」，「政」爲「正」之借字。
〔一六〇〕「建」，當作「違」，據文義及丙本改；「谿」，當作「壑」，據文義及丙本改。
〔一六一〕「著」，當作「若」，據文義及丙本改。
〔一六二〕「仁」，丙本作「人」，「人」爲「仁」之借字。
〔一六三〕「渚」，當作「緒」，據文義及丙本改。
〔一六四〕「太」，丙本脱。《敦煌寫本類書〈勵忠節鈔〉研究》據相關典籍認爲「中郡太守」當作「治中、别駕」。
〔一六五〕「私」，底本先寫作「曾」，又改作「私」，丙本作「曾」，《敦煌寫本類書〈勵忠節鈔〉研究》據相關典籍認爲「曾」爲「閭」之誤，按「私」字亦可通，可不校改；「屋」，《敦煌寫本類書〈勵忠節鈔〉研究》認爲係衍文，當删。
〔一六六〕「嘗」，當作「常」，據文義及丙本改，「嘗」應爲「常」之借字。
〔一六七〕「忠」，丙本同，當作「患」，《敦煌寫本類書〈勵忠節鈔〉研究》據相關典籍校改。
〔一六八〕「而後知其異也」，《敦煌類書》漏録。

〔一六九〕『之』，丙本脱。此句《敦煌類書》漏録。
〔一七〇〕『鉞』，丙本作『越』，誤。
〔一七一〕『弘』，當作『恒』，《敦煌寫本類書〈勵忠節鈔〉研究》據相關典籍校改。
〔一七二〕『可』，丙本同，當作『耳』，《敦煌類書》、《敦煌寫本類書〈勵忠節鈔〉研究》據文義校改。
〔一七三〕『以』，丙本亦脱，《敦煌類書》、《敦煌寫本類書〈勵忠節鈔〉研究》據相關典籍校補；『枨』，當作『報』，《敦煌寫本類書〈勵忠節鈔〉研究》據相關典籍校改，《敦煌類書》逕釋作『報』。
〔一七四〕『怨』，丙本同，《敦煌類書》、《敦煌寫本類書〈勵忠節鈔〉研究》均以爲係衍文，當删，從之。
〔一七五〕『善』，當作『直』，據丙本改。
〔一七六〕『以』，丙本同，當作『已』，《敦煌類書》據文義校改，疑『以』爲『已』之借字。
〔一七七〕《敦煌寫本類書〈勵忠節鈔〉研究》以爲第一個『不』字係衍文，當删，近是。
〔一七八〕『徒』，丙本無，當作『徙』，《敦煌類書》、《敦煌寫本類書〈勵忠節鈔〉研究》據文義校改。
〔一七九〕『改』，丙本同，當作『故』，據文義改。
〔一八〇〕『之』，丙本無，係衍文，當删。
〔一八一〕『人』，丙本同，當作『仁』，據文義改；『所不能』，丙本無，係衍文，當删。
〔一八二〕『守』，丙本同，《敦煌類書》釋作『守一』，誤。
〔一八三〕『割』，丙本同，《敦煌類書》釋作『割一』，誤。
〔一八四〕『能』，據文義及丙本補；『棄』，丙本同，《敦煌類書》釋作『棄一』，誤。

〔一八五〕『除』，丙本同，《敦煌類書》釋作『除一』，誤。
〔一八六〕『問』，當作『聞』，據文義及丙本改。
〔一八七〕『與』，丙本無；『等』，據丙本補。
〔一八八〕『衍』，丙本作『行』，誤。
〔一八九〕『育』字疑爲衍文，當刪，此句疑指『東阿王』曹植。
〔一九〇〕『簟』，當作『簞』，據文義及丙本改。
〔一九一〕『昔漢』之後丙本有『時有一』三字，底本原亦有此三字，已塗去。
〔一九二〕『長』，丙本脫。
〔一九三〕『愁』，當作『嵇』；『數』，當作『散』，據嵇中散《與呂長悌絕交書》改。
〔一九四〕『到』，當作『劉』，據文義及丙本改。
〔一九五〕『曰』，《敦煌類書》、《敦煌寫本類書〈勵忠節鈔〉研究》據文義校補。
〔一九六〕『古』，丙本同，當作『故』，《敦煌寫本類書〈勵忠節鈔〉研究》據文義校改。
〔一九七〕『由』，丙本同，當作『猶』，《敦煌類書》、《敦煌寫本類書〈勵忠節鈔〉研究》據文義校改。
〔一九八〕『頭』，丙本作『顔』，誤。
〔一九九〕『肯』，丙本作『可』，誤。
〔二〇〇〕『吴』，《敦煌類書》、《敦煌寫本類書〈勵忠節鈔〉研究》據相關典籍校補。
〔二〇一〕『言』，丙本脫，當作『真』，《敦煌類書》、《敦煌寫本類書〈勵忠節鈔〉研究》據相關典籍校改；『曰』，丙本

作「云」。

〔二〇二〕「得」，丙本作「德」，「德」爲「得」之借字。

〔二〇三〕「昇」，丙本同，當作「身」，《敦煌類書》、《敦煌寫本類書〈勵忠節鈔〉研究》據相關典籍校改；「見」，丙本亦脱，《敦煌類書》、《敦煌寫本類書〈勵忠節鈔〉研究》據相關典籍校補。

〔二〇四〕「而名」，據文義及丙本補。

〔二〇五〕「之」，丙本作「人之」，衍一「人」字。

〔二〇六〕「志」，丙本作「至」，「至」爲「志」之借字。

〔二〇七〕「名」，底本先寫作「人」，又改作「名」，丙本作「人」，當作「仁」，《敦煌類書》、《敦煌寫本類書〈勵忠節鈔〉研究》據相關典籍校改。

〔二〇八〕「人」，丙本同，當作「仁」，《敦煌寫本類書〈勵忠節鈔〉研究》據相關典籍校改，「人」爲「仁」之借字。

〔二〇九〕「物」，《敦煌類書》、《敦煌寫本類書〈勵忠節鈔〉研究》據相關典籍校補。

〔二一〇〕「宦」，丙本作「官」。

〔二一一〕「舉」，丙本作「誉」。

〔二一二〕「才」，丙本作「財」，誤，疑「財」爲「才」之借字；「身」，丙本作「自」。

〔二一三〕「疾」，丙本作「自疾」。

〔二一四〕「莘」，丙本同，當作「華」，據文義改，《敦煌類書》、《敦煌寫本類書〈勵忠節鈔〉研究》逕釋作「華」。

〔二一五〕「隆」，丙本作「春」。

〔二二六〕「不」，據文義及丙本補。

〔二二七〕「或」，丙本作「成」，誤。

〔二二八〕「朱」，當作「袁」，據丙本改。

〔二二九〕「歡」，丙本作「徵」，《敦煌類書》校改作「懲」，《敦煌寫本類書〈勵忠節鈔〉研究》據相關典籍校改作「威」，此從之。

〔二三〇〕「後」，當作「復」，據文義及丙本改。

〔二三一〕「坟」，當作「故」，據丙本改。

〔二三二〕「行」，丙本同，當作「言」，《敦煌類書》、《敦煌寫本類書〈勵忠節鈔〉研究》據相關典籍校改。

〔二三三〕「叔」，《敦煌類書》、《敦煌寫本類書〈勵忠節鈔〉研究》據相關典籍校補。

〔二三四〕「猶」，丙本作「由」，「由」爲「猶」之借字。

〔二三五〕「弟」，當作「第」，據丙本改，時「弟」、「第」通。

〔二三六〕「薪」，當作「薛」，據丙本改；「包」，丙本作「苞」。

〔二三七〕「以」，丙本作「以爲」，衍一「爲」字。

〔二三八〕「哲」，底本先寫作「悊」，又在天頭改做「哲」，丙本作「悊」，按「悊」爲「哲」之古字，均可通。

〔二三九〕第一個「曰」字衍，據文義及丙本當刪；「士」，丙本同，《敦煌類書》、《敦煌寫本類書〈勵忠節鈔〉研究》認爲該字衍，當刪。

〔二四〇〕「叔」，《敦煌寫本類書〈勵忠節鈔〉研究》據相關典籍校補。

〔二三一〕「如何」，丙本作「何如」，丙本更符合當時的語言習慣。
〔二三二〕「不」，丙本作「誰」。
〔二三三〕「不」，丙本作「誰」。
〔二三四〕「枚」，丙本作「牧」，誤。
〔二三五〕「踈」，丙本同，「踈」字之譌，「踈」爲「疏」之異體；「不」，當作「必」，據文義及丙本改。
〔二三六〕「踈」，丙本同，「踈」字之譌，「踈」爲「疏」之異體。
〔二三七〕「詳」，丙本作「祥」，「祥」爲「詳」之借字。
〔二三八〕「法」，當作「往」，據文義及丙本改。
〔二三九〕「譽」，丙本作「舉」。
〔二四〇〕「庾」，丙本作「庚」，誤，《敦煌類書》校改作「瘦」，亦誤。
〔二四一〕「之」，丙本作「人」，誤。
〔二四二〕「擬」，當作「疑」，據文義及丙本改。
〔二四三〕「當」，丙本同，當作「嘗」，《敦煌寫本類書〈勵忠節鈔〉研究》據文義校改。
〔二四四〕「鄉」，當作「響」，據文義及丙本改，「鄉」爲「響」之借字。
〔二四五〕「爲」，當作「有」，據丙本改。
〔二四六〕「唯」，丙本作「惟」，均可通。
〔二四七〕「子」，據丙本補。

〔二四八〕「相」，丙本作「於」。
〔二四九〕「相」，丙本作「於」。
〔二五〇〕「象」，丙本作「景純」。
〔二五一〕「修」，當作「終」，據丙本改；「路」字係衍文，當刪。
〔二五二〕「答」，丙本作「對」。
〔二五三〕「未」，丙本作「非」；「莘」，丙本同，當作「華」，《敦煌類書》據文義校改，《敦煌寫本類書〈勵忠節鈔〉研究》逕釋作「華」。
〔二五四〕「父」，丙本作「人」。
〔二五五〕「大」，丙本作「乃」。
〔二五六〕「曰」，《敦煌類書》據文義校補。
〔二五七〕「人」，丙本脱。
〔二五八〕「縱」，丙本作「蹤」，誤。
〔二五九〕「善」，丙本作「人善」，衍一「人」字。
〔二六〇〕「者」，丙本亦無，《敦煌寫本類書〈勵忠節鈔〉研究》據文義校補。
〔二六一〕「者」，丙本無。
〔二六二〕「所」，丙本作「使」，誤。
〔二六三〕「惡」，丙本作「所惡」。

〔二六四〕「則」，丙本作「於」，誤。
〔二六五〕「三人所興」，《敦煌類書》據相關典籍及文義校補。
〔二六六〕「天下不能廢」，《敦煌類書》據相關典籍及文義校補。
〔二六七〕「爲」，丙本作「謂」，均可通。
〔二六八〕「里」，丙本無，係衍文，當删。
〔二六九〕「令」，當作「今」，據文義及丙本改。
〔二七〇〕「吾禮」，丙本脱。
〔二七一〕「其」，當作「甚」，據文義及丙本改。
〔二七二〕「拜」，丙本脱。
〔二七三〕「則」，丙本同，當作「惟」，《敦煌類書》、《敦煌寫本類書〈勵忠節鈔〉研究》據相關典籍校改。
〔二七四〕「爾」，當作「邇」，《敦煌類書》、《敦煌寫本類書〈勵忠節鈔〉研究》據相關典籍校改。
〔二七五〕「處」，丙本作「交」。
〔二七六〕「廷」，丙本作「庭」，「庭」爲「廷」之借字；「桊」，當作「崇」，據文義及丙本改；「福」，丙本同，當作「禮」，據《漢書·匡衡傳》中之相關文字改。
〔二七七〕「德」，丙本作「得」，「得」爲「德」之借字。
〔二七八〕「爲」，丙本同，當作「内」，《敦煌寫本類書〈勵忠節鈔〉研究》據相關典籍校改。
〔二七九〕「至」，當作「其」，據丙本改。

〔二八〇〕「智」，當作「知」，據文義及丙本改，「智」爲「知」之借字。

〔二八一〕「用」，丙本作「勇」。

〔二八二〕「故」，據丙本補；「其」，丙本同，當作「者」，《敦煌類書》據文義校改。

〔二八三〕「故」，丙本無。

〔二八四〕「曰」，丙本無，據文義爲衍文，當刪；「吴」，丙本作「吾」，誤，疑「吾」爲「吴」之借字。

〔二八五〕「曰」，丙本亦脱，據文義補。

〔二八六〕「感」，丙本同，當作「敢」，《敦煌寫本類書〈勵忠節鈔〉研究》據相關典籍校改。

〔二八七〕「感」，丙本同，當作「敢」，《敦煌寫本類書〈勵忠節鈔〉研究》據相關典籍校改。

〔二八八〕「四者足矣，行之」，丙本作「四者行之足矣」，義勝於底本。

〔二八九〕「何以」，《敦煌類書》據文義校補。

〔二九〇〕「邪」，底本原作「耶」，「耶」爲「邪」之俗字。

〔二九一〕「邪」，底本原作「耶」，「耶」爲「邪」之俗字。

〔二九二〕「于」，當作「干」，據文義及丙本改。

〔二九三〕「五」，丙本同，當作「伍」，《敦煌類書》據相關典籍改。

〔二九四〕「侄」，丙本同，當作「徑」，據文義改，《敦煌類書》、《敦煌寫本類書〈勵忠節鈔〉研究》逕釋作「徑」。

〔二九五〕「之」，丙本作「無」，誤。

〔二九六〕「吏」，丙本作「使」，誤；「禮」，當作「檀」，《敦煌寫本類書〈勵忠節鈔〉研究》據丙本及相關典籍校改。

〔二九七〕「使守南城」，《敦煌類書》據相關典籍校補。
〔二九八〕「則楚人不敢爲寇東取」，《敦煌類書》據相關典籍校補。
〔二九九〕「泗上十二諸侯皆來朝」，《敦煌類書》據相關典籍校補。
〔三〇〇〕「吾吏有盼子者」，《敦煌類書》據相關典籍校補。
〔三〇一〕「陷」，當作「渔」，據丙本改。
〔三〇二〕「吾吏有」，丙本作「有吾吏」，誤。
〔三〇三〕「種」，丙本作「鍾」，誤。
〔三〇四〕「備」，丙本作「被」，誤，疑「被」爲「備」之借字。
〔三〇五〕「犬無夜吠」，丙本作「夜犬無吠」。
〔三〇六〕「庭」，當作「廷」，據文義及丙本改，疑「庭」爲「廷」之借字；「尊」，丙本作「遵」，疑「遵」爲「尊」之借字。
〔三〇七〕「上」，丙本同，當作「尚」，《敦煌寫本類書〈勵忠節鈔〉研究》據相關典籍校改，「上」通「尚」。
〔三〇八〕「徵」，當作「儆」，據丙本改。
〔三〇九〕「爲」，當作「有」，據文義及丙本改。
〔三一〇〕「期」，丙本同，當作「斯」，《敦煌類書》、《敦煌寫本類書〈勵忠節鈔〉研究》據文義校改。
〔三一一〕「晏子對曰」，《敦煌寫本類書〈勵忠節鈔〉研究》據文義校補。
〔三一二〕「祥」，丙本作「祥也」。

〔三一三〕「祥」，丙本作「祥也」。

〔三一四〕「爲」，當作「有」，據文義及丙本改。

〔三一五〕「豪」，當作「毫」，據文義及丙本改，疑「豪」爲「毫」之借字；「釐」，丙本作「氂」，誤。

〔三一六〕「歡」，丙本同，當作「勸」，《敦煌寫本類書〈勵忠節鈔〉研究》據文義校改。

〔三一七〕「相」，當作「於」，據文義及丙本改。

〔三一八〕「遇與不遇」，丙本脫第一個「遇」字。

〔三一九〕「彼」，丙本同，當作「攸」，《敦煌類書》、《敦煌寫本類書〈勵忠節鈔〉研究》據相關典籍校改。

〔三二〇〕「不」，丙本同，當作「大」，《敦煌類書》、《敦煌寫本類書〈勵忠節鈔〉研究》據相關典籍校改。

〔三二一〕「故」，丙本同，當作「固」，《敦煌類書》據文義校改。

〔三二二〕「當」，當作「常」，據文義及丙本改；「謀」，丙本作「謀爲」，衍一「爲」字；「帷」，丙本作「惟」，誤，疑「惟」爲「帷」之借字；「幄」，丙本作「握」，誤。

〔三二三〕「盡」，丙本同，當作「晝」，《敦煌寫本類書〈勵忠節鈔〉研究》據相關典籍校改。

〔三二四〕「袁」，丙本作「韋」，誤；「也」，丙本無。

〔三二五〕「大」，丙本同，《敦煌類書》釋作「木」，誤。

〔三二六〕「中」，當作「忠」，據文義及丙本改，「中」爲「忠」之借字。

〔三二七〕「憂難」，據文義及丙本補。

〔三二八〕「銓」，丙本作「詮」。

〔三二九〕「德者」，丙本作「得」，「得」爲「德」之借字。

〔三三〇〕「也」，丙本無。

〔三三一〕「不必」，丙本作「必不」，誤。

〔三三二〕「是爲人謂擇官」，丙本同，似當乙作「是謂爲人擇官」。

〔三三三〕「其」，當作「之」，據文義及丙本改。

〔三三四〕「中」，丙本作「忠」，「忠」爲「中」之借字。

〔三三五〕「智」，當作「知」，據丙本改，「智」爲「知」之借字。

〔三三六〕「由」，丙本同，當作「猶」，《敦煌類書》、《敦煌寫本類書〈勵忠節鈔〉研究》據文義校改，「由」爲「猶」之借字。

〔三三七〕「刁」，據丙本補。

〔三三八〕「錯」，據丙本補。

〔三三九〕「當」，當作「常」，據文義及丙本改。

〔三四〇〕「悲」，丙本作「黄」，誤。

〔三四一〕「熟」，丙本同，當作「孰」，《敦煌寫本類書〈勵忠節鈔〉研究》據相關典籍校改，「熟」爲「孰」之借字。

〔三四二〕「問」，丙本同，當作「聞」，《敦煌寫本類書〈勵忠節鈔〉研究》據相關典籍校改，《敦煌類書》逕釋作「聞」。

〔三四三〕「敢不」，丙本同，當作「不敢」，《敦煌類書》據相關典籍校改。

〔三四四〕「不悦曰」，《敦煌類書》、《敦煌寫本類書〈勵忠節鈔〉研究》據相關典籍校補。

〔三四五〕「欲」，丙本脱。
〔三四六〕「聲譽」，丙本作「譽聲」。
〔三四七〕「毛羽」，丙本作「羽毛」，近是。
〔三四八〕「舟」，丙本同，當作「冉」，《敦煌類書》、《敦煌寫本類書〈勵忠節鈔〉研究》據文義校改。
〔三四九〕「厥」，丙本同，《敦煌類書》釋作「其」，誤。
〔三五〇〕「人」，丙本作「人相」；「處」，當作「交」，據丙本改。
〔三五一〕「其」，據文義及丙本補。
〔三五二〕「智士」，丙本作「聖所」，誤。
〔三五三〕第一個「者」字，丙本作「夫」。
〔三五四〕「李」，丙本同，當作「曹」，《敦煌類書》、《敦煌寫本類書〈勵忠節鈔〉研究》據相關典籍校改；「元」，當作「原」，《敦煌寫本類書〈勵忠節鈔〉研究》據丙本及相關典籍校改，「元」爲「原」之借字。
〔三五五〕「軌」，當作「範」，《敦煌寫本類書〈勵忠節鈔〉研究》據丙本及相關典籍校改。
〔三五六〕「一」，丙本同，當作「懿」，《敦煌類書》、《敦煌寫本類書〈勵忠節鈔〉研究》據相關典籍校改。
〔三五七〕「給」，丙本同，當作「洽」，《敦煌類書》據相關典籍校改。
〔三五八〕「輪」，當作「翰」，據文義及丙本改；「風」，當作「鳳」，據文義及丙本改。
〔三五九〕「武」，丙本同，當作「平」，《敦煌類書》、《敦煌寫本類書〈勵忠節鈔〉研究》據相關典籍校改；「帝」，丙本同，當作「公」，《敦煌類書》、《敦煌寫本類書〈勵忠節鈔〉研究》據相關典籍校改。

〔三六〇〕「如不」，丙本作「不如」，誤。

〔三六一〕「姫」，丙本同，當作「姬」，《敦煌類書》據相關典籍校改，《敦煌寫本類書〈勵忠節鈔〉研究》逕釋作「姬」，以下同，不另出校。

〔三六二〕「知」，丙本脱。

〔三六三〕「問」，當作「聞」，據文義及丙本改。

〔三六四〕「人」，丙本脱。

〔三六五〕「教」，丙本同，當作「敎」，《敦煌類書》、《敦煌寫本類書〈勵忠節鈔〉研究》據相關典籍校改。

〔三六六〕此句中第一個「問」字，丙本無，係衍文，當刪；「文」，丙本作「武」，疑誤；「侯」，據《説苑·至公》當作「公」。

〔三六七〕「恙」，丙本同，當作「羔」，《敦煌類書》、《敦煌寫本類書〈勵忠節鈔〉研究》據相關典籍校改，以下同，不另出校。

〔三六八〕「赦」，丙本作「舍」。

〔三六九〕「以」，丙本作「與如」，誤。

〔三七〇〕「謝」，丙本同，當作「射」，《敦煌類書》、《敦煌寫本類書〈勵忠節鈔〉研究》據相關典籍校改。

〔三七一〕「孝」，丙本同，當作「李」，《敦煌類書》、《敦煌寫本類書〈勵忠節鈔〉研究》據相關典籍校改。

〔三七二〕丙本至此句止。

〔三七三〕「賢」，《敦煌寫本類書〈勵忠節鈔〉研究》釋作「賢者」，誤。

〔三七四〕「脅」，《敦煌寫本類書〈勵忠節鈔〉研究》釋作「協」，誤。
〔三七五〕「曰」，《敦煌寫本類書〈勵忠節鈔〉研究》據文義校補。
〔三七六〕「今」，當作「令」，《敦煌類書》、《敦煌寫本類書〈勵忠節鈔〉研究》據文義校補。
〔三七七〕「暴」，當作「忝」，《敦煌類書》、《敦煌寫本類書〈勵忠節鈔〉研究》據文義校改。
〔三七八〕「退」，《敦煌寫本類書〈勵忠節鈔〉研究》據文義校補。
〔三七九〕「卌」，《敦煌類書》、《敦煌寫本類書〈勵忠節鈔〉研究》均釋作「四十」。
〔三八〇〕「曰」字衍，據文義當刪。
〔三八一〕「悔」，當作「誨」，《敦煌類書》據文義校改，《敦煌寫本類書〈勵忠節鈔〉研究》逕釋作「誨」，疑「悔」爲「誨」之借字。
〔三八二〕「皆」，當作「背」，《敦煌寫本類書〈勵忠節鈔〉研究》據文義校改，《敦煌類書》校改作「敗」。
〔三八三〕「全」，《敦煌類書》未録，據文義疑爲衍文，當刪。
〔三八四〕「幸」，底本先寫作「年」，又在「年」字旁改爲「幸」字，據文義爲衍文，當刪。
〔三八五〕「歧」，當作「政」，據文義改，《敦煌寫本類書〈勵忠節鈔〉研究》逕釋作「政」。
〔三八六〕「簡」，當作「簡」，據文義改，《敦煌類書》、《敦煌寫本類書〈勵忠節鈔〉研究》均逕釋作「簡」。
〔三八七〕「悟」，當作「誤」，《敦煌類書》、《敦煌寫本類書〈勵忠節鈔〉研究》據文義校改，疑「悟」爲「誤」之借字。
〔三八八〕「接」，《敦煌類書》據文義校補。
〔三八九〕「敬」，當作「莊」，《敦煌類書》、《敦煌寫本類書〈勵忠節鈔〉研究》據文義校改。

〔三九〇〕「敬」，當作「莊」，《敦煌類書》、《敦煌寫本類書〈勵忠節鈔〉研究》據文義校改。
〔三九一〕「包」，當作「苞」，《敦煌寫本類書〈勵忠節鈔〉研究》據相關典籍校改，「包」通「苞」，以下同，不另出校。
〔三九二〕「爲」，當作「謂」，《敦煌類書》、《敦煌寫本類書〈勵忠節鈔〉研究》據文義校改，「爲」爲「謂」之借字。
〔三九三〕「啚」，當作「圖」，《敦煌類書》據文義校改，《敦煌寫本類書〈勵忠節鈔〉研究》逕釋作「圖」。
〔三九四〕「願秘」，當作「顧私」，《敦煌類書》據文義校改。
〔三九五〕「至」，當作「其」，《敦煌類書》據文義校改。
〔三九六〕「求」，《敦煌類書》據文義校補。
〔三九七〕「簫」，當作「蕭」，《敦煌類書》據文義校改，「簫」爲「蕭」之借字。
〔三九八〕「象」，當作「勇」，據文義改，《敦煌類書》、《敦煌寫本類書〈勵忠節鈔〉研究》均逕釋作「勇」。
〔三九九〕「蜜」，當作「密」，《敦煌類書》據文義校改，「蜜」爲「密」之借字。
〔四〇〇〕「謂」，當作「聞」，《敦煌寫本類書〈勵忠節鈔〉研究》據文義校改。
〔四〇一〕「使」，《敦煌寫本類書〈勵忠節鈔〉研究》釋作「與」，誤。
〔四〇二〕「至」，當作「其」，《敦煌類書》據文義校改。
〔四〇三〕「曰」字衍，據文義當删。
〔四〇四〕「五」，當作「伍」，《敦煌寫本類書〈勵忠節鈔〉研究》據相關典籍校改，「五」爲「伍」之借字；「子」，《敦煌寫本類書〈勵忠節鈔〉研究》據相關典籍校補。
〔四〇五〕「勇」，當作「踴」，據文義改，「勇」爲「踴」之借字。

〔四〇六〕「蜜」，當作「密」，《敦煌寫本類書〈勵忠節鈔〉研究》據相關典籍校改，「蜜」爲「密」之借字。
〔四〇七〕「剪」，當作「翦」，《敦煌類書》據相關典籍校改，「剪」爲「翦」之借字。
〔四〇八〕「像」，當作「儀」，《敦煌寫本類書〈勵忠節鈔〉研究》據相關典籍校改。
〔四〇九〕「隨」，當作「隋」，《敦煌類書》據文義校改，「隨」爲「隋」之借字。
〔四一〇〕「由」，當作「猶」，《敦煌類書》據文義校改，「由」爲「猶」之借字。
〔四一一〕「梁」，《敦煌類書》、《敦煌寫本類書〈勵忠節鈔〉研究》據相關典籍校補；「庭」，當作「亭」，《敦煌寫本類書〈勵忠節鈔〉研究》據相關典籍校改，「庭」爲「亭」之借字。
〔四一二〕「庭」，當作「亭」，《敦煌寫本類書〈勵忠節鈔〉研究》據相關典籍校改，「庭」爲「亭」之借字。
〔四一三〕「至」，當作「其」，《敦煌類書》據文義校改。
〔四一四〕「及」，當作「乃」，《敦煌類書》、《敦煌寫本類書〈勵忠節鈔〉研究》據相關典籍校改。
〔四一五〕「照」，當作「昭」，《敦煌寫本類書〈勵忠節鈔〉研究》據相關典籍校改。
〔四一六〕「命」，當作「功」，《敦煌類書》據文義校改。
〔四一七〕「子」，當作「身」，《敦煌類書》、《敦煌寫本類書〈勵忠節鈔〉研究》據相關典籍校改。
〔四一八〕「愛」，當作「受」，據文義及相關典籍校改，《敦煌寫本類書〈勵忠節鈔〉研究》逕釋作「受」。
〔四一九〕「修」，當作「終」，《敦煌類書》、《敦煌寫本類書〈勵忠節鈔〉研究》據相關典籍校改。
〔四二〇〕「爲」，當作「無」，《敦煌寫本類書〈勵忠節鈔〉研究》據相關典籍校改。
〔四二一〕「無」，《敦煌類書》、《敦煌寫本類書〈勵忠節鈔〉研究》據相關典籍校補。

〔四二二〕「辟」，《敦煌寫本類書〈勵忠節鈔〉研究》指出相關典籍中作「譬」，均可通。

〔四二三〕「綱」，當作「綱」，《敦煌類書》、《敦煌寫本類書〈勵忠節鈔〉研究》據相關典籍校改。

〔四二四〕「仁」，《敦煌類書》、《敦煌寫本類書〈勵忠節鈔〉研究》據相關典籍校補。

〔四二五〕「問」，當作「聞」，《敦煌寫本類書〈勵忠節鈔〉研究》據相關典籍校改。

〔四二六〕「到」，當作「列」，《敦煌類書》據相關典籍校改。

〔四二七〕「棄國家」三字據文義爲衍文，當刪。

〔四二八〕「由」，當作「肉」，《敦煌類書》據相關典籍校改，《敦煌寫本類書〈勵忠節鈔〉研究》逕釋作「肉」；「祖」，當作「祖」，《敦煌類書》據相關典籍校改，《敦煌寫本類書〈勵忠節鈔〉研究》逕釋作「祖」。

〔四二九〕「親」，當作「視」，《敦煌類書》、《敦煌寫本類書〈勵忠節鈔〉研究》據相關典籍校改。

〔四三〇〕「國」，當作「囚」，《敦煌類書》、《敦煌寫本類書〈勵忠節鈔〉研究》據相關典籍校改；「耶」，《敦煌類書》釋作「邪」，誤。

〔四三一〕「代」，底本原作「伐」，其旁有删除符號，據文義「伐」當是「代」字之誤，而「代」字原本應爲「世」字，因避唐諱而改。按此件中之「世」均改爲「代」，「民」均改作「人」，均係避唐諱所致。

〔四三二〕「其」，《敦煌類書》據相關典籍校補。

〔四三三〕「以」，《敦煌類書》據文義校補。

〔四三四〕「孝公」，當作「惠王」，《敦煌寫本類書〈勵忠節鈔〉研究》據相關典籍校改。

〔四三五〕「身」，當作「厥」，《敦煌寫本類書〈勵忠節鈔〉研究》據相關典籍校改，《敦煌類書》改作「其」；「舌」，當

作「后」，據文義改，《敦煌寫本類書〈勵忠節鈔〉研究》均逕釋作「后」。

〔四三六〕「諫」，當作「諛」，《敦煌類書》、《敦煌寫本類書〈勵忠節鈔〉研究》據相關典籍校改。

〔四三七〕「身」，當作「厥」，《敦煌寫本類書〈勵忠節鈔〉研究》據相關典籍校改。

〔四三八〕「吏賢」，《敦煌寫本類書〈勵忠節鈔〉研究》據相關典籍校補。

〔四三九〕「平」，《敦煌類書》據相關典籍校補。

〔四四〇〕「政」，當作「教」，《敦煌類書》、《敦煌寫本類書〈勵忠節鈔〉研究》據相關典籍校改。

〔四四一〕「流」，當作「疏」，《敦煌寫本類書〈勵忠節鈔〉研究》據相關典籍校改。

〔四四二〕「情」，當作「博」，《敦煌寫本類書〈勵忠節鈔〉研究》據相關典籍校改。

〔四四三〕「藥」，當作「《樂》」，《敦煌類書》、《敦煌寫本類書〈勵忠節鈔〉研究》據相關典籍校改。

〔四四四〕「净」，當作「静」，《敦煌寫本類書〈勵忠節鈔〉研究》據相關典籍校改，「净」爲「静」之借字。

〔四四五〕「政」，當作「相」，《敦煌類書》、《敦煌寫本類書〈勵忠節鈔〉研究》據相關典籍校改。

〔四四六〕「卿」，當作「卯」，《敦煌寫本類書〈勵忠節鈔〉研究》據相關典籍校改。

〔四四七〕「混」，底本原作「提」，後於其旁改寫「混」，《敦煌類書》釋作「提」，誤。

〔四四八〕「捨」，當作「拾」，《敦煌類書》據相關典籍校改，《敦煌寫本類書〈勵忠節鈔〉研究》逕釋作「拾」。

〔四四九〕「以」，《敦煌寫本類書〈勵忠節鈔〉研究》據相關典籍校補。

〔四五〇〕《敦煌寫本類書〈勵忠節鈔〉研究》據相關典籍指出「之」字衍，當刪。

〔四五一〕「司馬宣王久病」，《敦煌類書》、《敦煌寫本類書〈勵忠節鈔〉研究》據相關典籍校補。

〔四五二〕「人」字衍，當删。

〔四五三〕「孔」，當作「亂」，《敦煌類書》、《敦煌寫本類書〈勵忠節鈔〉研究》據相關典籍校改。

〔四五四〕「追」，當作「退」，據文義改，《敦煌寫本類書〈勵忠節鈔〉研究》逕釋作「退」。

〔四五五〕「而」，當作「易」，《敦煌寫本類書〈勵忠節鈔〉研究》據相關典籍校改。

〔四五六〕「相」，當作「於」，《敦煌類書》、《敦煌寫本類書〈勵忠節鈔〉研究》據相關典籍校改。

〔四五七〕「還」，底本天頭有小注云：「還音旋」，爲「還」字之注音。

〔四五八〕「如」，當作「而」，《敦煌類書》據相關典籍校改，「如」通「而」。

〔四五九〕「之」，《敦煌類書》據文義校補。

〔四六〇〕「日」，《敦煌類書》、《敦煌寫本類書〈勵忠節鈔〉研究》據相關典籍校補。

〔四六一〕「在」，《敦煌寫本類書〈勵忠節鈔〉研究》釋作「者」，誤。

〔四六二〕「身」，《敦煌類書》據相關典籍校補。

〔四六三〕「身」，《敦煌類書》、《敦煌寫本類書〈勵忠節鈔〉研究》據相關典籍校補。

〔四六四〕「遠近皆正」，《敦煌類書》、《敦煌寫本類書〈勵忠節鈔〉研究》據相關典籍校補。

〔四六五〕「教」，當作「效」，《敦煌類書》據文義校改。

〔四六六〕「政」，當作「正」，《敦煌類書》據文義校改，「政」爲「正」之借字。

〔四六七〕「捐」，《敦煌寫本類書〈勵忠節鈔〉研究》釋作「損」，並認爲「捐」字誤，按底本實作「捐」，傳世相關典籍作「損」，二字皆可通。

〔四六八〕「商」，當作「齊」，《敦煌類書》、《敦煌寫本類書〈勵忠節鈔〉研究》據相關典籍校改。

〔四六九〕「正身」，《敦煌類書》、《敦煌寫本類書〈勵忠節鈔〉研究》據相關典籍校補。

〔四七〇〕「政」，當作「改」，《敦煌類書》據相關典籍校改；「服」，《敦煌類書》漏録。

〔四七一〕「變」，當作「愛」，《敦煌類書》、《敦煌寫本類書〈勵忠節鈔〉研究》據相關典籍校改。

〔四七二〕「燆」，當作「矯」，據文義改，《敦煌類書》、《敦煌寫本類書〈勵忠節鈔〉研究》均逕釋作「矯」。

〔四七三〕「商」，當作「齊」，《敦煌寫本類書〈勵忠節鈔〉研究》據相關典籍校改；「商（齊）國」，《敦煌類書》漏録；「郡」，當作「群」，《敦煌類書》、《敦煌寫本類書〈勵忠節鈔〉研究》據文義校改。

〔四七四〕「王曰善」，《敦煌類書》釋作「□□□」。

〔四七五〕「泉」，當作「淵」，此避唐高祖諱改。按此件避唐諱改字甚多，如「世」改作「代」、「民」改作「人」、「治」改作「理」等，凡不影響文義者，一般不再改動，亦不出校説明。

〔四七六〕「侵」，《敦煌類書》釋作「親」，誤。

〔四七七〕「立人」，《敦煌類書》釋作「爲政」，誤。

〔四七八〕「之」，《敦煌類書》據文義校補。

〔四七九〕「吾」，《敦煌類書》漏録。

〔四八〇〕「爲」，當作「謂」，《敦煌類書》據文義校改，「爲」爲「謂」之借字。

〔四八一〕「政」，當作「正」，《敦煌類書》、《敦煌寫本類書〈勵忠節鈔〉研究》據文義校改，「政」爲「正」之借字。

〔四八二〕「問」，當作「間」，《敦煌寫本類書〈勵忠節鈔〉研究》據相關典籍校改。

〔四八三〕「康」，《敦煌寫本類書〈勵忠節鈔〉研究》指出據相關典籍當作「秉」。

〔四八四〕「爲」，當作「有」，《敦煌類書》據文義校改；「言」，當作「官」，《敦煌寫本類書〈勵忠節鈔〉研究》據文義校改。

〔四八五〕「人」字疑衍，當刪。

〔四八六〕「康」，《敦煌類書》據文義校補。

〔四八七〕「人」，當作「仁」，《敦煌類書》據文義校改，「人」爲「仁」之借字。

〔四八八〕「爲」，當作「有」，《敦煌類書》據文義校改。

〔四八九〕「撥」，《敦煌寫本類書〈勵忠節鈔〉研究》釋作「拔」，誤。

〔四九〇〕「荷」，當作「苛」，《敦煌類書》、《敦煌寫本類書〈勵忠節鈔〉研究》據相關典籍校改。

〔四九一〕「邪」，底本原作「耶」，「耶」爲「邪」之俗字。

〔四九二〕「作」，《敦煌寫本類書〈勵忠節鈔〉研究》釋作「任」，似當作「化」，據《漢書·公孫弘傳》改。

〔四九三〕「實」字衍，當刪。

〔四九四〕「之人」，當作「人之」，《敦煌寫本類書〈勵忠節鈔〉研究》據文義校改。

〔四九五〕「者也」，《敦煌寫本類書〈勵忠節鈔〉研究》據相關典籍校補。

〔四九六〕「焉」，《敦煌類書》釋作「□」。

〔四九七〕第一個「言」字衍，據文義當刪；「人」，當作「仁」，《敦煌類書》、《敦煌寫本類書〈勵忠節鈔〉研究》據相關典籍校改，「人」爲「仁」之借字。

〔四九八〕『其』，《敦煌寫本類書〈勵忠節鈔〉研究》漏録。
〔四九九〕『政有三』，《敦煌類書》據《説苑》卷七《政理》校補。
〔五〇〇〕『凡』，《敦煌類書》漏録；『三者』，據《説苑》卷七《政理》中之『夫此三者』句補。
〔五〇一〕『化之爲貴矣』，據《説苑》卷七《政理》中之『夫此三者，各有所施，而化之爲貴矣』句補。
〔五〇二〕自『夫以德化之』至『則休矣』諸句，《敦煌類書》漏録。
〔五〇三〕『強』，當作『後』，據《説苑》卷七《政理》改；『之』，據《説苑》卷七《政理》補。
〔五〇四〕『強』字衍，據文義當刪。
〔五〇五〕『街』，當作『術』，《敦煌寫本類書〈勵忠節鈔〉研究》據相關典籍校改，《敦煌類書》逕釋作『術』。
〔五〇六〕『養』，當作『使』，『其』，當作『且』，《敦煌寫本類書〈勵忠節鈔〉研究》據相關典籍校改。
〔五〇七〕『人』，當作『之』，《敦煌類書》、《敦煌寫本類書〈勵忠節鈔〉研究》據相關典籍校改。
〔五〇八〕『正』，當作『征』，《敦煌類書》、《敦煌寫本類書〈勵忠節鈔〉研究》據相關典籍校改。
〔五〇九〕『私』，當作『耘』，《敦煌寫本類書〈勵忠節鈔〉研究》據文義校改。
〔五一〇〕『及』，當作『乃』，《敦煌寫本類書〈勵忠節鈔〉研究》據相關典籍校改，《敦煌類書》失校。
〔五一一〕『人』，《敦煌類書》漏録。
〔五一二〕『以』，丁本無。
〔五一三〕『少平』，丁本作『年小』。
〔五一四〕『東』，丁本無，底本原亦無，後於『京』字之上天頭補寫『東』字，據此校録，《敦煌寫本類書〈勵忠節鈔〉研

究》釋作『京師』，誤。

〔五一五〕『亦號強項』，丁本無。

〔五一六〕『延』，丁本脱。

〔五一七〕『舉』，丁本同，當作『譽』，《敦煌類書》、《敦煌寫本類書〈勵忠節鈔〉研究》據相關典籍校改。

〔五一八〕『延對』，丁本亦無，《敦煌類書》、《敦煌寫本類書〈勵忠節鈔〉研究》據相關典籍校補。

〔五一九〕『吏』，丁本作『使』，誤。

〔五二〇〕『苟』，當作『獨』，據文義及丁本改。

〔五二一〕『刺』，丁本脱；『史』，丁本作『使』，『使』爲『史』之借字。丁本此條之上尚有『魯恭爲中牟令』一條，底本無。

〔五二二〕『去』，丁本作『法』，誤。

〔五二三〕『興』，當作『器』，據文義及丁本改。

〔五二四〕『興』，當作『器』，據文義及丁本改。

〔五二五〕『郡人俗愛帶於刀劍者』，丁本作『人有帶刀劍者』。

〔五二六〕『使令賣劒，以之買牛』，丁本作『使賣之買牛犢』。

〔五二七〕『而佩其犢』，丁本作『可謂帶牛而佩犢耶』。

〔五二八〕『吏人』，丁本作『治』，疑有脱誤。

〔五二九〕『賤』，丁本作『賊』，誤。

〔五三〇〕「單」，丁本脫；「自理」，丁本作「教化大理」。
〔五三一〕「賤」，丁本作「賊」，誤。
〔五三二〕「賤」，丁本作「賊」，誤。
〔五三三〕「人」，丁本作「仁」，「仁」爲「人」之借字。
〔五三四〕「巫」，丁本作「無」，「無」爲「巫」之借字。
〔五三五〕「我有」，丁本同，當作「自乘」，《敦煌類書》、《敦煌寫本類書〈勵忠節鈔〉研究》據相關典籍校改；「二」，丁本脫。
〔五三六〕「步」，《敦煌類書》、《敦煌寫本類書〈勵忠節鈔〉研究》據相關典籍校補。
〔五三七〕「赴」，丁本作「起」，誤。
〔五三八〕「駕以」，丁本作「黄」。
〔五三九〕「臥於」，丁本無；「布被」，丁本作「布被囊」。
〔五四〇〕「人」，丁本作「主」。
〔五四一〕「我」，丁本作「令」。
〔五四二〕「淮」，丁本作「誰」，誤。
〔五四三〕「將」，丁本無。
〔五四四〕「而」，丁本脫。
〔五四五〕「平」，丁本同，當作「東」，《敦煌類書》、《敦煌寫本類書〈勵忠節鈔〉研究》據相關典籍校改。

〔五四六〕「友」，丁本作「有」，「有」爲「友」之借字；「餞」，丁本作「賤」，「賤」爲「餞」之借字。

〔五四七〕「而」，丁本作「赴」，當作「起」，《敦煌類書》、《敦煌寫本類書〈勵忠節鈔〉研究》據相關典籍校改；「執」，丁本作「握」，均可通。

〔五四八〕「仁」，丁本作「人」，「人」爲「仁」之借字。

〔五四九〕「番」，當作「蕃」，據丁本改。

〔五五〇〕「子」，丁本無。

〔五五一〕底本「榻，去」之行地脚有小字「榻，牀也」，係「榻」字之注釋。

〔五五二〕「縣」，當作「懸」，據文義及丁本改，「縣」爲「懸」之本字。

〔五五三〕「刑」，丁本作「形」，「形」爲「刑」之借字。

〔五五四〕「故田者讓畔」，丁本作「故者讓田畔」，誤。

〔五五五〕「以」，丁本作「已」，均可通。

〔五五六〕「辛」，丁本同，當作「羊」，《敦煌類書》、《敦煌寫本類書〈勵忠節鈔〉研究》據相關典籍校改；「揚」，當作「陽」，據文義及丁本改，「揚」爲「陽」之借字；「太」，《敦煌寫本類書〈勵忠節鈔〉研究》據相關典籍校補。

按丁本此條前尚有「邵信臣」條，底本無。

〔五五七〕「幃」，丁本作「博」，誤。

〔五五八〕「畜」，丁本同，當作「蓄」，《敦煌類書》據文義校改，「畜」爲「蓄」之借字；「升」，丁本作「斛」。

〔五五九〕「故」，據文義及丁本補；「之」，丁本無。

〔五六〇〕「理」，《敦煌類書》、《敦煌寫本類書〈勵忠節鈔〉研究》據相關典籍校補。

〔五六一〕「郎」，丁本同，《敦煌寫本類書〈勵忠節鈔〉研究》指出據相關典籍當作「閎」或「宏」；「史」，丁本作「使」，「使」爲「史」之借字。

〔五六二〕「之智」，丁本脱。

〔五六三〕「以」，丁本脱。

〔五六四〕「及」，丁本同，當作「反」，《敦煌類書》據相關典籍校改。

〔五六五〕「由」，丁本同，當作「猶」，《敦煌類書》據文義校改，「由」爲「猶」之借字。

〔五六六〕「剌」，丁本脱；「史」，丁本作「使」，「使」爲「史」之借字。

〔五六七〕「部」，丁本作「郡」，誤。

〔五六八〕「可」，當作「門」，《敦煌類書》據文義校改。

〔五六九〕「辛」，當作「羊」，《敦煌類書》、《敦煌寫本類書〈勵忠節鈔〉研究》據相關典籍校改；「楊」，當作「陽」，《敦煌寫本類書〈勵忠節鈔〉研究》據相關典籍校改，「楊」爲「陽」之借字。

〔五七〇〕「乃」，丁本作「及」，誤；「縣」，當作「懸」，《敦煌類書》據文義校改，「縣」爲「懸」之本字。

〔五七一〕「正」，當作「止」，《敦煌類書》據文義校改。

〔五七二〕「當」，當作「嘗」，《敦煌類書》據文義校改。

〔五七三〕「及」，當作「反」，《敦煌類書》、《敦煌寫本類書〈勵忠節鈔〉研究》據相關典籍校改。

〔五七四〕「武」，當作「文」，《敦煌寫本類書〈勵忠節鈔〉研究》據相關典籍校改。

〔五七五〕「存之」，《敦煌類書》、《敦煌寫本類書〈勵忠節鈔〉研究》據相關典籍校補；「丈」，當作「大」，《敦煌寫本類書〈勵忠節鈔〉研究》據相關典籍校改。

〔五七六〕「之」，《敦煌類書》、《敦煌寫本類書〈勵忠節鈔〉研究》據相關典籍校補。

〔五七七〕「人」，當作「仁」，《敦煌寫本類書〈勵忠節鈔〉研究》據相關典籍校改，「人」爲「仁」之借字。

〔五七八〕「擾」，當作「權」，《敦煌寫本類書〈勵忠節鈔〉研究》據相關典籍校改。

〔五七九〕「曰」，《敦煌類書》、《敦煌寫本類書〈勵忠節鈔〉研究》據相關典籍校補。

〔五八〇〕「度」，當作「變」，《敦煌類書》、《敦煌寫本類書〈勵忠節鈔〉研究》據相關典籍校改。

〔五八一〕「丈」，當作「大」，據文義改，《敦煌寫本類書〈勵忠節鈔〉研究》逕釋作「大」；「牧」，《敦煌類書》釋作「教」，誤。

〔五八二〕「上下足以奉吏」六字，據文義爲衍文，當刪。

〔五八三〕「瞻」，《敦煌寫本類書〈勵忠節鈔〉研究》釋作「瞻」，校作「贍」，按底本原寫作「瞻」後又在天頭改作「贍」。

〔五八四〕「斗」，《敦煌寫本類書〈勵忠節鈔〉研究》釋作「升」，校作「斗」，按原件實作「斗」。

〔五八五〕「吾」，當作「齊」，《敦煌類書》據文義校改。

〔五八六〕「材」，當作「財」，《敦煌類書》據文義校改，《敦煌寫本類書〈勵忠節鈔〉研究》逕釋作「財」。

〔五八七〕「蠹」，《敦煌寫本類書〈勵忠節鈔〉研究》釋作「蟲」，誤。

〔五八八〕「養人者除其賊」，《敦煌類書》漏録。

〔五八九〕「世」，《敦煌類書》、《敦煌寫本類書〈勵忠節鈔〉研究》據相關典籍校補。

〔五九〇〕「郎」，《敦煌類書》、《敦煌寫本類書〈勵忠節鈔〉研究》據相關典籍校補。

〔五九一〕「保」，當作「深」，《敦煌類書》、《敦煌寫本類書〈勵忠節鈔〉研究》據相關典籍校改；「續」，當作「績」，《敦煌類書》、《敦煌寫本類書〈勵忠節鈔〉研究》據相關典籍校改。

〔五九二〕「榮」，底本先写作「榮」，又改作「營」，當作「滎」，《敦煌類書》據相关典籍校改，《敦煌寫本類書〈勵忠節鈔〉研究》逕释作「滎」。

〔五九三〕「日」，《敦煌寫本類書〈勵忠節鈔〉研究》據相關典籍校補。

〔五九四〕「侵」，當作「假」，《敦煌類書》據相關典籍校改，《敦煌寫本類書〈勵忠節鈔〉研究》逕釋作「假」。

〔五九五〕「問」，當作「間」，《敦煌類書》據相關典籍校改，《敦煌寫本類書〈勵忠節鈔〉研究》逕釋作「間」。

〔五九六〕「令」，當作「制」，《敦煌寫本類書〈勵忠節鈔〉研究》據相關典籍校改。

〔五九七〕「也」，《敦煌寫本類書〈勵忠節鈔〉研究》據相關典籍校補。

〔五九八〕「異」，當作「易」，《敦煌寫本類書〈勵忠節鈔〉研究》據相關典籍校改，「異」爲「易」之借字。

〔五九九〕「自」，當作「字」，《敦煌類書》、《敦煌寫本類書〈勵忠節鈔〉研究》據相關典籍校改，「自」爲「字」之借字。

〔六〇〇〕「竭」字衍，據文義當刪。

〔六〇一〕「郭」，當作「郎」，《敦煌類書》、《敦煌寫本類書〈勵忠節鈔〉研究》據相關典籍校改。

〔六〇二〕「教」，當作「校」，《敦煌類書》、《敦煌寫本類書〈勵忠節鈔〉研究》據相關典籍校改。

〔六〇三〕「知」，當作「致」，《敦煌類書》、《敦煌寫本類書〈勵忠節鈔〉研究》據相關典籍校改。

〔六〇四〕「吉」，當作「苦」，《敦煌類書》、《敦煌寫本類書〈勵忠節鈔〉研究》據相關典籍校改。

〔六〇五〕「矜」，《敦煌類書》釋作「儉」，誤；「貧愛」，《敦煌類書》校作「愛貧」。

〔六〇六〕「問」，當作「聞」，《敦煌寫本類書〈勵忠節鈔〉研究》據文義校改。

〔六〇七〕底本「桑」下另有一「桑」字，分别抄於行末和下一行行首，其中行首之「桑」字應不讀。這是敦煌文獻中的一種抄寫習慣，可稱爲「提行重書例」。

〔六〇八〕「墮」，當作「惰」，據文義及《魏書·良吏傳》改。

〔六〇九〕「問」，當作「弔」，《敦煌類書》、《敦煌寫本類書〈勵忠節鈔〉研究》據相關典籍校改；「予」，疑是「弔」字之誤，當作「問」，《敦煌類書》據相關典籍校改，《敦煌寫本類書〈勵忠節鈔〉研究》逕釋作「弔」，校作「問」。

〔六一〇〕「價」，當作「攸」，《敦煌類書》、《敦煌寫本類書〈勵忠節鈔〉研究》據相關典籍校改。

〔六一一〕「客」，當作「容」，據文義改，《敦煌類書》、《敦煌寫本類書〈勵忠節鈔〉研究》逕釋作「容」。

〔六一二〕「子」，《敦煌寫本類書〈勵忠節鈔〉研究》漏録。

〔六一三〕「出」，《敦煌類書》、《敦煌寫本類書〈勵忠節鈔〉研究》據相關典籍校補。

〔六一四〕「授」，底本在該字右側添加一「綬」字，疑爲「授」字之注音；「倚」，底本原無，後補寫於「浩」字之下地脚處；「浩倚亹門」，《敦煌寫本類書〈勵忠節鈔〉研究》指出在相關典籍中作「浩亹」。

〔六一五〕「於」，《敦煌類書》、《敦煌寫本類書〈勵忠節鈔〉研究》據相關典籍校補。

〔六一六〕「高」，當作「齊」，《敦煌類書》、《敦煌寫本類書〈勵忠節鈔〉研究》據相關典籍校改；「東魏郡」，《敦煌類書》、《敦煌寫本類書〈勵忠節鈔〉研究》據相關典籍校補。

〔六一七〕「郡」，當作「群」，《敦煌寫本類書〈勵忠節鈔〉研究》據相關典籍校改。

〔六一八〕「豁」，當作「壑」，據文義改，《敦煌類書》逕釋作「壑」。

〔六一九〕「由」，《敦煌寫本類書〈勵忠節鈔〉研究》據相關典籍校補。

〔六二〇〕「明」，《敦煌寫本類書〈勵忠節鈔〉研究》據相關典籍校補。

〔六二一〕「誠」，《敦煌類書》釋作「誡」，誤。

〔六二二〕「深」，當作「降」，《敦煌類書》據文義校改。

〔六二三〕「沚」，當作「趾」，《敦煌類書》據文義校改。

〔六二四〕「沴」，當作「珍」，《敦煌類書》據文義校改，《敦煌寫本類書〈勵忠節鈔〉研究》逕釋作「珍」。

〔六二五〕「史」，《敦煌寫本類書〈勵忠節鈔〉研究》釋作「吏」，誤；「卒」，當作「率」，《敦煌類書》據文義校改。

〔六二六〕「之」，《敦煌寫本類書〈勵忠節鈔〉研究》據相關典籍校補。

〔六二七〕「乃至旦夜」，《敦煌類書》釋作「及去官夜」，誤。

〔六二八〕「獸不害人」，《敦煌類書》釋作「其獸即害人」，誤。

〔六二九〕「數」，當作「嘉」，《敦煌類書》、《敦煌寫本類書〈勵忠節鈔〉研究》據相關典籍校改。

〔六三〇〕「心」字衍，當刪。

〔六三一〕「情」，當作「博」，《敦煌類書》據文義校改。

〔六三二〕「以」，當作「似」，《敦煌類書》、《敦煌寫本類書〈勵忠節鈔〉研究》據文義校改。

〔六三三〕「半」，當作「伴」，《敦煌寫本類書〈勵忠節鈔〉研究》據文義校改，「半」爲「伴」之借字，《敦煌類書》據文

義校改作「平」。

〔六三四〕「士」，當作「世」，《敦煌類書》、《敦煌寫本類書〈勵忠節鈔〉研究》據文義校改，「士」爲「世」之借字。

〔六三五〕「當」，當作「嘗」，《敦煌類書》據文義校改；「與」，原用小字寫於「當爾」二字右側，係校勘時所添加，當作「以」，據文義改，時「與」通「以」，《敦煌類書》、《敦煌寫本類書〈勵忠節鈔〉研究》均漏録；「爾」，當作「示」，《敦煌類書》、《敦煌寫本類書〈勵忠節鈔〉研究》據相關典籍校改。

〔六三六〕「玉人」，《敦煌類書》、《敦煌寫本類書〈勵忠節鈔〉研究》據相關典籍校補。

〔六三七〕「季」，當作「李」，《敦煌類書》、《敦煌寫本類書〈勵忠節鈔〉研究》據相關典籍校改。

〔六三八〕「當」，當作「常」，《敦煌類書》、《敦煌寫本類書〈勵忠節鈔〉研究》據相關典籍校改。

〔六三九〕「全」，當作「令」；「身」，當作「子」，《敦煌寫本類書〈勵忠節鈔〉研究》據相關典籍校改。

〔六四〇〕「射」，當作「躬」，《敦煌類書》、《敦煌寫本類書〈勵忠節鈔〉研究》據相關典籍校改。

〔六四一〕「示」，當作「視」，《敦煌寫本類書〈勵忠節鈔〉研究》據相關典籍校改，「示」爲「視」之借字。

〔六四二〕「枇」，當作「批」，據文義改，《敦煌類書》、《敦煌寫本類書〈勵忠節鈔〉研究》逕釋作「批」。

〔六四三〕「高」，丁本同，當作「意」，《敦煌類書》、《敦煌寫本類書〈勵忠節鈔〉研究》據相關典籍校改。

〔六四四〕「乃」，丁本亦脱，《敦煌類書》、《敦煌寫本類書〈勵忠節鈔〉研究》據相關典籍校補。

〔六四五〕「以」字衍，《敦煌寫本類書〈勵忠節鈔〉研究》據相關典籍删。

〔六四六〕「德」，丁本作「得」，「得」爲「德」之借字。

〔六四七〕「減」，丁本作「咸」，誤。

〔六四八〕『減』，丁本作『咸』，誤。

〔六四九〕『堇』，當作『董』，據文義及丁本改；『盛』，當作『威』，據《晉書·隱逸傳》改；『聲』，當作『輂』，《敦煌寫本類書〈勵忠節鈔〉研究》據相關典籍校改；『破』，當作『絹』，據丁本改。

〔六五〇〕『能』，當作『結』，《敦煌寫本類書〈勵忠節鈔〉研究》據丁本及相關典籍校改。

〔六五一〕『能』，當作『結』，《敦煌寫本類書〈勵忠節鈔〉研究》據丁本及相關典籍校改。

〔六五二〕『飡』，丁本作『喰』，《敦煌類書》釋作『餐』，按『喰』同『飡』，亦同『餐』。

〔六五三〕『蓐』，丁本作『辱』，誤，疑『辱』爲『蓐』之借字。

〔六五四〕『術』，丁本同，當作『述』，《敦煌寫本類書〈勵忠節鈔〉研究》據丁本及相關典籍校改，『術』爲『述』之借字。

〔六五五〕『奭』，丁本同，當作『奐』，《敦煌寫本類書〈勵忠節鈔〉研究》據相關典籍校改。

〔六五六〕『父』，丁本亦無，《敦煌寫本類書〈勵忠節鈔〉研究》據相關典籍校補。

〔六五七〕『散』，丁本同，當作『敬』，《敦煌類書》據文義校改，《敦煌寫本類書〈勵忠節鈔〉研究》校作『感』，據文義均可通，但從字型來看，『敬』訛爲『散』的可能性較大。

〔六五八〕『萬』，丁本同，當作『方』，《敦煌寫本類書〈勵忠節鈔〉研究》據相關典籍校改。

〔六五九〕『奭』，丁本同，當作『奐』，《敦煌寫本類書〈勵忠節鈔〉研究》據相關典籍校改；『酣』，丁本同，當作『酧』，《敦煌寫本類書〈勵忠節鈔〉研究》據相關典籍校改，《敦煌類書》校作『酬』；『他』，丁本同，當作『地』，《敦煌類書》、《敦煌寫本類書〈勵忠節鈔〉研究》據相關典籍校改。

〔六六〇〕『高』，丁本同，當作『齊』，《敦煌類書》、《敦煌寫本類書〈勵忠節鈔〉研究》據相關典籍校改。

〔六六一〕「租」，丁本作「祖」，當隨上文「高」而衍，當刪。
〔六六二〕「當」，當作「常」，據文義及丁本改。
〔六六三〕「以」，當作「唯」，據丁本改。《敦煌寫本類書〈勵忠節鈔〉研究》將此句中之「以（唯）食」二字斷屬上句，誤。
〔六六四〕「奉上」，丁本作「理奉」，誤。
〔六六五〕「以」，據文義及丁本補。
〔六六六〕「速」，丁本同，《敦煌類書》釋作「迷」，誤。
〔六六七〕「淫」，丁本作「婬」，「婬」通「淫」。
〔六六八〕「刑」，丁本作「形」，「形」爲「刑」之借字。
〔六六九〕「以」，據文義及丁本補；「乘」，當作「我」，據文義及丁本改；「爲」，據文義及丁本補。
〔六七〇〕「死」，當作「怨」，據文義及丁本改；「壙」，丁本同，當作「曠」，《敦煌寫本類書〈勵忠節鈔〉研究》據相關典籍校改，「壙」爲「曠」之借字。
〔六七一〕「之」，《敦煌寫本類書〈勵忠節鈔〉研究》釋作「我」，誤；「惻」，丁本作「側」，「側」爲「惻」之借字。
〔六七二〕「邪」，底本原作「耶」，《敦煌類書》、《敦煌寫本類書〈勵忠節鈔〉研究》據相關典籍校改爲「邪」，「耶」爲「邪」之俗字。
〔六七三〕「致清」，丁本脱。
〔六七四〕「邪」，丁本作「耶」，「耶」爲「邪」之俗字。

〔六七五〕『善』，丁本同，疑爲衍文，當刪。
〔六七六〕『遠』，丁本同，當作『逮』，《敦煌類書》據文義校改，《敦煌寫本類書〈勵忠節鈔〉研究》逕釋作『逮』。
〔六七七〕『務』，丁本脱；『齊』，當作『濟』，據文義及丁本改。
〔六七八〕『以』，當作『與』，據文義及丁本改，『以』爲『與』之借字。丁本至此句止。
〔六七九〕『使』，《敦煌類書》、《敦煌寫本類書〈勵忠節鈔〉研究》據相關典籍校補。
〔六八〇〕『荀』，當作『道』，《敦煌寫本類書〈勵忠節鈔〉研究》據相關典籍校改，《敦煌類書》校作『有』；『有』，《敦煌寫本類書〈勵忠節鈔〉研究》據相關典籍校補。
〔六八一〕『卒』，當作『率』，《敦煌類書》據文義校改，《敦煌寫本類書〈勵忠節鈔〉研究》逕釋作『率』。
〔六八二〕『從』，當作『縱』，《敦煌類書》、《敦煌寫本類書〈勵忠節鈔〉研究》據相關典籍校改。
〔六八三〕『相』，當作『捆』，《敦煌類書》、《敦煌寫本類書〈勵忠節鈔〉研究》據相關典籍校改。
〔六八四〕『魏』，《敦煌類書》漏録；『善』，當作『狐』，《敦煌寫本類書〈勵忠節鈔〉研究》據相關典籍校改；『子』，《敦煌寫本類書〈勵忠節鈔〉研究》據相關典籍校補。
〔六八五〕『道』，當作『賢』，《敦煌寫本類書〈勵忠節鈔〉研究》據相關典籍校改。
〔六八六〕『實』，當作『賢』，《敦煌寫本類書〈勵忠節鈔〉研究》據相關典籍校改。
〔六八七〕『舟』，當作『丹』，《敦煌寫本類書〈勵忠節鈔〉研究》據相關典籍校改，《敦煌類書》逕釋作『丹』。
〔六八八〕『實』，當作『賢』，《敦煌寫本類書〈勵忠節鈔〉研究》據相關典籍校改；『不』，《敦煌類書》漏録。
〔六八九〕『實』，當作『賢』，《敦煌寫本類書〈勵忠節鈔〉研究》據相關典籍校改。

〔六九〇〕「實」，當作「賢」，《敦煌寫本類書〈勵忠節鈔〉研究》據相關典籍校改。
〔六九一〕「實」，當作「賢」，《敦煌寫本類書〈勵忠節鈔〉研究》據相關典籍校改。
〔六九二〕「而」，《敦煌類書》漏録；「代」，當作「伐」，《敦煌寫本類書〈勵忠節鈔〉研究》據相關典籍校改，《敦煌類書》逕釋作「伐」。
〔六九三〕「治」，當作「始」，《敦煌類書》、《敦煌寫本類書〈勵忠節鈔〉研究》據相關典籍校改。
〔六九四〕「法」，《敦煌寫本類書〈勵忠節鈔〉研究》據相關典籍校補。
〔六九五〕「失」，《敦煌寫本類書〈勵忠節鈔〉研究》據相關典籍校補。
〔六九六〕「故」，當作「固」，《敦煌類書》據文義校改，「故」爲「固」之借字。
〔六九七〕第二個「鉤」字衍，據文義當删。
〔六九八〕「著」，當作「著」，《敦煌類書》據相關典籍校改，《敦煌寫本類書〈勵忠節鈔〉研究》逕釋作「著」。
〔六九九〕「藉」，當作「籍」，《敦煌類書》據文義校改。
〔七〇〇〕「痛」，《敦煌類書》釋作「病」，誤。
〔七〇一〕「其」，《敦煌類書》釋作「爲」，誤。
〔七〇二〕「列」，當作「烈」，《敦煌類書》據文義校改，《敦煌寫本類書〈勵忠節鈔〉研究》逕釋作「烈」，「列」爲「烈」之借字。
〔七〇三〕「以」，當作「已」，《敦煌類書》、《敦煌寫本類書〈勵忠節鈔〉研究》據文義校改，「以」爲「已」之借字。以下同，不另出注。

〔七〇四〕『陵』，當作『凌』，《敦煌類書》、《敦煌寫本類書〈勵忠節鈔〉研究》據文義校改，『陵』爲『凌』之借字。
〔七〇五〕『大』，當作『代』，《敦煌類書》、《敦煌寫本類書〈勵忠節鈔〉研究》據文義校改，疑『大』爲『代』之借字。
〔七〇六〕『伏』，當作『復』，《敦煌寫本類書〈勵忠節鈔〉研究》據文義校改，『伏』爲『復』之借字。
〔七〇七〕『卿』，《敦煌類書》、《敦煌寫本類書〈勵忠節鈔〉研究》據相關典籍校補。
〔七〇八〕『刑』，當作『形』，《敦煌類書》據文義校改，『刑』爲『形』之借字。
〔七〇九〕『徐孺子年九歲』，《敦煌類書》、《敦煌寫本類書〈勵忠節鈔〉研究》據相關典籍校補。
〔七一〇〕『嘗月下戲』，《敦煌類書》、《敦煌寫本類書〈勵忠節鈔〉研究》據相關典籍校補。
〔七一一〕『人』，《敦煌類書》、《敦煌寫本類書〈勵忠節鈔〉研究》據相關典籍校補；『之』，《敦煌類書》、《敦煌寫本類書〈勵忠節鈔〉研究》據相關典籍校補。
〔七一二〕『今』，當作『令』，《敦煌寫本類書〈勵忠節鈔〉研究》據相關典籍校改；『中』，《敦煌寫本類書〈勵忠節鈔〉研究》據相關典籍校補。
〔七一三〕『子』，《敦煌類書》、《敦煌寫本類書〈勵忠節鈔〉研究》據相關典籍校補。
〔七一四〕『童』，當作『瞳』，據文義改，『童』爲『瞳』之借字。
〔七一五〕『必不明』，《敦煌類書》據相關典籍校補。
〔七一六〕『顧悅與簡文同年』，《敦煌類書》、《敦煌寫本類書〈勵忠節鈔〉研究》據相關典籍校補。
〔七一七〕『而髮蚤白』，《敦煌類書》、《敦煌寫本類書〈勵忠節鈔〉研究》據相關典籍校補。
〔七一八〕『簡文曰』，《敦煌類書》、《敦煌寫本類書〈勵忠節鈔〉研究》據相關典籍校補。

〔七一九〕「卿」，《敦煌類書》、《敦煌寫本類書〈勵忠節鈔〉研究》據相關典籍校補。

〔七二〇〕「道」，當作「導」，《敦煌類書》、《敦煌寫本類書〈勵忠節鈔〉研究》據相關典籍校改，「道」爲「導」之借字；「修」，當作「循」，《敦煌類書》、《敦煌寫本類書〈勵忠節鈔〉研究》據相關典籍校改。

〔七二一〕「陵」，當作「凌」，《敦煌寫本類書〈勵忠節鈔〉研究》據文義校改，「陵」爲「凌」之借字。

〔七二二〕「曰」，當作「目」，《敦煌寫本類書〈勵忠節鈔〉研究》據文義校改，《敦煌類書》校作「謂」；「雨」，當作「甫」，《敦煌類書》據相關典籍校改，《敦煌寫本類書〈勵忠節鈔〉研究》逕釋作「甫」。

〔七二三〕「叔」，當作「淑」，《敦煌寫本類書〈勵忠節鈔〉研究》據相關典籍校改。

〔七二四〕「君」，當作「若」，《敦煌寫本類書〈勵忠節鈔〉研究》據相關典籍校改；「無卿」，《敦煌寫本類書〈勵忠節鈔〉研究》據相關典籍校補。

〔七二五〕「桀」，當作「傑」，據文義改，「桀」爲「傑」之借字，《敦煌寫本類書〈勵忠節鈔〉研究》逕釋作「傑」。

〔七二六〕「當」，當作「嘗」，《敦煌類書》、《敦煌寫本類書〈勵忠節鈔〉研究》據相關典籍校改。

〔七二七〕「盪」，《敦煌寫本類書〈勵忠節鈔〉研究》釋作「湯」，誤。

〔七二八〕「飲」，當作「歎」；「伏」，當作「服」，均爲《敦煌寫本類書〈勵忠節鈔〉研究》據文義校改，「伏」爲「服」之借字。

〔七二九〕「淩」，當作「陵」，《敦煌寫本類書〈勵忠節鈔〉研究》據相關典籍校改。

〔七三〇〕「向」，當作「問」，《敦煌類書》、《敦煌寫本類書〈勵忠節鈔〉研究》據相關典籍校改。

〔七三一〕《敦煌類書》、《敦煌寫本類書〈勵忠節鈔〉研究》據相關典籍指出「名」爲衍文，當删。

〔七三二〕『静』，當作『靖』，《敦煌寫本類書〈勵忠節鈔〉研究》據相關典籍校改。

〔七三三〕『静』，當作『靖』，《敦煌寫本類書〈勵忠節鈔〉研究》據相關典籍校改。

〔七三四〕『杭』，當作『札』，《敦煌類書》、《敦煌寫本類書〈勵忠節鈔〉研究》據相關典籍校改。

〔七三五〕『周』，當作『州』，《敦煌類書》、《敦煌寫本類書〈勵忠節鈔〉研究》據相關典籍校改，『周』爲『州』之借字。

〔七三六〕『務』字衍，據文義當删。

〔七三七〕『相』，當作『於』，《敦煌類書》、《敦煌寫本類書〈勵忠節鈔〉研究》據相關典籍校改。

〔七三八〕『子』，當作『於』，《敦煌類書》、《敦煌寫本類書〈勵忠節鈔〉研究》據相關典籍校改；『伏』，當作『服』，《敦煌寫本類書〈勵忠節鈔〉研究》據相關典籍校改，『伏』爲『服』之借字；『其』，《敦煌類書》、《敦煌寫本類書〈勵忠節鈔〉研究》據相關典籍校補。

〔七三九〕『不』，《敦煌類書》、《敦煌寫本類書〈勵忠節鈔〉研究》據相關典籍校補。

〔七四〇〕『薛』，當作『徐』，《敦煌寫本類書〈勵忠節鈔〉研究》據相關典籍校改；『云』字衍，據文義當删；『睾』，當作『皋』，《敦煌寫本類書〈勵忠節鈔〉研究》據相關典籍校改，『睾』爲『皋』之借字。

〔七四一〕『流』，當作『留』，《敦煌寫本類書〈勵忠節鈔〉研究》據相關典籍校改，『流』爲『留』之借字。

〔七四二〕『曰』，當作『過』，《敦煌類書》、《敦煌寫本類書〈勵忠節鈔〉研究》據相關典籍校改。

〔七四三〕『爲』，當作『謂』，《敦煌類書》、《敦煌寫本類書〈勵忠節鈔〉研究》據相關典籍校改，『爲』爲『謂』之借字。

〔七四四〕『荷』，當作『苛』，《敦煌類書》、《敦煌寫本類書〈勵忠節鈔〉研究》據相關典籍校改。

〔七四五〕『舜』，底本在天頭改寫爲『瞬』字，據下文之『堯動』，『舜息』應不誤；『擯』，疑當作『損』，據文義改，

《敦煌類書》、《敦煌寫本類書〈勵忠節鈔〉研究》逕釋作『損』，《敦煌類書》釋作『積』。

〔七四六〕『悮』，《敦煌寫本類書〈勵忠節鈔〉研究》釋作『誤』，『悮』同『誤』。

〔七四七〕『高』，當作『齊』，《敦煌類書》、《敦煌寫本類書〈勵忠節鈔〉研究》據相關典籍校改。

〔七四八〕『於』，《敦煌寫本類書〈勵忠節鈔〉研究》據相關典籍校補；『者』，《敦煌類書》、《敦煌寫本類書〈勵忠節鈔〉研究》據相關典籍校補。

〔七四九〕『高』，當作『齊』，《敦煌類書》、《敦煌寫本類書〈勵忠節鈔〉研究》據相關典籍校改。

〔七五〇〕『第』，當作『弟』，據文義改，『第』爲『弟』之借字，《敦煌寫本類書〈勵忠節鈔〉研究》逕釋作『弟』；『身』，《敦煌類書》、《敦煌寫本類書〈勵忠節鈔〉研究》均以爲是衍字，當删。

〔七五一〕『夫人』，《敦煌類書》漏録。

〔七五二〕『相』，當作『於』，《敦煌類書》、《敦煌寫本類書〈勵忠節鈔〉研究》據相關典籍校改。

〔七五三〕『奭』，當作『煥』，《敦煌類書》、《敦煌寫本類書〈勵忠節鈔〉研究》據相關典籍校改，疑『奭』爲『煥』之借字。

〔七五四〕『相』，當作『於』，《敦煌類書》、《敦煌寫本類書〈勵忠節鈔〉研究》據相關典籍校改。

〔七五五〕『則飢』，《敦煌類書》、《敦煌寫本類書〈勵忠節鈔〉研究》據相關典籍校補。

〔七五六〕『飢寒切身』，與上文重複，疑爲衍文，當删。

〔七五七〕『不顧廉恥』，與上文重複，疑爲衍文，當删。

〔七五八〕『茲』，當作『慈』，《敦煌類書》、《敦煌寫本類書〈勵忠節鈔〉研究》據相關典籍校改。

〔七五九〕『成』，當作『誠』，《敦煌類書》據文義校改，『成』爲『誠』之借字。

〔七六〇〕『遠』，當作『還』，《敦煌類書》據文義校改，《敦煌寫本類書〈勵忠節鈔〉研究》逕釋作『還』。

〔七六一〕『銜』，底本原寫作『轅』，又於該行天頭改作『銜』，據文義當以『銜』爲是，《敦煌類書》、《敦煌寫本類書〈勵忠節鈔〉研究》仍釋作『轅』。

〔七六二〕『硤』，當作『峽』，據文義改，『硤』爲『峽』之借字，《敦煌寫本類書〈勵忠節鈔〉研究》逕釋作『峽』。

〔七六三〕『孫』，當作『緣』，《敦煌類書》、《敦煌寫本類書〈勵忠節鈔〉研究》據相關典籍校改；『下』字爲衍文，據文義當刪；『峰』，當作『岸』，《敦煌類書》、《敦煌寫本類書〈勵忠節鈔〉研究》據相關典籍校改。

〔七六四〕『恒』，當作『桓』，據文義改，《敦煌類書》、《敦煌寫本類書〈勵忠節鈔〉研究》均逕釋作『桓』；『之聞』，底本原作『聞之』，《敦煌類書》據文義校改。

〔七六五〕『決』，《敦煌類書》釋作『絕』，誤。

〔七六六〕『情』，當作『博』，《敦煌類書》據文義校改。

〔七六七〕『骨』，當作『滑』，《敦煌類書》據文義校改，《敦煌寫本類書〈勵忠節鈔〉研究》指出『骨』通『滑』。

〔七六八〕『高』，當作『帝』，《敦煌類書》、《敦煌寫本類書〈勵忠節鈔〉研究》據相關典籍校改。

〔七六九〕『一』字衍，當刪。

〔七七〇〕第二個『敏』字衍，當刪。

〔七七一〕『伏』，當作『服』，《敦煌寫本類書〈勵忠節鈔〉研究》據文義校改，『伏』爲『服』之借字。

〔七七二〕『激』，當作『繳』，據文義改，《敦煌類書》、《敦煌寫本類書〈勵忠節鈔〉研究》均逕釋作『繳』。

〔七七三〕「即」，當作「則」，《敦煌類書》據文義校改。

〔七七四〕「曰」，據文義補。

〔七七五〕「君」，《敦煌類書》、《敦煌寫本類書〈勵忠節鈔〉研究》據相關典籍校補。

〔七七六〕「當」，當作「常」，《敦煌類書》據文義校改；「三」，當作「二」，《敦煌類書》、《敦煌寫本類書〈勵忠節鈔〉研究》據相關典籍校改。

〔七七七〕「不」字衍，據文義及傳世《呂氏春秋》當刪。

〔七七八〕「之」，當作「風」，《敦煌類書》、《敦煌寫本類書〈勵忠節鈔〉研究》據相關典籍校改。

〔七七九〕「德」，丁本作「得」，「得」爲「德」之借字。

〔七八〇〕「德」，丁本作「得」，「得」爲「德」之借字。

〔七八一〕「忠」，當作「信」，據文義及丁本改；「信」，當作「忠」，據文義及丁本改。

〔七八二〕「子」，《敦煌類書》、《敦煌寫本類書〈勵忠節鈔〉研究》據相關典籍校補。

〔七八三〕「哉」，當作「矣」，據文義及丁本改；「矣」，當作「哉」，據文義及丁本改。

〔七八四〕「不」，《敦煌類書》據文義校補。

〔七八五〕「由」，丁本同，當作「猶」，《敦煌類書》據文義校改，「由」爲「猶」之借字；「玉」，據文義及丁本補。

〔七八六〕「身」，當作「方」，《敦煌類書》、《敦煌寫本類書〈勵忠節鈔〉研究》據相關典籍校改。

〔七八七〕「己」，《敦煌類書》據文義校補。

〔七八八〕「事」，當作「士」，《敦煌類書》據文義校改，「事」爲「士」之借字。

〔七八九〕『事』，當作『士』，《敦煌類書》據文義校改，『事』爲『士』之借字。
〔七九〇〕『身』，當作『長』，《敦煌類書》、《敦煌寫本類書〈勵忠節鈔〉研究》據相關典籍校改。
〔七九一〕『堇』，當作『董』，據文義改，《敦煌類書》、《敦煌寫本類書〈勵忠節鈔〉研究》均逕釋作『董』。
〔七九二〕『損』，當作『捐』，《敦煌類書》據相關典籍校改。
〔七九三〕『知』，底本原寫作『智』，後在該行天頭改作『知』，《敦煌寫本類書〈勵忠節鈔〉研究》仍釋作『智』，《敦煌類書》亦釋作『智』，校作『知』。
〔七九四〕『兄』，《敦煌類書》據文義校補。
〔七九五〕『曾』，《敦煌類書》據文義校補。

參考文獻

Mair, *Chinoper Papers* Vol.10, 49；《敦煌寶藏》一〇冊，六五七至六六九頁（圖）；《講座敦煌》五《敦煌漢文文獻》，二六八至三七一頁；《英藏敦煌文獻》三卷，三一至四一頁（圖）；《九州學刊》四卷四期，八七至九五頁；《敦煌類書》二一至三〇頁、一六五至一九五頁（録）、一〇七四至一〇九八頁（圖）；《文獻》一九九四年一期，一九五至二〇五頁；《敦煌研究》二〇〇三年二期，六九至七三頁；《敦煌學國際研討會論文集》九〇至九九頁；《敦煌寫本類書〈勵忠節鈔〉研究》二一一九至三六八頁。

斯一四四一背　一　二月八日文

釋文

二月八日文

法王誕跡〔一〕，託質深宫；是（示）滅雙林〔二〕，廣利郡（群）品〔三〕。王宫孕靈〔四〕，寔有生於千界〔五〕；逾城半夜〔六〕，求無上之三身〔七〕。今以三春中律，四序初分；柳絮南枝，冰開北岸。遂乃梅花始笑，喜鵲欲巢；真俗旋城，幡花隘（溢）路〔八〕。八音競湊（奏）〔九〕，聲謡（摇）兜率之音（宫）〔一〇〕；五樂瓊簫，響（響）振精（金）輪之界〔一一〕。惣斯多善，莫限良緣，先用莊嚴梵釋四王、龍天八部：伏願威光盛運，救國護人；濟惠慈悲，年豐歲稔。伏持勝善，次用莊嚴我河西節度使　尚書貴位：伏願五嶽比壽，以（與）日月而齊明〔一二〕；禄極蒼瀛，延麻姑之萬歲。然後休兵罷甲，鑄戟銷戈；萬里澄清，三邊晏静〔一三〕。

説明

此件首尾完整，首有原題『二月八日文』。二月八日是佛教的重要節日，或認爲是佛祖釋伽牟尼的誕

辰，或認爲是悉達太子逾城出家紀念日。從敦煌文書的相關記載來看，敦煌地區是以二月八日爲悉達太子逾城出家紀念日（參看郝春文《唐後期五代宋初敦煌僧尼的社會生活》，中國社會科學出版社，一九九八年版，二三〇至二三一頁），並在此日舉行齋會和行像活動。此件即爲在行像活動中宣讀的文字。王書慶《敦煌佛學·佛事篇》和黄徵、吴偉《敦煌願文集》對此作過録校。

除此件外，同卷背尚鈔有『安傘文』、『患難月文』、『維摩押座文』、『鹿兒讚文』、『印沙佛文』、『燃燈文』等佛事文、『云謡集雜曲子』和『齋儀』等。這些内容並非一人所抄，亦非一時所抄，其内容也不是一個有機整體，據其内容大致可以分爲佛事應用文、『云謡集雜曲子』和『齋儀』三個部分。

校記

〔一〕原卷標題下先作『智覺騰芳，功勇齊智；大雄方便，動物斯均。王宫孕靈，寔有生於千界』，抄寫者圈去以示刪除，並在旁邊改寫爲『法王誕跡，託質深宫；是滅雙林，廣利郡品』，故按改寫文字校録。

〔二〕『是』，當作『示』，《敦煌願文集》據文義校改，《敦煌佛學·佛事篇》逕釋作『示』，『是』爲『示』之借字。

〔三〕『郡』，當作『群』，《敦煌願文集》據文義校改，《敦煌佛學·佛事篇》逕釋作『群』。

〔四〕『王宫孕靈』，原卷圈去以示刪除，故《敦煌佛學·佛事篇》不録；《敦煌願文集》以爲當是抄寫者誤圈，應照録，此從之。

〔五〕『寔有生於千界』，原卷圈去以示刪除，故《敦煌佛學·佛事篇》不録；《敦煌願文集》以爲當是抄寫者誤圈，應照録，此從之。

〔六〕原卷先作「夜遁」，復又圈去刪除，旁邊改寫「半夜」二字；「逾城半夜」，《敦煌佛學・佛事篇》釋作「斯均王逾城半夜」，「斯均王」三字抄寫者已刪除，當不録。

〔七〕「三」，原卷已圈去，《敦煌佛學・佛事篇》不録，《敦煌願文集》以爲應照録，此從之。

〔八〕「隘」，當作「溢」，據文義改，《敦煌佛學・佛事篇》逕釋作「溢」。

〔九〕「八」，《敦煌佛學・佛事篇》釋作「梵」，誤；「湊」，當作「奏」，《敦煌願文集》據文義校改。

〔一〇〕「謡」，當作「摇」，《敦煌願文集》據文義校改，「謡」爲「摇」之借字；「音」，當作「宫」，《敦煌願文集》據文義校改。

〔一一〕「嚮」，當作「響」，《敦煌願文集》據文義校改，「嚮」爲「響」之借字；「精」，當作「金」，據文義改。

〔一二〕「以」，當作「與」，《敦煌願文集》據文義校改，時「以」通「與」。

〔一三〕「晏」，《敦煌佛學・佛事篇》釋作「安」，誤。

參考文獻

《敦煌寶藏》一〇冊，六七〇頁（圖）；《英藏敦煌文獻》三卷，四二頁（圖）；《敦煌佛學・佛事篇》六五至六六頁；《敦煌願文集》三一至三二頁（録）；《英國收藏敦煌漢藏文獻研究》一〇三頁（録）。

斯一四四一背　二　安傘文

釋文

安傘文

大覺紅（弘）慈〔一〕，多門〔汲〕引〔二〕；能仁演化，（以下原缺文）

説明

此件僅抄有標題和起首部分。

校記

〔一〕『紅』，當作『弘』，據伯三七七〇『安傘文』改，『紅』爲『弘』之借字。

〔二〕『汲』，據伯三七七〇『安傘文』補。

參考文獻

《敦煌寶藏》一〇册，六七〇頁（圖）；《英藏敦煌文獻》三卷，四二頁（圖）；《敦煌願文集》三二一頁（録）。

斯一四四一背　三　二月八日文

釋文

法王誕跡，託質深宮；示滅雙林，廣利郡（群）品〔一〕；凡諸勝事，難可談矣！今則仲春上和，少陽盛事（時）〔二〕，太子逾城之日〔三〕，天王捧足之辰。釋氏星羅，士女雲集，奔騰隘路；像設金園，寶蓋旋空，環城豎（樹）福〔四〕。惣斯多善，無疆勝因，龍天云云。又持勝福，盡用莊嚴我僕射貴位：捧金爐兮解脱香，時清平兮國人康；君臣合運兮如魚水，大唐萬歲兮日月長。然後風調雨順，歲稔時豐；疫癘消除，吉祥雲集。

説明

此件原無題，從其内容看亦爲『二月八日文』，但所抄内容有所省略。文中『僕射』、『大唐』並見，《敦煌願文集》據之推斷其作於張議潮時期。

校記

〔一〕「郡」，當作「群」，《敦煌願文集》據文義校改。
〔二〕「事」，當作「時」，《敦煌願文集》據文義校改。
〔三〕「城」，《敦煌願文集》釋作「越」，誤；「日」，《敦煌願文集》釋作「月」，校作「日」，按原件本作「日」。
〔四〕「豎」，當作「樹」，《敦煌願文集》據文義校改。

參考文獻

《敦煌寶藏》一〇册，六七〇頁（圖）；《英藏敦煌文獻》三卷，四二頁（圖）；《敦煌願文集》三三二頁（録）。

斯一四四一背　四　患難月文

釋文

患難月文

至覺幽深，真如綿邈，神功叵惻（測）〔一〕。外獻七珍，未證菩提，遂捨轉輪之位；內修萬行，方證無上之尊。然今坐（座）前施主，捨施念誦所申意者，奉爲某人患難諸（之）所建也〔二〕。惟患産乃清貞淑順，婦禮善閑（嫻）〔三〕；智德孤明，母儀初備。遂因往劫，福湊今生；感居女質之軀（軀）〔四〕，難離負胎之患。今者旬將已滿，朔似環周；慮恐有傷毀之唆（咎）〔五〕，實懼值妖災之苦。故即虔心懇切，望三寶與（以）護持〔六〕；割捨珍財，仰慈門而啓（稽）顙〔七〕。復（伏）聞三寶〔八〕，是濟危拔苦之能仁；大士紅（弘）悲〔九〕，無願不從而惠化。以茲捨施功德，念誦焚香，惣用莊嚴患産即體：惟願日臨月滿，果生奇異之神；母子平安，定無憂嗟之厄。觀音灌頂，得受不死之神方；藥上捫（捫）磨（摩）〔一〇〕，垂惠長生之味。母無痛惱，得晝夜之恒安；〔産〕〔子〕〔仙〕〔童〕〔一一〕，似披連（蓮）而化現〔一二〕。又持勝福，次用莊嚴持爐施主合門長幼等：惟願身如松嶽，命等蒼冥；靈哲之智朗

然，悟解之心日進。父則常居禄位，母則盛德恒存；兄弟才藝過人，姊妹永修貞潔。然後死（四）生離苦〔一三〕，三有獲安；同發菩提，成無（正）覺路〔一四〕。

說明

此件首有原題，『患難月文』多稱『難月文』。所謂『患難月』或『難月』即產婦臨產之月，在古代醫療條件下，臨產之月在產前對產婦來説充滿未知數，遇到『患難』的概率很高。所以時人用設齋的方法祈求佛保佑臨產的母子平安，『患難月文』就是這類齋會上宣讀的文字。

校記

〔一〕『惻』，當作『測』，《敦煌願文集》據文義校改，『惻』爲『測』之借字。
〔二〕『諸』，當作『之』，《敦煌願文集》據文義校改，『諸』通『之』。
〔三〕『閑』，當作『嫻』，《敦煌願文集》據文義校改，『閑』爲『嫻』之借字。
〔四〕『驅』，當作『軀』，據文義改，《敦煌願文集》逕釋作『軀』。
〔五〕『唆』，當作『咎』，據文義改，《敦煌願文集》校作『酸』。
〔六〕『與』，當作『以』，《敦煌願文集》據文義校改，時『與』通『以』。
〔七〕『啓』，當作『稽』，《敦煌願文集》據文義校改，『啟』爲『稽』之借字。
〔八〕『復』，當作『伏』，據斯五九五七和伯三七六五『難月文』改，『復』爲『伏』之借字。

〔九〕「紅」，當作「弘」，《敦煌願文集》據文義校改，「紅」爲「弘」之借字。
〔一〇〕「撋」，當作「捫」，《敦煌願文集》據文義校改；「磨」，當作「摩」，據斯五九五七和伯三七六五「難月文」改，「磨」爲「摩」之借字。
〔一一〕「産子仙童」，據斯五九五七和伯三七六五「難月文」補。
〔一二〕「連」，當作「蓮」，據斯五九五七和伯三七六五「難月文」改，「連」爲「蓮」之借字。
〔一三〕「死」，當作「四」，據斯五九五七和伯三七六五「難月文」改，疑「死」爲「四」之借字。
〔一四〕「無」，當作「正」，據斯五九五七和伯三七六五「難月文」改。

參考文獻

《敦煌遺書總目索引》一三七頁（録）；《敦煌寶藏》一〇册，六七〇頁（圖）；《英藏敦煌文獻》三卷，四二至四三頁（圖）；《敦煌婚姻文化》六二至六四頁（録）；《敦煌願文集》三三至三五頁（録）；《英國收藏敦煌漢藏文獻研究》一〇四頁（録）；《敦煌遺書總目索引新編》四三頁（録）。

斯一四四一背　五　維摩經押座文

釋文

維磨（摩）〔經〕押座文〔一〕

頂禮上方香積世〔二〕，妙喜如來化相身。

示有妻兒眷屬徒〔三〕，心静常修於梵行〔四〕。

智力神通難可惻（測）〔五〕，手摇日月動須彌〔六〕。

我佛如來在奄（庵）園〔七〕，宣説甚深普集教。

長者身心歡喜了，持其花蓋拱（供）如來〔八〕。

偏偏摇動布金鈴〔九〕，七寶雙雙香送遠。

直到奄（庵）園法會上〔一〇〕，捧其寶蓋上如來〔一一〕。

五百花蓋立其前，聖力合成爲一蓋〔一二〕。

日月星辰皆惣現，山河大地及龍宮〔一三〕。

世界摇時寶蓋摇，世界動時寶蓋動。

一切十方諸浄土，三世如來悉現中〔一四〕。
五百聲〔聞〕皆被訶〔一五〕，住相法空分所證。
更有光嚴彌勒衆〔一六〕，身心皆拜道徒中〔一七〕。
不二真門性〔自〕融〔一八〕，只有維摩親證悟。
示病室中而獨卧，廣談六品不思儀（議）〔一九〕。
大聖牟尼悲願深，一一親呼十大衆。
皆曰不堪而問疾，唯有文殊千佛師〔二〇〕。
魏（巍）魏（巍）身動寶星宫〔二一〕，〔岌〕〔岌〕〔珠〕〔摇〕〔飛〕〔寶〕〔座〕〔二二〕。
〔八〕〔萬〕〔仙〕〔人〕〔香〕〔滿〕〔園〕〔二三〕，〔千〕〔千〕〔聖〕〔衆〕〔遍〕〔長〕〔空〕〔二四〕。
請飯上方香積中，化坐（座）燈王師子吼〔二五〕。
盡到毗耶方丈宫〔二六〕，作其佛事到（對）弘經〔二七〕。
今身（辰）擬説甚深文〔二八〕，惟願慈悲來至此。
聽聞經教罪消滅〔二九〕，惣證菩提法寶（報）身〔三〇〕。
火宅忙忙何日休，五欲終朝（招）生死苦〔三一〕。
不似聽經求解脱，學佛修行能不能？
能者乾（虔）恭合掌著〔三二〕，經題名字唱將來〔三三〕。

說明

此件首尾完整，起首有原題。『押座文』是唐宋時期以通俗方式向佛教徒宣講佛經之前所唱的七言韻文。『押座』有鎮壓四座之意，對講經而言，『押座文』具有導引正題、收攝心神的功用。此件末句『經題名字唱將來』，既意味着『押座文』之結束，又標誌着正式講經開始。除此件外，斯二四四〇、伯二一二二和伯三二一〇中亦保存了『維摩經押座文』，斯二四四〇保存兩件該文抄本。

以上釋文是以斯一四四一爲底本，用斯二四四〇A（稱其爲甲本）和斯二四四〇B（稱其爲乙本）、伯二一二二背（稱其爲丙本）、伯三二一〇（稱其爲丁本）參校。

校記

〔一〕『磨』，丁本同，當作『摩』，據甲、乙、丙本改，『磨』爲『摩』之借字；『經』，據乙、丁本補。

〔二〕『世』，甲本脱。

〔三〕『示』，丙、丁本同，甲、乙本作『是』，『是』爲『示』之借字。

〔四〕『静』，丙、丁本同，甲、乙本作『净』。

〔五〕『智』，甲、乙、丙本同，丁本作『聖』；『難』，甲、乙、丁本同，丙本作『能』，誤；『惻』，甲本同，丁本作『側』，當作『測』，據乙、丙本改，『惻』爲『測』之借字。

〔六〕甲本此句後有『佛子』二字，乙本此句後有『念菩薩佛子』五字，爲聽衆相和語。

〔七〕「奄」，丙本同，當作「庵」，據甲、乙、丁本改，疑「奄」爲「庵」之借字。

〔八〕「花」，甲、丙、丁本同，乙本作「寶」；「拱」，甲、乙、丁本作「詣」，當作「供」，據丙本改，「拱」爲「供」之借字。甲本此句後有「佛子」二字，乙本此句後有「念菩薩佛子」五字，爲聽衆相和語。

〔九〕「摇」，甲、乙、丁本同，丙本作「網」，疑誤；「鈴」，丙本同，丁本作「靈」，甲本作「雲」，乙本作「雲鈴」，「雲」字墨跡較濃，「靈」爲「鈴」之借字。

〔一〇〕「奄」，當作「庵」，據甲、乙、丙、丁本改。

〔一一〕「捧」，乙、丙、丁本同，甲本作「持」。甲、乙本此句後有「佛子」二字，爲聽衆相和語。

〔一二〕「成」，甲、乙、丙本同，丁本作「城」，「城」爲「成」之借字；「一」，甲、丙、丁本同，乙本作「壹」。

〔一三〕甲、乙本此句後有「佛子」二字，爲聽衆相和語。

〔一四〕甲、乙、丙、丁本此句後有「佛子」二字，爲聽衆相和語。

〔一五〕「聞」，據甲、乙、丙、丁本補；「被」，甲本脱。乙本在此句前尚有：「毗耶離國地中心，寶樹光暉金燦爛。多出人賢性慈愍，久曾過去早修行。佛子。居士維摩衆中尊，十德圓明人所重。親近無邊三世佛，故號維摩長者身。佛子」。此段文字底本及甲、丙、丁本均無。

〔一六〕「更」，甲、乙、丁本同，丙本作「便」。

〔一七〕「身」，乙、丙本同，甲、丁本作「申」，「申」爲「身」之借字。甲、乙本此句後有「佛子」二字，爲聽衆相和語。

〔一八〕「自」，據乙、丙、丁本補。

〔一九〕「儀」，乙、丙、丁本同，當作「議」，據甲本改，「儀」爲「議」之借字。甲、乙本此句後有「佛子」二字，爲聽

衆相和語。

〔二〇〕甲、乙本此句後有『佛子』二字，爲聽衆相和語。

〔二一〕『魏魏』，當作『巍巍』，據甲、乙、丙、丁本改，『魏』爲『巍』之借字；『星』，甲、乙、丙本同，丁本作『皇』，誤。

〔二二〕『岌岌珠摇飛寶座』，據甲、乙、丙、丁本補。

〔二三〕『八萬仙人香滿園』，據甲、乙、丙、丁本補。

〔二四〕『千千聖衆遍長空』，據甲、乙、丙、丁本補。甲、乙本此句後有『佛子』二字，爲聽衆相和語。

〔二五〕『坐』，當作『座』，據甲、乙、丙、丁本改，『坐』爲『座』之借字。

〔二六〕『宫』，甲、乙、丙、丁本作『室』。

〔二七〕『到』，當作『對』，據甲、乙、丙、丁本改；『經』，丙、丁本同，甲、乙本作『揚』。甲、乙本此句後有『佛子』二字，爲聽衆相和語。

〔二八〕『身』，丙本同，甲、乙本作『晨』，當作『辰』，據丁本改，『晨』爲『辰』之借字；『擬』，甲、乙、丙本同，丁本作『疑』，誤；『文』，丙、丁本同，乙本作『經』。

〔二九〕『聞經教』，甲、乙、丙、丁本作『衆聞經』。

〔三〇〕『寶』，甲、乙本同，當作『報』，據丙、丁本改，疑『寶』爲『報』之借字。甲、乙本此句後有『佛子』二字，爲聽衆相和語。

〔三一〕『朝』，甲、丙、丁本同，當作『招』，據乙本改，『朝』爲『招』之借字。

〔三二〕「乾」，當作「虔」，據甲、乙、丙、丁本改，「乾」爲「虔」之借字。

〔三三〕丙本此後尚有十幾句，似已非「押座文」。

參考文獻

《大正藏》八五冊，一二九七頁（録）；《敦煌變文集》下，八二九至八三二頁（録）；Mair, *Chinoper Papers* No.10（1981），p.49；《敦煌佛經卷子巡禮》六九至七二頁（録）；《敦煌寶藏》一〇冊，六七〇至六七一頁（圖）；《敦煌變文論文録》一七〇頁；《寧波師院學報》一九八九年一期，七三至七四頁；《英藏敦煌文獻》三卷，四三頁（圖）；《九州學刊》五卷四期，一四九至一五〇頁；《敦煌變文集新書》上，一一至一五頁（録）；《敦煌佛學·佛事篇》一三七至一三八頁（録）；《敦煌變文校注》一一四六至一一五一頁（録）。

斯一四四一背　六　鹿兒讚文

釋文

昔有一賢士，住在流水邊。百鳥同一巢，相看如兄第（弟）。
有一傍河人〔一〕，失脚墮流泉，手把無根樹，口稱觀世音。
鹿兒問（聞）此語〔二〕，逃（跳）入水中心〔三〕。語汝上鹿背，將汝出彼岸。
趙人出彼岸，與鹿作奴僕。鹿是草間蟲，飢來食百草。
渴即飲流泉，不用作奴僕。有人問此鹿，莫道在此間。
有一國王長大患，夜夢九色鹿。誰知九色鹿，分國償千金。
趙人聞此語，叉手向王前：臣知九色鹿，長在流水邊。
國王聞此語，處分九飛龍，將兵百萬衆，違（圍）遶四山林〔四〕。
有一慈烏樹上叫，鹿是（在）樹下眠〔五〕。國王張弓擬射鹿。聽鹿說一言：
大王是迦葉，鹿是如來身。凡夫不昔（惜）賢〔六〕，莫作聖人怨。
國王聞此語，便即寫（卸）弓弦〔七〕。弓作蓮花樹，箭作蓮花枝，翅作蓮花葉〔八〕，忍辱頗思

議。無人知鹿處，只是大患兒。
報道黑頭蟲，世世莫與恩。

説明

此件首尾完整，原無標題，《敦煌遺書總目索引》考定其爲「鹿兒讚文」。

校記

〔一〕「傍」，《敦煌遺書總目索引新編》釋作「旁」，誤。
〔二〕「問」，當作「聞」，據文義改，《敦煌遺書總目索引新編》逕釋作「聞」。
〔三〕「逃」，當作「跳」，《敦煌遺書總目索引新編》據文義校改。
〔四〕「違」，當作「圍」，《敦煌遺書總目索引新編》據文義校改，「違」爲「圍」之借字。
〔五〕「是」，當作「在」，據文義改。
〔六〕「昔」，當作「惜」，《敦煌遺書總目索引新編》據文義校改，「昔」爲「惜」之借字。
〔七〕「寫」，疑當作「卸」，《敦煌遺書總目索引新編》據文義校改。
〔八〕「花」，《敦煌遺書總目索引新編》釋作「作」，誤。

參考文獻

《敦煌遺書總目索引》一三七頁（録）；《敦煌寶藏》一〇冊，六七一頁（圖）；《英藏敦煌文獻》三卷，四四頁（圖）；《敦煌詩歌導論》一一八至一一九頁（録）；《敦煌遺書總目索引新編》四三至四四頁（録）。

斯一四四一背　七　社邑印沙佛文

釋文

印沙佛文

夫曠賢大劫，有聖人焉。出釋是（氏）宮〔一〕，名薄伽梵。心凝大寂，身意無邊；慈示衆生，號之爲佛。

厥今合邑諸公等，故於三春上律，四序初晨，脱塔印砂，啓加（嘉）願者〔二〕，先奉爲國泰人安，攙槍永滅；次爲己身，共保清吉之福會也。惟合邑諸公等，並是緇中俊傑，衆内高仁，學業幽深，詞鋒影俗。知四大如（而）無注（主）〔三〕，曉五藴而皆空；脱千聖之真容，印恒沙之遍跡。更能焚香郊外，請凡聖於福事之前；散食香餐，普施〔於〕〔水〕六（陸）地之分〔四〕。

以斯脱佛功德，啓願勝因，先用莊嚴梵釋四王、龍天八部：伏願威光轉勝，福力彌增，興運慈悲，救人護世。願使郡（君）延壽〔五〕，五穀豐堯舜之年；國秦（泰）人安〔六〕，行路滿歌瑶（謡）之樂〔七〕。又持勝福，次用莊嚴合邑諸公等：惟願身如玉樹，恒浄恒明；體若金

剛，常堅常故（固）〔八〕。今世後世，莫絕善緣；次（此）世他生〔九〕，善芽增悵（長）〔一〇〕。然後散霑法界，〔普〕〔及〕〔有〕〔情〕〔一一〕；賴此勝因，齊登佛果。

說明

此件首尾完整，是敦煌社邑在舉行印沙佛活動時請僧人念誦的文字。印沙佛，就是在河岸沙灘上以印印沙，爲塔形象；或以七俱胝佛像塔印，用印香泥沙上紙上。佛教認爲舉行這樣的活動具有與念誦經文一樣的功德。敦煌文獻中共保存了九件《社邑印沙佛文》，表明印沙佛活動是敦煌社邑的一項重要活動。

此件中稱其成員並是『緇中俊傑，衆内高仁，學業幽深，詞鋒影俗』，說明這篇文字是適用於由出家僧人組成的社邑。

校記

〔一〕『是』，當作『氏』，據斯六六三和斯二八四二中之『社邑印沙佛文』改，『是』爲『氏』之借字。

〔二〕『加』，當作『嘉』，據斯二八四二中之『社邑印沙佛文』改。

〔三〕『如』，當作『而』，據斯六六三和斯二八四二中之『社邑印沙佛文』改，時『如』通『而』；『注』，當作『主』，據文義改。

〔四〕『於水』，據斯六六三中之『社邑印沙佛文』補；『六』，當作『陸』，據斯六六三中之『社邑印沙佛文』改，『六』爲『陸』之借字；『地』，據文義爲衍文，當刪。

〔五〕「郡」，當作「君」，《敦煌願文集》據文義校改。
〔六〕「秦」，當作「泰」，《敦煌願文集》據文義改。
〔七〕「瑶」，當作「謡」，據文義改，《敦煌願文集》逕釋作「謡」，「瑶」爲「謡」之借字。
〔八〕「故」，當作「固」，據斯六六三中之「社邑印沙佛文」改，「故」爲「固」之借字。
〔九〕「次」，當作「此」，據斯六六三中之「社邑印沙佛文」改，「次」爲「此」之借字。
〔一〇〕「悵」，當作「長」，據斯六六三和斯二八四二中之「社邑印沙佛文」改。
〔一一〕「普及有情」，據斯六六三和斯二八四二中之「社邑印沙佛文」補。

參考文獻

《敦煌寶藏》一〇册，六七一至六七二頁（圖）；《英藏敦煌文獻》三卷，四四至四五頁（圖）；《敦煌研究》一九八九年一期，一九頁；《敦煌佛學·佛事篇》六八頁（録）；《敦煌願文集》三五至三六頁（録）。

釋文

燃燈文

竊以惠竟（鏡）陽（揚）暉〔一〕，朗三明〔者〕智炬〔二〕；勝場流濁，墔（摧）八難者法輪〔三〕。於是廣照慈光，諒無幽而不燭；遐開妙軌，寔有感而斯通。故使巨夜還朝，返迷津而悟〔道〕〔四〕；重昏再曉，馳覺路以歸真。赫矣難名，傾哉悝（罕）惻（測）者也〔五〕。

厥今合邑諸公等，乃於新年上津（律）〔六〕，肇歲加（嘉）晨（辰）〔七〕；建浄輪於寶芳（坊）〔八〕，然惠燈於金地者，如斯之福也。惟合邑諸公等，乃六度爲美，十信名懷。；廣善福門，欲求勝願。遂乃横開月殿，豎曉燈輪；建慈力之誓（示）縱（蹤）〔九〕，啓四紅（弘）之滿願〔一〇〕。又乃架迴聳七層之刹，蘭炷炳而花鮮；陵虚構四照之臺，桂爐焚而香散。籠懸寫月，焰起分星，光曜九天，輝流百億。亘十方而歷供，果滿今晨（辰）〔一一〕；豎千福之芳緣，〔因〕〔圓〕〔此〕〔日〕〔一二〕。其燈乃神光破闇，寶燭除昏；諸佛爲之剜身，菩薩爲之燒

臂。遂使千燈普照，百焰歸（俱）明〔一三〕；賢聖遥瞻，隨燈而集。鐵圍山内，賴此光明；黑闇城中，蒙斯光照。是以二萬憶（億）佛〔一四〕，同號燃燈；八千定光〔一五〕，皆同一字。

以斯燃燈功德，無限勝因，先用莊嚴上界四王、下方八部；伏願威光轉勝，福力彌增；國泰人安，永無征戰。又持勝福，次用莊嚴合邑諸公等即體；惟願蕩千災，增萬福，善業長，惠牙（芽）開〔一六〕；同種智之圓明，似法身之堅固。然後廓周法界，包括塵沙；俱休（沐）芳因〔一七〕，咸登覺路。

說明

此件首尾完整，前有標題。『社邑燃燈文』是僧人在社邑舉行的燃燈供佛活動時念誦文本。燃燈法會是佛教徒組織的一種佛事活動，佛教認爲舉行這種活動能獲得福報。

校記

〔一〕『竟』，當作『鏡』，據伯三七六五『社邑燃燈文』改，『竟』爲『鏡』之借字；『陽』，當作『揚』，據伯三七六五『社邑燃燈文』改，『陽』爲『揚』之借字。

〔二〕『者』，據伯三七六五『社邑燃燈文』補。

〔三〕『堆』，當作『摧』，據伯三七六五『社邑燃燈文』改，『堆』爲『摧』之借字。

〔四〕「道」，據伯三七六五「社邑燃燈文」補。

〔五〕「悝」，當作「罕」，據伯三七六五「社邑燃燈文」改；「惻」，當作「測」，據伯三七六五「社邑燃燈文」改，「惻」爲「測」之借字。

〔六〕「津」，當作「律」，據伯三七六五「社邑燃燈文」改。

〔七〕「加」，當作「嘉」，《敦煌願文集》據文義校改，「加」爲「嘉」之借字；「晨」，當作「辰」，《敦煌願文集》據文義校改，「晨」爲「辰」之借字。

〔八〕「芳」，當作「坊」，據伯三七六五「社邑燃燈文」改，「芳」爲「坊」之借字。

〔九〕「誓」，當作「示」，據文義改，「誓」爲「示」之借字；「縱」，當作「蹤」，據伯三七六五「社邑燃燈文」改，「縱」爲「蹤」之借字。

〔一〇〕「紅」，當作「弘」，據伯三七六五「社邑燃燈文」改，「紅」爲「弘」之借字。

〔一一〕「晨」，當作「辰」，《敦煌願文集》據文義校改，「晨」爲「辰」之借字。

〔一二〕「因圓此日」，《敦煌願文集》據伯二三四一《燃燈文》補。

〔一三〕「歸」，當作「俱」，據伯三七六五「社邑燃燈文」改。

〔一四〕「憶」，當作「億」，據伯三七六五「社邑燃燈文」改，「憶」爲「億」之借字。

〔一五〕「八」，伯三七六五「社邑燃燈文」作「三」。

〔一六〕「牙」，當作「芽」，據文義改，「牙」爲「芽」之借字。

〔一七〕「休」，當作「沐」，據斯五九五七「社邑燃燈文」改。

參考文獻

《敦煌遺書總目索引》一三七頁（録）；《敦煌寶藏》一〇册，六七二頁（圖）；《關隴文學論叢》（敦煌文學專集）八四頁；《英藏敦煌文獻》三卷，四五頁（圖）；《中國敦煌吐魯番學會研究通訊》一九九一年二期，三二頁；《敦煌學導論叢刊》八册，一八五至一八六頁；《敦煌願文集》三六至三八頁（録）、五〇九至五一〇頁；《敦煌遺書總目索引新編》四四頁（録）。

斯一四四一背　九　安傘文

釋文

大覺弘慈，多門（以下原缺文）

說明

此件僅抄六個字，從其内容看是『安傘文』的起首部分。

參考文獻

《敦煌遺書總目索引》一三七頁（録）；《敦煌寶藏》一〇册，六七二頁（圖）；《英藏敦煌文獻》三卷，四五至四六頁（圖）；《敦煌願文集》三八頁（録）；《敦煌遺書總目索引新編》四四頁（録）。

斯一四四一背　一〇　三周（齋儀）

釋文

伏惟神氣疎朗，志雅端嚴；朝夜（野）羽儀〔一〕，人倫龜鏡；名流宇外，德備衆中。加以識洞玄門，情融妙覺；性堅金石，志令（合）松筠〔二〕。乃嗟九（久）處疆埸〔三〕，載離寒暑；虧色養之節，慙征戍之勞〔四〕。豈謂風燭一期，光馳千日。〔至〕孝等懷恩罔極〔五〕，禮制有期；茅苫欲除，繐帳將卷。想恩顔而益遠〔六〕，痛幽壤之逾深；廣答洪恩，極禮追福。以斯多善，惣用莊嚴〔七〕（以下原缺文）

説明

此件首尾完整，無標題，斯二八三二《齋儀》中有與此相同之内容，原題『三周』，《敦煌願文集》據之確定此件爲『三周』（《敦煌願文集》三八至三九頁）。

『三周』指按古禮服喪三周年，服喪期滿日又被稱爲『大祥』或除服日，一般要舉行紀念活動，包括設齋活動。『三周文』（多稱『大祥文』，也稱『脱服文』）就是僧人在這樣的紀念日舉行的齋會上念誦的文字。

需要説明的是，此件並非『三周文』文本，而是供僧人起草『三周文』的《齋儀》（有關情況可參看郝春文《敦煌寫本齋文及其樣式的分類與定名》，《中古時期社邑研究》，台灣新文豐出版公司，二〇〇六年版，四七一至四八六頁），故起首部分省略了『號頭』，結尾部分省略了『莊嚴』，中間亦有省略。

以上的釋文是以斯一四四一背爲底本，用斯二八三二（稱其爲甲本）參校。

校記

〔一〕『夜』，當作『野』，據甲本改，『夜』爲『野』之借字。

〔二〕『令』，甲本同，當作『合』，《敦煌願文集》據文義校改。

〔三〕『九』，當作『久』，據文義及甲本改，『九』爲『久』之借字。

〔四〕『戍』，甲本同，《敦煌願文集》釋作『戎』。

〔五〕『至』，《敦煌願文集》據文義補。

〔六〕『恩』，甲本作『尊』。

〔七〕『莊嚴』，甲本作『資薰』。

參考文獻

《敦煌寶藏》一〇册，六七二至六七三頁（圖）；《英藏敦煌文獻》三卷，四六頁（圖）；《敦煌願文集》三八至四〇頁（録）。

斯一四四一背　一一　雲謡集雜曲子共三十首

釋文

雲謡集雜曲子共三十首

鳳歸雲　閨〔一〕

征夫數載，萍寄他邦。去便無消息，累换星霜。月下愁聽砧杵〔二〕，擬塞雁行〔三〕。孤眠鸞帳裏，往（枉）勞魂夢〔四〕，夜夜飛颺。想君薄行，更不思量。誰爲傳書與？表妾衷腸〔五〕。倚牖無言垂血淚，闇祝三光。萬般無那處〔六〕，一爐香盡，又更添香。

又怨

緑窗獨坐，修得爲君書〔七〕。征衣裁縫了，遠寄邊虞（隅）〔八〕。想得爲君貪苦戰〔九〕，不旦（憚）崎駈（嶇）〔一〇〕。中（終）朝沙磧裏〔一一〕，已（只）憑三尺〔一二〕，勇戰奸愚〔一三〕。　豈知紅臉，淚的（滴）如珠〔一四〕。往（枉）把金釵卜〔一五〕，卦卦皆虚。魂夢

天涯無暫歇，枕上長虛（噓）。待公卿迴，故日容顏憔悴〔一六〕，彼此何如。

又

幸因今日，得覩嬌娥。眉如初月，目引横波。素胸未消殘雪，透輕羅〔一七〕。朱含碎玉，雲髻婆娑。　東鄰有女，相料實難過。羅衣掩袂，行步逶迤。逢人問語羞無力，態嬌多。錦衣公子見，垂鞭立馬，腸斷知磨（麽）〔一八〕。

又

兒家本是，累代簪纓。父兄皆事（是）〔一九〕，佐國良臣。幼年生於閨閣，洞房深。訓習禮儀足，三從四德，針指（黹）分明〔二〇〕。　娉得良人，爲國遠長征〔二一〕。争名定難，未有歸程。徒勞公子肝腸斷，謾生心。妾身如松柏，守志強過，曾（魯）父（女）堅貞〔二二〕。

天仙子

燕語啼時三月半〔二三〕，煙蘸柳條金線亂。五陵原上有仙娥，攜謌扇〔二四〕。香爛漫，留住九華雲一片。　犀玉滿頭花滿面，負妾一雙偷淚眼。淚珠若得似珍珠〔二五〕，拈不散。知何限，串向紅絲應百萬。

又

燕語鶯啼驚教（覺）夢〔二六〕，羞見鸞臺雙舞鳳。天仙別後信難通〔二七〕，無人問〔二八〕。花滿洞，休把同心千遍弄〔二九〕。叵耐不知何處去，正時（值）花開誰是主〔三〇〕。滿樓明月夜三更，無人語。淚如雨，便是思君腸斷處。

竹枝子

羅幌塵生，帡幃悄悄〔三一〕，笙篁無緒理。恨小郎遊蕩經年，不施紅粉鏡臺前，只是焚香禱祝天。垂珠淚的（滴）〔三二〕，點點的（滴）成班（斑）〔三三〕。待伊來敬（際）共伊言〔三四〕，須改往來段（端）卻顛〔三五〕。

又

高捲珠簾垂玉牖，公子王孫女。傾（顏）容二八小娘〔三六〕，滿頭珠翠影争光，百步惟聞蘭麝香。口含紅豆相思語，幾度遥相許。修書傳與蕭郎（娘）〔三七〕，倘若有意嫁潘郎，休遣潘郎争斷腸！

洞仙歌

華燭光輝，深下帡（屏）幃〔三八〕。恨征人久鎮邊夷。酒醒後多風醋，少年夫婿〔三九〕。向緑窗下佐（左）偎右倚〔四〇〕，擬鋪鴛被，把人尤泥。　須索瑟（琵）琶從（重）理〔四一〕。曲中彈到，『想夫憐』處，轉相愛幾多思（恩）意（義）〔四二〕。卻在緒（敘）衷克鴛衾枕〔四三〕，願長與金（今）宵相似〔四四〕。

又

悲雁隨陽，解引秋光，它它蛩響〔四五〕，夜夜堪傷。淚珠串的（滴）〔四六〕，旋流枕上。無計恨征人，爭向金風漂（飄）蕩〔四七〕，禱（擣）衣寮（嘹）亮〔四八〕。　懶寄迴文先往，戰袍待穩（縕）絮，重更熏香，殷勤憑驛使追訪。願四塞來朝明帝，令戎客休施流浪〔四九〕。

破陣子

連（蓮）臉柳眉休（羞）韻（暈）〔五〇〕，青絲罷籠（攏）雲〔五一〕。煖日和風花戴（帶）媚〔五二〕，畫閣凋（雕）樑燕語新，捲簾恨去人。　寂寞長垂珠淚，焚香禱盡靈神。應是蕭湘紅粉繼〔五三〕，不念當初羅帳思（恩）〔五四〕，拋兒虛度春。

又

日煖風輕住（佳）景〔五五〕，流鶯似問人。正時（是）越溪花捧艷〔五六〕，獨隔千山與萬津。單于迷虜塵。　雪落渟梅愁地〔五七〕，香檀往（枉）注詞脣〔五八〕。欄徑萋萋芳草緑〔五九〕，紅臉可知珠淚頻，魚牋豈易呈。

又

風送征軒迢遞，參差千里餘。目斷粧（妝）樓相憶苦〔六〇〕，魚雁百水鱗積（跡）踈（踈）〔六一〕，和愁風（封）去書〔六二〕。春色可堪孤枕，心焦夢斷〔更〕初〔六三〕。早晚三邊無事了，香被重眠比翼魚〔六四〕，雙眉鷹應自舒〔六五〕。

又

年少征夫堪恨〔六六〕，從軍千里餘〔六七〕。爲愛功名千里去〔六八〕；攜劍彎弓沙磧邊，抛人如斷絃。迢遞可知閨閣，吞聲忍淚孤眠。春去春來庭樹老，早晚王師歸卻還，免交心怨天。

渙（浣）沙溪〔六九〕

孋景（影）紅顔越衆希〔七〇〕，素胸連臉柳眉低。擬（一）笑千花羞不坼〔七一〕，懶芳非

（菲）〔七二〕。篇（偏）引五陵思懇切〔七三〕，要君知。

又

髻綰湘雲淡淡粧（妝）〔七四〕，早春花向臉邊芳。玉腕慢從羅抽（袖）出〔七五〕，捧杯觴。纖手令分（行）勻翠柳〔七六〕，素咽語詞發遶凋（雕）樑〔七七〕。但是五陵爭忍得，不踈（疎）狂〔七八〕。

柳青娘

青絲髻綰臉邊芳，淡紅衫子掩素胸〔七九〕。出門斜撚同心弄〔八〇〕，意恛惶，固使横波認王（玉）郎〔八一〕。叵耐不知何處去，交人幾度掛羅裳〔八二〕。待得歸來須共語，情轉傷，斷卻粧（妝）摟（樓）伴小娘〔八三〕。

又

碧羅冠子結初成，肉紅衫子石榴裙。固著煙脂輕輕染〔八四〕，淡施擅（檀）色注詞脣〔八五〕，含情喚小鶯〔八六〕。只問玉郎何處去，纔言不覺到朱門。扶入錦□□□□，□殷勤，因何辜負少年人。

傾杯樂（以下原缺文）

説明

此件首題『雲謡集雜曲子共三十首』，但實抄『鳳歸雲』四首、『天仙子』二首、『竹枝子』二首、『洞仙歌』二首、『破陣子』四首、『浣沙溪』二首、『柳青娘』二首，共十八首，原未抄完。伯二八三八背亦有以『雲謡集雜曲子共三十首』爲標題者，但實際僅抄寫十四首。除去與此件重複的『鳳歸雲』『閨怨』二首外，還有此件中所無的十二首，兩件互相補充，恰成三十首。

『曲子』是隋唐時期城鎮集市中廣泛用於填詞的民間常用曲調，曲子所填之詞被稱爲『曲子詞』。所謂『雲謡集雜曲子』實際是唐代流行於民間的曲子詞集，所收曲子詞均未留下作者姓名。『雲謡集雜曲子』不見於歷代書目著録，作者和編者均不詳。研究者一般認爲其大約編選於九世紀後半葉，早於五代時成書的同類作品集《花間集》和宋代人編選的《尊前集》，是現知最早的曲子詞集，對研究古代民間文學和詞的起源、形式和内容都具有重要價值。

以上『鳳歸雲』『閨怨』二首釋文以斯一四四一爲底本，用伯二八三八（稱其爲甲本）參校。

校記

〔一〕『閨』，甲本同，從其第二首稱『又怨』來看，當爲『閨怨』之略稱，或脱一『怨』字。

〔二〕『杵』，《敦煌歌辭總編》將下句之『擬』字斷在此句，並校改爲『起』字。

〔三〕『雁』，《敦煌歌辭總編》校改作『雁南』。

〔四〕「往」，甲本同，當作「枉」，《敦煌雲謡集新書》、《敦煌曲子詞欣賞》、《敦煌歌辭總編》據文義校改，「往」爲「枉」之借字。

〔五〕「衷」，甲本作「裏」，誤。

〔六〕「那」，《敦煌歌辭總編》校改作「奈」。按「無那」意同「無奈」。

〔七〕「爲」，甲本無。

〔八〕「虞」，甲本同，當作「隅」，《敦煌歌辭總編》據文義校改，「虞」爲「隅」之借字。

〔九〕「得」，甲本同，《敦煌歌辭總編》校改作「你」。

〔一〇〕「旦」，甲本同，當作「憚」，《敦煌雲謡集新書》、《敦煌歌辭總編》據文義校義改，「旦」爲「憚」之借字；「駈」，甲本同，當作「嶇」，《敦煌歌辭總編》據文義校改，「駈」爲「嶇」之借字。

〔一一〕「中」，甲本同，當作「終」，《敦煌歌辭總編》據文義校改，「中」爲「終」之借字。

〔一二〕「已」，甲本同，當作「只」，據文義改，《敦煌歌辭總編》校作「止」。

〔一三〕「奸愚」，甲本同，《敦煌歌辭總編》校作「單于」。

〔一四〕「的」，甲本同，當作「滴」，《敦煌雲謡集新書》、《敦煌歌辭總編》據文義校改，「的」爲「滴」之借字。

〔一五〕「往」，甲本同，當作「枉」，《敦煌雲謡集新書》、《敦煌歌辭總編》據文義校改，「往」爲「枉」之借字。

〔一六〕「日」，甲本同，《敦煌歌辭總編》校作「里」。

〔一七〕《敦煌歌辭總編》認爲在「透輕羅」後有脱文，當脱五字。

〔一八〕「磨」，當作「麽」，據文義改，「磨」爲「麽」之借字。

〔一九〕「事」，當作「是」，《敦煌雲謡集新書》、《敦煌歌辭總編》據文義校改，時「事」、「是」可互代。

〔二〇〕「指」，當作「黹」，《敦煌歌辭總編》據文義校改，「指」爲「黹」之借字。

〔二一〕「遠」，《敦煌歌辭總編》校改作「願」。

〔二二〕「曾父」，疑當作「魯女」，《敦煌歌辭總編》據文義校改。

〔二三〕「啼時」，《敦煌歌辭總編》校改作「鶯啼」。

〔二四〕「謌」，《敦煌歌辭總編》校改作「歌」，按「謌」同「歌」，可不校改。

〔二五〕「珍」，《敦煌歌辭總編》校作「真」。

〔二六〕「教」，當作「覺」，《敦煌歌辭總編》據文義校改，疑「教」爲「覺」之借字。

〔二七〕「天仙」，《敦煌歌辭總編》校改作「思君」。

〔二八〕「問」，《敦煌歌辭總編》校改作「共」。

〔二九〕「遍」，《敦煌歌辭總編》釋作「徧」，二者可互通。

〔三〇〕「時」，當作「值」，《敦煌歌辭總編》據文義校改，疑「時」爲「值」之借字。

〔三一〕《敦煌歌辭總編》將此句移於「垂珠淚」之前。

〔三二〕「的」，當作「滴」，《敦煌雲謡集新書》據文義校改，「的」爲「滴」之借字。

〔三三〕「的」，當作「滴」，《敦煌雲謡集新書》據文義校改，「的」爲「滴」之借字，《敦煌歌辭總編》校作「滴滴」；「班」，當作「斑」，《敦煌歌辭總編》據文義校改，「班」爲「斑」之借字。

〔三四〕「敬」，當作「際」，《敦煌歌辭總編》據文義校改，「敬」爲「際」之借字。

〔三五〕「往」，《敦煌歌辭總編》校作「狂」；「段」，《敦煌歌辭總編》校作「斷」，疑當作「端」，據文義改，「段」爲「端」之借字。

〔三六〕「傾」，當作「顔」，《敦煌歌辭總編》據文義校改。

〔三七〕「郎」，當作「娘」，《敦煌歌辭總編》據文義校改。

〔三八〕「帡」，當作「屏」，《敦煌歌辭總編》據文義校改。

〔三九〕「婿」，《敦煌歌辭總編》釋作「壻」。

〔四〇〕「佐」，當作「左」，《敦煌歌辭總編》據文義校改，「佐」爲「左」之借字。

〔四一〕「瑟」，當作「琵」，《敦煌雲謡集新書》、《敦煌歌辭總編》據文義校改；「從」，當作「重」，《敦煌歌辭總編》據文義校改，「從」爲「重」之借字。

〔四二〕「思」，當作「恩」，《敦煌歌辭總編》據文義校改。

〔四三〕「在」，《敦煌雲謡集新書》、《敦煌歌辭總編》校作「再」；「緒」，《敦煌歌辭總編》校作「絮」，當作「叙」，《敦煌雲謡集新書》據文義校改，「緒」爲「叙」之借字；「克」，《敦煌歌辭總編》認爲是衍文，未録。

〔四四〕「金」，當作「今」，《敦煌歌辭總編》據文義校改，「金」爲「今」之借字。

〔四五〕「它它」，諸家多校改作「寒」，按「它」本有蟲義，此處可解爲用「它它」來形容蟋蟀叫聲。

〔四六〕「的」，當作「滴」，《敦煌歌辭總編》據文義校改，「的」爲「滴」之借字。

〔四七〕「漂」，當作「飄」，《敦煌歌辭總編》據文義校改，「漂」爲「飄」之借字。

〔四八〕「禱」，當作「擣」，《敦煌歌辭總編》據文義校改，「禱」爲「擣」之借字；「寮」，當作「嘹」，《敦煌歌辭總編》

據文義校改，「竂」爲「嘹」之借字。

〔四九〕「戎」，《敦煌歌辭總編》釋作「戌」，誤。

〔五〇〕「連」，當作「蓮」，《敦煌歌辭總編》據文義校改，「連」爲「蓮」之借字；「休」，當作「羞」，《敦煌曲子詞欣賞》據文義校改，「休」爲「羞」之借字；「韻」，當作「暈」，《敦煌歌辭總編》據文義校改，「韻」爲「暈」之借字。

〔五一〕「籠」，當作「攏」，《敦煌歌辭總編》據文義校改，「籠」爲「攏」之借字。

〔五二〕「煖」，《敦煌歌辭總編》校作「暖」，按「煖」字亦可通，可不校改；「戴」，當作「帶」，《敦煌歌辭總編》據文義校改，「戴」爲「帶」之借字。

〔五三〕「繼」，《敦煌曲子詞欣賞》校改作「戀」。

〔五四〕「思」，當作「恩」，《敦煌雲謡集新書》、《敦煌歌辭總編》據文義校改。

〔五五〕「煖」，《敦煌歌辭總編》校作「暖」，按「煖」字亦可通，可不校改；「住」，當作「佳」，《敦煌歌辭總編》據文義校改。

〔五六〕「時」，當作「是」，《敦煌雲謡集新書》、《敦煌歌辭總編》據文義校改，「時」爲「是」之借字。

〔五七〕「渟」，《敦煌曲子詞欣賞》校改作「停」，按「渟」有「停」意，不必校改；「渟梅」，《敦煌歌辭總編》校改作「梅庭」。

〔五八〕「往」，當作「枉」，《敦煌歌辭總編》據文義校改，「往」爲「枉」之借字；「謌」，《敦煌歌辭總編》、《敦煌曲子詞欣賞》校改作「歌」，按「謌」同「歌」，可不校改。

〔五九〕「欄」，《敦煌歌辭總編》釋作「攔」。

〔六〇〕「粧」，當作「妝」，《敦煌歌辭總編》、《敦煌曲子詞欣賞》據文義校改爲「妝」，此從之，「粧」爲「妝」之借字。

〔六一〕「百水」，《敦煌歌辭總編》、《敦煌曲子詞欣賞》校作「山川」；「積」，當作「跡」，《敦煌歌辭總編》據文義校改，「積」爲「跡」之借字；「踈」，當作「疎」，「踈」爲「疎」之譌，《敦煌歌辭總編》校改作「疏」，「疎」同「疏」。

〔六二〕「風」，當作「封」，《敦煌歌辭總編》、《敦煌曲子詞欣賞》據文義校改，「風」爲「封」之借字。

〔六三〕「更」，《敦煌歌辭總編》、《敦煌曲子詞欣賞》據文義校補。

〔六四〕「翼」，《敦煌歌辭總編》校作「目」。

〔六五〕「鷹」字衍，據文義當删。

〔六六〕「堪恨」，《敦煌歌辭總編》校改作「軍帖」。

〔六七〕「從軍千里餘」，《敦煌歌辭總編》校改作「書名年復年」。

〔六八〕「爲愛功名千里去」，《敦煌歌辭總編》校改作「爲覓封侯酬壯志」。

〔六九〕「涣」，當作「浣」，《敦煌歌辭總編》據曲名校改，「涣」爲「浣」之借字；「沙溪」，《敦煌歌辭總編》校改作「溪沙」。按後世固定之曲名雖爲「浣溪沙」，但《敦煌曲子詞欣賞》認爲此曲名早期亦可能爲「涣（浣）沙溪」。

〔七〇〕「孋」，《敦煌歌辭總編》、《敦煌曲子詞欣賞》校改作「麗」，不改亦通；「景」，《敦煌曲子詞欣賞》校作「影」，《敦煌歌辭總編》校作「質」。

〔七一〕「擬」，當作「一」，《敦煌歌辭總編》據文義校改。

〔七二〕「懶」，《敦煌歌辭總編》、《敦煌曲子詞欣賞》校改作「嫩」。

〔七三〕「篇」，當作「偏」，《敦煌歌辭總編》據文義校改，「篇」爲「偏」之借字。

〔七四〕「粧」，當作「妝」，《敦煌歌辭總編》、《敦煌曲子詞欣賞》校改作「妝」，此從之，「粧」爲「妝」之借字。

〔七五〕「抽」，當作「袖」，《敦煌歌辭總編》、《敦煌曲子詞欣賞》據文義校改。

〔七六〕「分」，當作「行」，《敦煌歌辭總編》、《敦煌曲子詞欣賞》據文義校改。

〔七七〕「語」字衍，據文義當刪；「謌」，《敦煌歌辭總編》、《敦煌曲子詞欣賞》校改作「歌」，按「謌」同「歌」，可不校改；「遶」，《敦煌歌辭總編》、《敦煌曲子詞欣賞》校改作「繞」，按「遶」亦作「繞」；「凋」，當作「雕」，《敦煌歌辭總編》、《敦煌曲子詞欣賞》據文義校改，「凋」爲「雕」之借字。

〔七八〕「踈」，當作「疎」，「踈」爲「疎」之譌，《敦煌歌辭總編》校改作「疏」，「疎」同「疏」。

〔七九〕「素」，《敦煌歌辭總編》校改作「酥」，不改亦可通。

〔八〇〕「撚」，《敦煌文學作品選》釋作「捻」，誤。

〔八一〕「固」，《敦煌歌辭總編》校改作「故」，按「固」通「故」；「王」，當作「玉」，《敦煌歌辭總編》據文義校改。

〔八二〕「交」，《敦煌歌辭總編》校改作「教」，按「交」通「教」。

〔八三〕「粧」，當作「妝」，《敦煌歌辭總編》、《敦煌曲子詞欣賞》校改作「妝」，此從之，「粧」爲「妝」之借字；「摟」，當作「樓」，《敦煌歌辭總編》、《敦煌曲子詞欣賞》據文義校改，「摟」爲「樓」之借字。

〔八四〕「固」，《敦煌歌辭總編》校改作「故」，「固」通「故」。

〔八五〕「擅」，當作「檀」，《敦煌歌辭總編》據文義校改；「謌」，《敦煌歌辭總編》、《敦煌曲子詞欣賞》校改作「歌」，按「謌」同「歌」，可不校改。

〔八六〕《敦煌歌辭總編》認爲此句首部脱二字。

參考文獻

《敦煌零拾》一五至一九頁（録）；《敦煌古籍叙録》三三九頁；《敦煌雲謡集新書》六一至一二四頁、一七三至一八五頁（録）、一九九至二〇一頁（圖）；《敦煌雲謡集新校訂》一一至一二頁（圖）、一九至二五頁（録）；《敦煌寶藏》一〇冊，六七三至六七五頁（圖）；《敦煌學》一一輯，六二至六五頁（録）；《全唐五代詞》八三六至八四八頁（録）；《幼師學志》十八卷四期，九〇至九一頁；《敦煌古籍叙録新編》一六冊，二八七至二九一頁、二九二至三〇一頁（圖）；《敦煌歌辭總編》（上），五八至一九一頁（録）；《敦煌文學作品選》五八至六二頁（録）；《敦煌研究》一九九一年一期，九五至九六頁；《敦煌研究》一九九一年二期，八〇至八二頁；《英藏敦煌文獻》三卷，四七至五〇頁（圖）；《敦煌曲子詞欣賞》一〇〇頁、一〇三頁、二二五至二七八頁、三九八頁（録）；《敦煌文學源流》三一八至三一九頁（録）。

斯一四四一背　一二　齋儀

釋文

慶楊（陽）文弟（第）一

佛堂

余聞鶴樹真儀，寫靈暉於碩室；龍宫實相，圖妙鏡（境）於銀臺。故有分身化身，應感如水含千日；非色妙色，爲體若鏡攬萬形。包大地而載山河，孕曾穹而懸象緯〔一〕；動植資其化育，品物仰其津梁。大哉調御之功；邈以（矣）能人（仁）之力〔二〕！雖則談天之辯，指惠（慧）日以迷方〔三〕；甄海之靈，詠（泳）禪海（河）而失步〔四〕。掎以正覺〔五〕，難可勝言者哉！厥今有信士某公，曉知坯患，深悟光〔隙〕難留〔六〕；割捨煩諠，希求未來之祐。遂乃罄割赤仄，抽減璉瓊〔七〕；建雀利（離）之浮圖，砌和壁（璧）以斯畢〔八〕。加以遍虚空而請佛，該法界而延僧，會七衆以雲臻，祈無邊之上願。福事已竟，虔仰三寶之尊；爐焚栴檀，散〔幡〕花於浄土〔九〕。佛堂乃竭寶傾珍，捨資剖産。製似碧霄之熒晃，建而（如）兜率之蓮宫〔一〇〕。地砌琛珠之寶，簷鋪檀梅之材。架鱗（麟）鳳以争空〔一一〕，鏤鴛鴦而競起。彫

窗孕月，動（洞）戶迎雲〔一二〕。巖瑩既周，佇申嘉慶。以斯建福之德，慶讚良緣，惣用莊嚴上界四王、下方八部：伏願威光盛運，國泰人安；郡主、官寮，並延遐壽。伏持勝善〔一三〕，次用莊嚴施主即體：惟願福峻五嶽，壽保滄瀛，榮班以（與）日月而無虧〔一四〕，家富以自然之珍寶。願所（使）年消九橫〔一五〕，月殄三災；兼資七祖父（亡）靈〔一六〕，齊登紅蓮菡萏。然後一乘十力之有（祐）〔一七〕，普施福於含靈；八難六趣之（三）途〔一八〕，賴此同超彼岸。

幡

其幡乃雕文曳迴，影瑶（摇）香閣之風〔一九〕；艷操（藻）縈空〔二〇〕，彩輝花園之日。架弘衢而蕩色，臨鳳刹以高懸；建之者，生福無量；覩之者〔二一〕，滅罪恒沙。以斯造幡功德云云〔二二〕。

讚功德文弟（第）二

開經

竊以妙景揚暉，煦（照）塵方而開日月〔二三〕；法流疏浪，浹沙界而注江河。圓音覆圓，蓋於高天；方等振方，興於厚地。於是銀鈎吐曜，編象負之真文；玉牒飛英，紀龍宮之奧典。敷貫花於法水，澄八解以洗塵勞；霏（羅）貝葉於慈雲〔二四〕，浮四空而超火宅。故使碧雞雄辯，憑道樹而棲襟；黄馬英（映）人〔二五〕，尊（遵）法橋而驟影〔二六〕。首哉秘躅，實難得而祥（詳）焉〔二七〕！厥今信士某公，津梁在念，喜捨爲懷。誓轉十二部經，弘〔揚〕五時之

教〔二八〕。於是邀六通於十地，振錫來儀；延四果於三天，乘杯戾止。閲貫花於辯囿，披貝葉於談藂；踈（疎）梵上而白雲浮〔二九〕，洪鍾（鐘）發而玄雪（霜）起〔三〇〕。瑩明珠於濁水，則性海波瀾〔三一〕；泫甘露於稠林，則我山清嶠。象牙開蘂，重啓雷音；馬瑙流光，還臨月影〔三二〕。於時虹（幡）曳迴〔三三〕，或卷舒於煙尋（潯）〔三四〕；鳳蓋陵虚，乍徘徊於日域。花明七浄，祴祴含芳；香散六銖，鑪鑪引馥。是日也，横開月殿，邀龍象於寶宮；竪（豎）龕金容〔三五〕，轉五乘之玉句者，則我某公奉爲某事作之。伏惟公〔乃〕天生聰俊〔三六〕，文武雙全；於家有治理之名，奉國有盡忠之節。故能體正真之實相，思福潤之良途；建勝善以投誠，仰慈雲而結懇。以斯開經功德、轉念勝因，惣用莊嚴施主即體：惟願三明備祐，永登無畏之身；八解澄心，早證無生之理。願所（使）家盈七寶〔三七〕，長丞（承）富樂之榮〔三八〕；宅溢八珍，常植（值）豐饒之喜〔三九〕。然後亡靈七祖，丞（承）此目覩龍華；胎卵四生，並證真如彼岸。摩訶。

歎像

乃絢衆彩而會（繪）聖〔四〇〕，運妙色以儀真；朱艶果於脣端，丹秀花於臉際。翠山凝頂，粉月開毫。黛葉寫於眉鮮，青蓮披而目浄。姿含萬彩，疑湛質於雞峰；影佩千光，似再臨於鷲嶺。禮之者無名海竭，覩之者煩惱山摧。或是菩薩：其菩薩乃四弘德備，十地功充。頓超緣覺之乘，次補如來之坐。念之者隨心所降福，禮之者應願以消災。

慶經

其經乃真悟則圓常四德之利。《華嚴》談法果之宗，《維〔摩〕》〔契〕不思議解脫之門〔四一〕，《法花》〔明〕開示悟入之路〔四二〕，《楞伽》乃登（澄）波性海〔四三〕，《思益》乃融含真原，《金剛》歎四句之深功，《藥師》發十二之大願，《多心》頓遣之（諸）相，《觀音》乃隨類現形。皆金口之談言，並大乘之勝法；開卷則衆福臻集，發聲則萬禍俱消。偈乃破闇除昏，呪則逐邪殄魅。加以行行貫玉，開小卷而演荊山；句句連珠，閱微言〔而〕比滄海〔四四〕。一披一讀，便生智惠（慧）之牙（芽）〔四五〕；再念再思，遂滅無明之惑。

願文

夫法體希夷〔四六〕，妙出有無之境；真如綿邈，迥超生滅之方。此及（乃）無形之形〔四七〕，形於百億；無說之說，遍於三千。所以四生沉六度之舟，九道運五乘之駕〔四八〕；火宅以之需賴，迷途於是中暉。既本不然，終寧有滅者也！厥今有施主六〔度〕爲美〔四九〕，十信明懷；廣闡福門，希求勝願。故能邀二部飛雨集，祈四衆而雲奔；捨如（而）罄盡家資〔五〇〕，望如（而）福山永固〔五一〕。如斯求願、玉臂焚香、勝勳之功，我某官之作也。伏惟公忠孝絕代，信義立身，雅量超群，智識強盛。遂乃弘陽（揚）聖教〔五二〕，受囑金口之蹤〔五三〕；抽捨珍絲，欽望當來之福。以斯捨施功德、無限勝因，先用莊嚴施主即體：惟

願冰鏡轉清〔五四〕，瑶花挺秀；家榮國寵，茅土山河；惟孝惟忠，立功立事。然後家眷大小，並同劫石爲期；内外親因（姻）〔五五〕，保宜江湘不竭；先亡父母，咸（銜）福並證紅蓮〔五六〕；胎卵含生，遇此同超〔彼〕岸〔五七〕。摩訶。

患文第（第）四

竊以覺體潛融，絕百非於實相；法身凝湛，圓萬德於真儀。於是金色開容，掩大千之日月；玉毫揚採（彩）〔五八〕，暉百億之乾坤。然而獨拔煩羅（籠）〔五九〕，尚現雙林之疾〔六〇〕；孤超塵累，猶辭丈室之痾〔六一〕。浮幻影於虔（乾）誠（城）〔六二〕，保危形於朽宅。詎能刈夷患本，剪拔幽（憂）根〔六三〕？盛衰之理未亡，安危之端斯在。厥今有座前施主念誦所申意者，奉爲某人病患之所施也。惟患者乃遂爲寒暑匡後（候）〔六四〕，攝養乖方；染流疾於五情，抱煩痾於六府〔六五〕；力微動止，怯二鼠之侵騰（藤）〔六六〕；氣惙晨霄（宵）〔六七〕，懼四蛇之毀悏（篋）〔六八〕。於是翹成（誠）善誓（逝）〔六九〕，歷（瀝）款能仁〔七〇〕；診（沴）氣雲青（清）〔七一〕，溫風務（霧）卷〔七二〕。伏聞三寶是出世法王，諸佛如來爲四生之父母，所以厄〔中〕告佛〔七三〕，危及三尊〔七四〕；仰拓勝因〔七五〕，咸望少福。以此功德念誦福因，先用莊嚴患者即體：惟願四百四病，藉此雲消；五蓋十纏，因茲斷滅。藥王、藥上，受（授）與神方；觀音、妙音，施其妙藥；身病、心病，即日消除；臥安、樂（覺）安〔七六〕，起居輕利。所有怨家債主、負財、負命者，領功德分，莫爲讎對，放捨病兒，卻復如故。又持勝善，次

用莊嚴施主即體〔七七〕：惟願千殃頓絕，萬福來臻；大小清宜，永無災厄。然後先亡父母，目覩龍蓮，胎卵四生，齊成佛果。摩訶云云〔七八〕。

難月文

若夫智（至）覺幽深〔七九〕，真如綿邈；神功叵惻（測）〔八〇〕。外獻七珍，未證菩提，遂捨轉輪之位；內修萬行，方證無上之尊。然今施主熒（焚）香意者〔八一〕，奉爲患難之所施也。患者乃遂因往劫，福湊今生；感德（得）婦女之身〔八二〕，難離拓胎之患。今者旬將已滿，朔似還（環）周〔八三〕；慮恐〔有〕傷毀之唆（咎）〔八四〕，實具懼值妖災之苦〔八五〕。故即虔心懇切，望三寶以護持；割捨珍財，仰慈門而啓（稽）顙〔八六〕。伏聞三寶是濟危拔苦之能人；大士弘悲，無願不從而惠化。以斯念誦功德，惣用莊嚴患者即體：惟願日臨月滿，果生奇異之神；母子平安，定受無〔憂〕嗟之厄〔八七〕。觀音灌頂，得受不死之神方；藥上拉摩，垂惠長生之味〔八八〕。母無痛惱，得晝夜之恒安；產子仙同，似披蓮而化現。又持勝福，次用莊嚴施主合門居眷等：惟願身如松嶽，命等山河；福廣惠深，彌僧（增）佛日〔八九〕。然後四生離苦，三有獲安；同發菩提，成正覺道。摩訶云云。

亡文弟（第）五

竊以龍宮現生，表無生於實相；鶴林示滅，標不滅於真儀。是以無去無來，始證三明之境；非色非相，方開七覺之門。引權實以成因，啓津梁而利物；卷舒叵側（測）〔九〇〕，顯

晦難量者哉！厥今則有坐前施主跪雙足、捧金爐、焚寶香陳願者，奉爲過往闍梨某七追福諸（之）加（嘉）會也〔九一〕。〔惟〕亡靈乃體龍象之神德〔九二〕，狀師子之威容。巍巍負川（山）嶽之姿〔九三〕，浩浩蘊江河之量；湧調浪於言泉，控玄源於口海。豈謂朝波閲水，淪法悼（棹）於四流〔九四〕；夜壑藏舟，溺仁航於五濁。故使十方哀結，懼景落而行迷；七衆悲號，痛梁墔（摧）而凶極〔九五〕。至孝等積釁彌深〔九六〕，殃尅尊蔭；攀號一絶，痛列五情。日月往來，俄經某七。故使法場霸（罷）訓〔九七〕，恨兔月而西沉；禪室寂然，怨逝水之東浪（流）〔九八〕。是日也，吉祥之草，分滿凶庭；功德之林，影連魂彰（障）〔九九〕。鴻鍾（鐘）野（夜）切〔一〇〇〕，清梵朝哀；香焚鶴樹之門，供展苑園之內。遂請十方賢聖〔一〇一〕，降此小延（筵）〔一〇二〕；會三界凡僧，希求少福。因果敬於善德，設供越於純陀；敷玉相於浄坊，焚天香於此室。惣斯多善，無限勝因〔一〇三〕，先用奉資亡靈去識：惟願神生浄土，識坐蓮臺；花開聞解脱之香，舉足昇涅槃之果。又持勝福，次用莊嚴齋主即體：惟願災殃電滅，障逐雲消；長夜清宜，永年康吉〔一〇四〕。然後暨通法界，傍括四生，並沐勝因，咸登覺道。

尼德

覺花重影，戒月孤凝；七聚精知，五篇妙達。參耶輪之雅志〔一〇五〕，集愛道之貞風；利物爲懷，哀傷在念。

亡父母文

無常苦海，六道同居；生死何（河）深〔一〇六〕，四生共受。縱使高登十地，未免去流（留）〔一〇七〕；受絕空禅〔一〇八〕，亦隨生滅。然今坐前齋主啓願所申意者〔一〇九〕，奉爲亡考某七追福諸（之）加（嘉）會也〔一一〇〕。惟亡靈乃稟質英靈，肅（夙）標和雅〔一一一〕；人倫領袖，鄉侶（閭）具瞻〔一一二〕。理應久居人代，訓範子孫；何圖捨世有終〔一一三〕，奄歸大夜。至孝等孝誠虧感，早隔尊顔；攀風樹而不亭（停）〔一一四〕，望寒泉而永别。縱使捨軀剖髓，無益幽魂；泣血終身，莫能上荅。故於是日，以建齋延（筵）〔一一五〕，屈請聖凡，用資神識。是日也，清遞（第）宅〔一一六〕，列真儀，龍象雲臻，鴦鸞務（霧）集〔一一七〕。建齋逾於善德，設供越於純陀；爐焚百和之香，厨饌七珍之味。惣斯多善，無限勝因，先用莊嚴亡者所生魂路：惟願神生浄土，識坐蓮臺，常辭五濁之中，永出六天之外。又持勝善，奉用莊嚴齋主眷屬等：伏願心同朗月，春夏恒明；體侶（似）貞松〔一一八〕，秋冬不變。然後七世父母，蓮華化生；人異（及）非人〔一一九〕，咸蒙吉慶。

亡妣德

雍雍婦德，將月鏡而同明〔一二〇〕；穆穆女儀，共春蘭如（而）並馥〔一二一〕。一切頭尾時候共丈夫文同用。

亡男

號同前。厥今有坐前施主設齋所申意者，爲亡男某七追福之嘉會也。惟男天生聰俊，異世英靈，文武初明，孝兼家國；年方熾盛〔一二二〕，欲保遐齡。何圖玉[樹]先彫〔一二三〕，金枝早折；奄從風燭，某七俄臨〔一二四〕。每泣蟾光之影，猶掌失珠；灑血哀傷，難捐湘壁（璧）〔一二五〕。無蹤再會，唯福是憑；〔故〕〔建〕〔齋〕〔延（筵）〕〔一二六〕，用資幽息。

亡女

乃芳年艷質，綺歲妖妍；臉奪紅蓮，眉分柳葉〔一二七〕。始欲桂枝茂盛，皎皎於晨昏；瞻（蟾）影方輝〔一二八〕，澄澄於水面。將謂久流（留）世應（塵）〔一二九〕，侍母恭尊；何圖業逝奔臨〔一三〇〕，奄歸大夜。所以母思玉質，父憶花容，五內哀悲，肝腸寸絶，無門再感，唯丈（仗）福因〔一三一〕。故於某七追念〔一三二〕，希求少福。是日也，宏敷弟（第）宅〔一三三〕，僧會十方，饌列七珍，爐焚百味。以斯設齋功德，迴向福因，先用奉資亡靈去識；惟願金神八解，迴證三空；授（受）記於彌勒之前〔一三四〕，傳心於釋迦補處。又持勝福〔一三五〕，次用莊嚴坐前施主即體；惟願千祥永應，萬福來臻，災障不侵，功德圓滿。然後散霑法界，普及有情，賴此福因〔一三六〕，齊成佛果。

優婆夷

捨家學道，志慕尋禪。求師而不倦晨昏，習葉（業）而〔無〕虧精進〔一三七〕。澄心晏

席〔一三八〕，絕去埃塵。頓悟真源，超然離境〔一三九〕。

說明

此件由卷尾開始抄寫，抄寫格式仍爲從右往左，是倒寫在《勵忠節鈔》卷背上，其尾部與『雲謡集雜曲子』相接，中間有大約五行的空白。

此件爲供僧人起草齋文參考的《齋儀》（有關情況請參看郝春文《關於敦煌寫本齋文的幾個問題》，《首都師範大學學報》一九九六年二期），但並非完本，僅抄寫了『慶陽文第一』、『讚功德文第二』、『患文第四』、『亡文第五』。不但中間略抄『禳災文第三』，尾部缺抄『諸雜篇第六』、『諸色篇第七』，抄寫的部分也略抄了很多内容。最後三行『優婆夷』字體較大，與其前的筆體不同，爲另外一個人所書，但内容仍屬《齋儀》的組成部分。此件與伯三八一九+伯三八二五《齋儀》和斯五六三七《齋儀》屬於同一抄本系統，依據這三件保存的篇目可以恢復這一系統《齋儀》的篇目結構。

校記

〔一〕『曾』，《敦煌願文集》校改作『層』，按『曾穹』和『層穹』均爲高空之意。

〔二〕『以』，當作『矣』，《敦煌願文集》據文義校改，『以』爲『矣』之借字；『人』，當作『仁』，據伯三一九九《佛堂》改，『人』爲『仁』之借字。

〔三〕「惠」，當作「慧」，《敦煌願文集》據文義校改，「惠」通「慧」。

〔四〕「詠」，當作「泳」，《敦煌願文集》據文義校改，「詠」爲「泳」之借字；「海」，當作「河」，《敦煌願文集》據文義及伯三一九九《佛堂》校改。

〔五〕「掎」，《敦煌願文集》釋作「綺」，誤。

〔六〕「隙」，《敦煌願文集》據伯三一九九《佛堂》校補。

〔七〕「瓊」，《敦煌願文集》釋作「瑶」，誤。

〔八〕「壁」，當作「璧」，《敦煌願文集》據文義校改，「壁」爲「璧」之借字。

〔九〕「幡」，《敦煌願文集》據伯三一九九《佛堂》校補。

〔一〇〕「而」，當作「如」，《敦煌願文集》據文義校改，「而」通「如」。

〔一一〕「鱗」，當作「麟」，《敦煌願文集》據文義校改，「鱗」爲「麟」之借字。

〔一二〕「動」，當作「洞」，《敦煌願文集》據文義校改，「動」爲「洞」之借字。

〔一三〕「伏」，《敦煌願文集》釋作「次」，誤。

〔一四〕「以」，當作「與」，《敦煌願文集》據文義校改，時「以」、「與」可互代。

〔一五〕「所」，當作「使」，《敦煌願文集》據文義校改，「所」爲「使」之借字。

〔一六〕「父」，當作「亡」，《敦煌願文集》據文義校改。

〔一七〕「有」，當作「祐」，據伯三一九九《佛堂》改，「有」爲「祐」之借字。

〔一八〕「之」，當作「三」，據文義改；「途」，《敦煌願文集》校改作「徒」。按「三途八難六趣」爲佛教習語。

〔一九〕「瑶」，當作「摇」，《敦煌願文集》據文義校改，「瑶」爲「摇」之借字。
〔二〇〕「操」，當作「藻」，《敦煌願文集》據文義校改。
〔二一〕「覩」，《敦煌願文集》釋作「觀」，誤。
〔二二〕「幡」，《敦煌願文集》釋作「福」，誤。
〔二三〕「煦」，當作「照」，據斯六九二三「開經」改。
〔二四〕「霏」，當作「羅」，據斯五九五七「開經文」改。
〔二五〕「英」，當作「映」，《敦煌願文集》據文義校改，「英」爲「映」之借字。
〔二六〕「尊」，當作「遵」，據斯五九五七「開經文」改，「尊」爲「遵」之借字。
〔二七〕「祥」，當作「詳」，《敦煌願文集》據文義校改，「祥」爲「詳」之借字。
〔二八〕「揚」，據斯五九五七「開經文」補；「時」，《敦煌願文集》釋作「侍」，校改作「時」，按原件本作「時」。
〔二九〕「踈」，當作「疏」，「踈」爲「疎」之譌，《敦煌願文集》校改作「疏」，「疎」同「疏」。
〔三〇〕「鍾」，當作「鐘」，《敦煌願文集》據文義校改，「鍾」爲「鐘」之借字；「雪」，當作「霜」，據斯五九五七「開經文」改。
〔三一〕「性」，《敦煌願文集》釋作「姓」，誤。
〔三二〕「還」，《敦煌願文集》釋作「速」，誤。
〔三三〕「幡」，據斯五九五七「開經文」補；「曳」，《敦煌願文集》釋作「成」，誤。
〔三四〕「尋」，當作「潯」，據斯五九五七「開經文」改。

〔三五〕「堅」，當作「豎」，據斯五九五七「開經文」改。
〔三六〕「乃」，《敦煌願文集》據文例校補。
〔三七〕「所」，當作「使」，《敦煌願文集》據文義校改，「所」爲「使」之借字。
〔三八〕「丞」，當作「承」，《敦煌願文集》據文義校改，「丞」爲「承」之借字。
〔三九〕「植」，當作「值」，《敦煌願文集》據文義校改，「植」爲「值」之借字。
〔四〇〕「會」，當作「繪」，《敦煌願文集》據文義校改，「會」爲「繪」之借字。
〔四一〕「摩契」，據伯三八一九＋伯三八二五《齋儀》中之「慶經」補。
〔四二〕「明」，據伯三〇七二「開經」補。
〔四三〕「登」，當作「澄」，據伯三八一九＋伯三八二五《齋儀》中之「慶經」改，「登」爲「澄」之借字。
〔四四〕「而」，據伯三八一九＋伯三八二五「慶經」補。
〔四五〕「惠」，當作「慧」，據伯三八一九＋伯三八二五《齋儀》中之「慶經」改，「惠」通「慧」；「牙」，當作「芽」，據文義改，「牙」爲「芽」之借字。
〔四六〕「夷」，《敦煌願文集》釋作「成」，校作「夷」，原件實作「夷」。
〔四七〕「及」，當作「乃」，《敦煌願文集》據文義校改。
〔四八〕「駕」，《敦煌願文集》釋作「賀」，校作「駕」，原件實作「駕」。
〔四九〕「度」，《敦煌願文集》據相關齋文校補。
〔五〇〕「如」，當作「而」，《敦煌願文集》據文義校改，「如」通「而」。

〔五一〕『如』，當作『而』，《敦煌願文集》據文義校改，『如』通『而』。
〔五二〕『陽』，當作『揚』，《敦煌願文集》據文義校改，『陽』爲『揚』之借字。
〔五三〕『囑』，《敦煌願文集》釋作『既（記）』，誤；『蹤』，《敦煌願文集》釋作『願』。
〔五四〕『冰』，《敦煌願文集》釋作『水』，校作『冰』，原件實作『冰』。
〔五五〕『因』，當作『姻』，《敦煌願文集》據文義改，『因』爲『姻』之借字。
〔五六〕『咸』，《敦煌願文集》校改作『銜』，從之，疑『咸』爲『銜』之借字。
〔五七〕『彼』，《敦煌願文集》據文義校補。
〔五八〕『採』，當作『彩』，《敦煌願文集》據文義校改，『採』爲『彩』之借字。
〔五九〕『羅』，當作『籠』，據斯五五四八『患文』改，疑『羅』爲『籠』之借字。
〔六〇〕『疾』，《敦煌願文集》校改作『滅』。按『滅』字適合於亡文，此爲患文，當以『疾』字爲是，不必校改。
〔六一〕『痾』，《敦煌願文集》釋作『疴』，誤。
〔六二〕『虔誠』，當作『乾城』，《敦煌願文集》據文義校改，『虔誠』爲『乾城』之借字。
〔六三〕『幽』，當作『憂』，《敦煌願文集》據文義校改，『幽』爲『憂』之借字。
〔六四〕『匡』，《敦煌願文集》釋作『注』，校作『匡』，按原件本作『匡』；『後』，當作『候』，據斯五五四八『患文』改，『後』爲『候』之借字。
〔六五〕『痾』，《敦煌願文集》釋作『疴』，誤。
〔六六〕『騰』，當作『藤』，《敦煌願文集》據文義校改，『騰』爲『藤』之借字。

〔六七〕「霄」，當作「宵」，《敦煌願文集》據文義校改，「霄」爲「宵」之借字。

〔六八〕「愜」，當作「篋」，《敦煌願文集》據文義校改，「愜」爲「篋」之借字。

〔六九〕「成」，當作「誠」，《敦煌願文集》據文義校改，「成」爲「誠」之借字；「誓」，當作「逝」，《敦煌願文集》據文義校改，「誓」爲「逝」之借字。

〔七〇〕「歷」，當作「瀝」，《敦煌願文集》據文義校改，「歷」爲「瀝」之借字。

〔七一〕「診」，當作「沴」，《敦煌願文集》據文義校改，「診」爲「沴」之借字。

〔七二〕「務」，當作「霧」，《敦煌願文集》據文義校改，「務」爲「霧」之借字。

〔七三〕「中」，據斯五五四八「患文」補。

〔七四〕「及」，斯五五四八「患文」作「乃」，《敦煌願文集》疑當作「仗」之誤。

〔七五〕「拓」，《敦煌願文集》釋作「托」，按「拓」亦音「托」，意同。

〔七六〕「樂」，當作「覺」，據斯五五四八「患文」改。

〔七七〕此句疑有誤，上文已有「莊嚴患者即體」，從前文看此齋會的施主就是患者本人，按慣例此句應爲莊嚴施主家人或姻親。

〔七八〕「云云」，《敦煌願文集》漏録。

〔七九〕「智」，當作「至」，據伯三八一九＋伯三八二五《齋儀》中之「難月文」改，「智」爲「至」之借字。

〔八〇〕「惻」，當作「測」，據文義改，「惻」爲「測」之借字。

〔八一〕「熒」，當作「熒」，據伯三八一九＋伯三八二五《齋儀》中之「難月文」改，《敦煌願文集》逕釋作「熒」。

〔八二〕「德」，當作「得」，據伯三八一九＋伯三八二五《齋儀》中之「難月文」改，「德」爲「得」之借字。
〔八三〕「還」，當作「環」，《敦煌願文集》據文義校改，「還」爲「環」之借字。
〔八四〕「有」，據伯三八一九＋伯三八二五《齋儀》中之「難月文」補；「唆」，當作「昝」，據文義改，《敦煌願文集》校改作「酸」。
〔八五〕「具」字衍，據文義當删。
〔八六〕底本在「門」字右側寫有一「雲」字，伯三八一九＋伯三八二五《齋儀》中之「難月文」此字亦作「雲」，據文義當以「門」爲是。
〔八七〕「受」字衍，據文義當删；「憂」，據伯三八一九＋伯三八二五《齋儀》中之「難月文」補。
〔八八〕「長生」，《敦煌願文集》釋作「辰長」，誤。
〔八九〕「僧」，當作「增」，據伯三八一九＋伯三八二五《齋儀》中之「難月文」改。
〔九〇〕「側」，當作「測」，據伯三八一九＋伯三八二五《齋儀》中之「亡文」改，「側」爲「測」之借字。
〔九一〕「諸加」，當作「之嘉」，《敦煌願文集》據文義校改，「諸」通「之」，「加」爲「嘉」之借字。
〔九二〕「惟」，據伯三八一九＋伯三八二五《齋儀》中之「亡文」補。
〔九三〕「川」，當作「山」，《敦煌願文集》據文義校改。
〔九四〕「悼」，當作「棹」，《敦煌願文集》據文義校改，「悼」爲「棹」之借字。
〔九五〕「摧」，當作「摧」，據文義改，《敦煌願文集》逕釋作「摧」，「摧」爲「摧」之借字。
〔九六〕「彌」，底本原寫作「尤」，後又在其右側改作「彌」。

〔九七〕「霸」，當作「罷」，《敦煌願文集》據文義校改，「霸」爲「罷」之借字。

〔九八〕「浪」，當作「流」，《敦煌願文集》據文義校改。

〔九九〕「彰」，當作「障」，據伯三八一九＋伯三八二五《齋儀》中之「亡文」改，「彰」爲「障」之借字，《敦煌願文集》逕釋作「障」，校改作「帳」。

〔一〇〇〕「鍾」，當作「鐘」，《敦煌願文集》據文義校改，「鍾」爲「鐘」之借字；「野」，當作「夜」，《敦煌願文集》據文義校改，「野」爲「夜」之借字。

〔一〇一〕「聖」，底本原寫作「聖」，後於其右側改寫爲「衆」，伯三八一九＋伯三八二五《齋儀》中之「亡文」亦作「衆」，據文義和其他同類文書，以「聖」爲佳。

〔一〇二〕「延」，當作「筵」，《敦煌願文集》據文義校改，「延」爲「筵」之借字。

〔一〇三〕「勝」，《敦煌願文集》釋作「福」，誤。

〔一〇四〕「年」，《敦煌願文集》釋作「平」，校改作「年」，按原件本作「年」。

〔一〇五〕「輪」，《敦煌願文集》釋作「輪」，誤。

〔一〇六〕「何」，當作「河」，據伯三八一九＋伯三八二五《齋儀》中之「亡父母文」改，「何」爲「河」之借字。

〔一〇七〕「流」，當作「留」，《敦煌願文集》據文義校改，「流」爲「留」之借字。

〔一〇八〕「禪」，《敦煌願文集》釋作「限」，誤。

〔一〇九〕「坐」，《敦煌願文集》釋作「座」，「坐」通「座」。

〔一一〇〕「諸」，當作「之」，《敦煌願文集》據文義校改，「諸」通「之」；「加」，當作「嘉」，據伯三八一九＋伯

三八二五《齋儀》中之『亡父母文』改，『加』爲『嘉』之借字。

〔一一一〕『肅』，當作『夙』，《敦煌願文集》據文義校改，『肅』爲『夙』之借字。

〔一一二〕『侶』，當作『閭』，《敦煌願文集》據文義校改，『侶』爲『閭』之借字。

〔一一三〕『何』，《敦煌願文集》釋作『河』，校改作『何』，按原件本作『何』。

〔一一四〕『亭』，當作『停』，《敦煌願文集》據文義校改，『亭』爲『停』之借字。

〔一一五〕『延』，當作『筵』，《敦煌願文集》據文義校改，『延』爲『筵』之借字。

〔一一六〕『遞』，當作『第』，《敦煌願文集》據文義校改，『遞』爲『第』之借字。

〔一一七〕『務』，當作『霧』，《敦煌願文集》據文義校改，『務』爲『霧』之借字。

〔一一八〕『侶』，當作『似』，《敦煌願文集》據文義校改。

〔一一九〕『異』，當作『及』，據文義改，《敦煌願文集》校改作『與』。

〔一二〇〕『明』，《敦煌願文集》釋作『顯』，誤。

〔一二一〕『如』，當作『而』，《敦煌願文集》據文義校改，『如』通『而』。

〔一二二〕『年』，《敦煌願文集》釋作『得』，校作『年』，按原件本作『年』。

〔一二三〕『樹』，據伯三八一九十伯三八二五《齋儀》中之『亡男』補；『彫』，《敦煌願文集》釋作『雕』，校作『凋』，按『彫』本有凋零意。

〔一二四〕『俄』，《敦煌願文集》釋作『今』，誤。

〔一二五〕『壁』，當作『璧』，《敦煌願文集》據文義校改，『壁』爲『璧』之借字。

〔一二六〕「故建齋延」，據伯三八一九＋伯三八二五《齋儀》中之「亡男」補。

〔一二七〕「眉」，《敦煌願文集》釋作「顔」，誤。

〔一二八〕「瞻」，當作「蟾」，《敦煌願文集》據斯三四三《亡女文》校改。

〔一二九〕「久」，《敦煌願文集》釋作「夕」，校改作「久」，按原件本作「久」；「流」，當作「留」，《敦煌願文集》據文義校改，「流」爲「留」之借字；「應」，當作「塵」，《敦煌願文集》據文義校改。

〔一三〇〕「逝」，《敦煌願文集》釋作「運」，誤。

〔一三一〕「丈」，當作「仗」，《敦煌願文集》據文義校改，「丈」爲「仗」之借字。

〔一三二〕「追」，《敦煌願文集》釋作「追福」，按「福」字旁有廢除符號，應不録；「念」，《敦煌願文集》釋作「念誦」，按「誦」原作「齋」，且已塗抹，應不録。

〔一三三〕「弟」，當作「第」，《敦煌願文集》據文義校改，「弟」爲「第」之本字。

〔一三四〕「授」，當作「受」，《敦煌願文集》據文義校改，「授」爲「受」之借字。

〔一三五〕「勝」，《敦煌願文集》釋作「是」，誤。

〔一三六〕「福」，《敦煌願文集》釋作「諸」，誤。

〔一三七〕「葉」，當作「業」，據伯二〇五八「優婆姨」改，「葉」爲「業」之借字；「無」，據伯二〇五八「優婆姨」補。

〔一三八〕「晏」，伯二〇五八「優婆姨」作「宴」。

〔一三九〕據伯二〇五八「優婆姨」此句後還有「愛僧（憎）已斷，指迷津復關心，無常若空，湛然性海」。

參考文獻

《敦煌寶藏》一〇册，六七五至六七八頁（圖）；《英藏敦煌文獻》三卷，五一至五四頁（圖）；《敦煌願文集》四一至六五頁（録）；《英國收藏敦煌漢藏文獻研究》一五至一六頁、九九至一〇六頁（録）。

斯一四四二　毛詩鄭箋（豳風鴟鴞——狼跋）

釋文

（前缺）

予手拮据〔一〕，予所捋荼〔二〕，予所蓄租〔三〕，予口卒瘏，桔（拮）梮（据）〔四〕，戟（撠）揭也〔五〕；荼，藿苕也〔六〕；租，爲也〔七〕；瘏，病也。手病口病，故能免乎大鳥之難也〔八〕。箋云：「我此言作之〔九〕，〔至〕〔苦〕〔故〕〔能〕〔攻〕〔堅〕〔一〇〕，〔人〕〔不〕〔得〕〔取〕〔其〕〔子〕〔一一〕。」〔曰〕〔予〕〔未〕〔有〕〔室〕〔家〕〔一二〕。〔謂〕〔我〕〔未〕〔有〕〔室〕〔家〕〔一三〕。〔箋〕〔云〕〔一四〕：「〔我〕〔作〕〔之〕至苦如是者〔一五〕，〔曰〕我未有室家〔之〕故〔一六〕。」

予羽譙譙，予尾脩（翛）脩（翛）〔一七〕。譙譙，殺也；脩（翛）脩（翛）〔一八〕，弊也。箋云：「手、口既病，羽、翼（尾）又殺〔一九〕、弊，言己勞苦甚也〔二〇〕。」予室翹翹，風雨之所漂榣（搖）〔二一〕，予維音嘵嘵。翹翹，危也；嘵嘵，懼也。箋云：「巢之翹翹而危，以其所託支（枝）條弱也〔二二〕。以喻今我子孫不肖，故使我家道危也。風雨，喻成王也。維音嘵嘵〔二三〕，恐懼告訴之意〔二四〕。」

鴟鴞四章章五句。

《東山》，周公東征也。周公東征，三年而歸。〔勞〕〔歸〕士〔二五〕，大夫美之，而作是詩〔二六〕。一章言其貌也〔二七〕，二章言其思也，三章言其室家之望汝也〔二八〕，四章樂男女之得及時也。君子之於人，故序其情而閔其勞〔二九〕，所以說也。說以使民，民忘其死，其唯《東山》乎！成王既得金縢（滕）之書〔三〇〕，親迎周公，周公歸攝政。三監及淮夷畔〔三一〕，周公〔乃〕東伐之〔三二〕，三年而後歸爾〔三三〕。分別章意者，言周公於是志意申美而詳之也〔三四〕。

我徂東山，慆慆不歸。我來自東，零雨其濛。慆慆，言久也；濛，雨貌也〔三五〕。箋云：『此四句者，序歸士之情也。我往之東山既久勞矣，歸又道遇雨濛濛然，又是苦之甚〔三六〕。』我東曰歸，我心西悲。公挨（族）有辟〔三七〕，公親素服不舉樂，爲之變，如其倫之喪也〔三八〕。箋云：『我在東山常曰歸也〔三九〕，我心則念西而悲者也〔四〇〕。』制彼常（裳）衣〔四一〕，勿士銜枚〔四二〕。士，事也〔四三〕；枚，微也。箋云：『勿猶無〔四四〕，女制彼常（裳）衣而來謂兵服也〔四五〕。亦初無行陣行枚之事〔四六〕，言前定也。』《春秋傳》曰：『善用兵者不陳。』蜎蜎者蠋，烝在桑野〔四七〕。蜎蜎，蠋貌也〔四八〕；蠋〔四九〕，桑蟲也；烝，塵也〔五〇〕。〔箋〕〔云〕〔五一〕：『蠋蜎蜎然，獨行久處桑野〔五二〕，有似勞苦〔者〕〔五三〕，古者聲窴填塵同者（也）〔五四〕。』敦彼獨宿，亦在車下。箋云：『敦敦然，獨行（宿）於車下〔五五〕，此誠有勞心之苦也〔五六〕。』

我徂東山，慆慆不歸。我來自東，零雨其濛。果贏（蠃）之實〔五七〕，亦施于宇。伊威在堂〔五八〕，蠨蛸在戶。町畽鹿場，熠耀宵行。果贏（蠃）〔五九〕，栝蔞（樓）也〔六〇〕；伊威，委黍也〔六一〕；蠨蛸，長踦也〔六二〕；町畽，鹿跡也；熠耀〔六三〕，燐也〔六四〕，熒（螢）火也〔六五〕。箋云：『此五物者，家無人則生〔六六〕，令人感思。』不可畏也，伊可懷也。箋云：『伊當作繄，繄猶是也，懷思也。室中〔久〕無人〔六七〕，故有此五物，是不足畏〔六八〕，乃可爲憂思。』

我徂東山，慆慆不歸。我來自東，零雨其濛。鸛鳴于垤，婦歎于室。洒埽（埽）穹窒〔六九〕，我征聿至。姪（垤）〔七〇〕，蟻冢也〔七一〕，將陰雨穴處先知之也〔七二〕；鸛，好水長鳴而喜也。箋云：『鸛，水鳥也，將陰雨則鳴，行者於陰雨尤苦，婦人尤念之〔七三〕，則歎於室也。穹，窮；窒，塞也〔七四〕；洒，灑也〔七五〕。穹，窒鼠穴〔七六〕。埽埽〔七七〕，拚土也〔七八〕。君子行役述其日月〔七九〕，今且至矣，言婦人望者也〔八〇〕。有敦瓜苦，烝在栗薪。敦，專專也〔八一〕；烝，衆也。言我心苦事，又苦也。箋云：『此又言婦人思其君子之居處，專專然〔八二〕，如瓜之繫綴焉。瓜辨有苦者〔八三〕，以喻其心苦也。烝，塵也〔八四〕；栗，析也。言君子〔又〕久見使析薪於野事〔八五〕，又（尤）苦〔也〕〔八六〕，古者聲栗裂同〔八七〕。』自我不見，于今三年。

我徂東山，慆慆不歸。我來自東，零雨其濛。箋云：『凡先著此四句者，皆爲序歸士之情也〔八八〕。』蒼庚于飛〔八九〕，熠耀其羽。箋云：『蒼庚仲春而鳴〔九〇〕，嫁娶之候也〔九一〕。熠耀其羽，羽，鮮明〔也〕〔九二〕，歸士始行之時，新合婚禮〔九三〕，今還，故極敘其情安樂〔九四〕。之子于歸，皇駁其馬〔九五〕。黃白曰皇，騮白曰駁〔九六〕。箋云：『之子于歸，謂始嫁時〔九七〕；皇駁其馬〔九八〕，車服盛者（也）〔九九〕。』親結其離（縭）〔一〇〇〕，九十其儀。離（縭）〔一〇一〕，婦人之褘〔也〕〔一〇二〕，母戒女禮衿結帨〔一〇三〕；九十其儀，言多儀也。箋云：『女嫁，父母既戒之，庶母又申勑之〔一〇四〕。九十其儀，喻丁寧之多。』其新孔嘉，其舊如之何！言久長之道也。箋云：『嘉，善〔一〇五〕，其新來時甚善，至今則久矣。不知其如何也，又極敘其情，樂而戲之』〔一〇六〕。

東山四章章十二句。

破斧，美周公也。周公也〔一〇七〕，周大夫以惡四國焉。惡四國者，惡其流言毁周公者也〔一〇八〕。

既破我斧，又缺我斨。隋銎曰：『斧、方銎曰斧斨〔一〇九〕，民之所用也〔一一〇〕；禮義者〔一一一〕，國家之用〔一一二〕。』箋云：『四國流言既破，毁我周公，又損傷我威（成）王〔一一三〕，以此二者爲大罪也〔一一四〕。』周公東征，四國是皇。四國，管、蔡、商、奄也；皇，匡也。箋云：『周公既反攝政，東伐四國〔一一五〕，誅其君，罪正其民人而已。』哀我人斯，亦孔之將。將，大也。箋云：『此言周公之哀我民人，其德亦甚大也。』

既破我斧，又缺我錡。鑿屬曰錡。周公東征，四國是僞（吪）〔一一六〕。僞（吪）〔一一七〕，化者也〔一一八〕。哀我人斯，亦孔之嘉。箋云：『嘉，善者也〔一一九〕。』

既破我斧，又缺我銶。木屬曰銶。周公東征，四國是遒。遒，固也。箋云：『遒，斂也。』哀我人斯，亦孔之休。休，美者也〔一二〇〕。

破斧三章章六句。

伐柯，美〔周〕〔公〕〔也〕〔一二一〕。周大夫刺朝廷之不知也。成王既得雷雨大風之變，欲迎周公，而朝廷群臣猶貳於管蔡之言〔一二二〕，不知周公之聖德，疑於王欲迎之禮〔一二三〕，是以刺之。

伐柯如之何〔一二四〕，匪斧不尅〔一二五〕。柯，斧柄也。禮義者，亦治國之柄也〔一二六〕。箋云：『尅〔一二七〕，能也。伐柯之道，唯斧乃能尅之〔一二八〕，此以類求其報也〔一二九〕，以喻成王欲迎周公，當使賢者先往者〔一三〇〕。』娶妻如之何〔一三一〕，匪媒不得。媒，所以用禮〔也〕〔一三二〕。治國不能用禮則不安。箋云：『媒者能通二姓之言，定〔人〕室家之道者〔一三三〕。以喻王欲迎周公，當先使曉王與周公之意者，又先往。』

伐柯伐柯，其則不遠。以其所願乎上交乎下，以其所願乎下事乎上，不遠求也。箋云：『則，法〔也〕〔一三四〕。伐柯者，必用柯。其大小長短近取法於柯，所謂不遠求也。王欲迎周公，使還其道，亦不遠人心，足以知之也〔一三五〕。』我覯之子，邊（籩）豆有踐〔一三六〕。踐，行列貌也〔一三七〕。箋云：『覯，見也。之子，是子也。斥周公也。王欲迎周公，當以饗燕之饌，行至〔則〕燕樂以說之也〔一三八〕。』

伐柯二章章四句。

九域（罭）〔一三九〕，美周公也。周大夫刺朝廷之不知也。

九域（罭）之魚，鱒魴。興也，九域（罭），緵罟小魚之罔（網）〔也〕〔一四〇〕；鱒魴，大魚也。箋云：『設九域（罭）〔之〕罟者〔一四一〕，乃後得鱒魴之魚，言取物各有器也。興者，喻王欲迎周公之來，當有其禮。』我覯之子，襃

（衮）衣繡裳〔一四二〕。所見謂周公也〔一四三〕，變（衮）〔衣〕卷龍也〔一四四〕。箋云：『王迎周公，當以上公之服往見之。』

鴻飛遵渚，鴻，不宜循渚也。箋云〔一四五〕：『鴻，大鳥〔一四六〕，不宜與鳧鷖之屬飛而循渚〔一四七〕。以喻周公今與凡人處東都之邑，亦失其所〔一四八〕。』公歸無所〔一四九〕，於女信處。周公未得禮迎也〔一五〇〕，再宿曰信。箋云：『信，誠也。〔時〕東都之人欲周公久（留）不去〔一五一〕。故曉之云：〔公〕西歸而無所居〔一五二〕，則可就女誠處。是，東都也。今公當歸後（復）其位〔一五三〕，不得留也。』

鴻飛遵陸，陸，飛鴻所宜止也〔一五四〕。公歸不復，於女信宿。宿，猶處也。

是以有襃（衮）衣兮〔一五五〕，無以我公歸兮，無與，我公歸之道也〔一五六〕。箋云：『是，是東都也。東都之人欲周公留爲（之）之（爲）君〔一五七〕，故云是〔以〕有變（衮）衣〔一五八〕。謂成王所齎來變（衮）衣，願〔其〕封周公於此〔一五九〕，以變（衮）衣命留之〔一六〇〕，無以公西歸也〔一六一〕。』無使我心悲兮！箋云：『周公西歸，東都之人心悲〔一六二〕，恩德之愛至深也〔一六三〕。』

九城（罭）四章〔一六四〕，一章四句〔一六五〕，三章章三句〔一六六〕。

狼跋〔一六七〕，美周公也〔一六八〕。（下缺）

說明

此件首尾均缺，起鴟鴞章『予口卒瘏』，訖狼跋章『狼跋，美周』。經文大字書寫，傳箋爲雙行夾注，原件有朱筆校改、句讀。卷中不諱『民』、『治』等字。《敦煌經籍叙録》認爲此件與斯一三四『毛詩鄭箋』屬同卷（不能直接綴合）（參見《敦煌經籍叙録》中華書局，二〇〇六年版，一六八頁）。

以上釋文是以斯一四四二爲底本，用現在通行的《十三經注疏》中之《毛詩正義》（稱其爲甲本）參校（中華書局，一九八〇年版），所有異文及虛詞一一列出，以供參考。

校記

〔一〕『予手拮据』，據甲本補。
〔二〕『予所捋』，據甲本補。
〔三〕『予所蓄租』，據甲本補。
〔四〕『桔梮』，當作『拮据』，據文義及甲本改，『桔梮』爲『拮据』之借字。
〔五〕『戟』，當作『撠』，據甲本改，『戟』爲『撠』之借字。
〔六〕『藋』，甲本作『萑』，『藋』同『萑』。
〔七〕『也』，甲本無。
〔八〕『也』，甲本無。
〔九〕『我』，甲本無。
〔一〇〕『至苦故能攻堅』，據甲本補。
〔一一〕『人不得取其子』，據甲本補。
〔一二〕『曰予未有室家』，據甲本補。
〔一三〕『謂我未有室家』，據甲本補。
〔一四〕『箋云』，據甲本補。
〔一五〕『我作之』，據甲本補。

〔一六〕「曰」、「之」，均據甲本補。
〔一七〕「脩」，當作「翛」，據甲本改。
〔一八〕「脩脩」，當作「翛翛」，據甲本改。
〔一九〕「翼」，當作「尾」，據甲本改。
〔二〇〕「也」，甲本無。
〔二一〕「之」，甲本無；「榣」，當作「摇」，據文義及甲本改，「榣」爲「摇」之借字。
〔二二〕「支」，當作「枝」，據文義及甲本改，「支」爲「枝」之借字。
〔二三〕「維音嘵嘵」，甲本作「音嘵嘵然」。
〔二四〕「訴」，甲本作「愬」，「愬」與「訴」同。底本「之意」抄於前一行之末，且爲倒寫，蓋抄寫者抄至「恐懼告訴」處，此行已滿，但爲節省紙張，故將「之意」二字抄於前行的空白中，同時倒書以與前行文字相區分。
〔二五〕「勞歸」，據甲本補。
〔二六〕「而」，甲本作「故」；「詩」，甲本作「詩也」。
〔二七〕「貌」，甲本作「完」，疑甲本誤。
〔二八〕「汝」，甲本作「女」，「女」通「汝」。
〔二九〕「故」，甲本無。
〔三〇〕「騰」，當作「滕」，據甲本改，「騰」爲「滕」之借字。
〔三一〕「畔」，甲本作「叛」，均可通。

〔三二〕「乃」，據甲本補。

〔三三〕「爾」，甲本作「耳」，均可通。

〔三四〕「言」、「意」，甲本均無；「申」，甲本作「伸」，均可通；「也」，甲本無。

〔三五〕「也」，甲本無。

〔三六〕「又是苦之甚」，甲本作「是尤苦也」。

〔三七〕「挨」，當作「族」，據文義及甲本改。

〔三八〕「也」，甲本無。

〔三九〕「曰歸」，底本原有重文符號，疑誤，未録重文。

〔四〇〕「者也」，甲本無。

〔四一〕「常」，當作「裳」，據文義及甲本改。

〔四二〕「銜」，甲本作「行」。

〔四三〕「也」，甲本無。

〔四四〕「無」，甲本作「無也」。

〔四五〕「常」，當作「裳」，據文義及甲本改。

〔四六〕第二個「行」字，甲本作「銜」。

〔四七〕「蒸」，甲本作「烝」，「烝」通「蒸」。

〔四八〕「也」，甲本無。

〔四九〕「蠋」，甲本脱。

〔五〇〕「塵」，甲本作「實」。

〔五一〕「箋云」，據甲本補。

〔五二〕「獨」，甲本作「特」。

〔五三〕「者」，據甲本補。

〔五四〕「者」，當作「也」，據文義及甲本改。

〔五五〕「行」，當作「宿」，據甲本改。

〔五六〕「勞心之苦也」，甲本作「勞苦之心」。

〔五七〕「羸」，當作「羸」，據甲本改。

〔五八〕「堂」，甲本作「室」。

〔五九〕「羸」，當作「羸」，據甲本改。

〔六〇〕「婁」，當作「樓」，據甲本校改，「婁」爲「樓」之借字。

〔六一〕「委黍」，底本原作「螓蠓」，據甲本改。「螓蠓」爲「委黍」之俗字，涉上文而加「虫」旁。

〔六二〕「踦」，底本原作「蟜」，據甲本改。「蟜」爲「踦」之俗字，涉上文而加「虫」旁。

〔六三〕「熠耀」，底本原作「蝔蠗」，據甲本改，「蝔蠗」爲「熠耀」之俗字，涉上文而加「虫」旁。

〔六四〕「燐」，底本原作「蟒」，據甲本改，「蟒」爲「燐」之俗字，涉上文改爲「虫」旁。

〔六五〕「熒」，當作「螢」，據文義及甲本改，「熒」爲「螢」之借字。此句甲本作「燐，螢火也」，疑有誤，因此句所注

爲「熠耀」，並非「燐」字。

〔六六〕「生」，甲本作「然」。

〔六七〕「久」，據甲本補。

〔六八〕「足」，甲本作「足可」。

〔六九〕「⿰氵帚」，當作「埽」，據甲本改，「⿰氵帚」應爲「埽」之俗字。

〔七〇〕「姪」，當作「垤」，據甲本改。

〔七一〕「蟻」，甲本作「螘」，「螘」同「蟻」；「冢」，甲本作「塚」，「冢」通「塚」。

〔七二〕「雨」，甲本作「雨則」；「也」，甲本作「矣」。

〔七三〕「人尤」，甲本無。

〔七四〕「也」，甲本無。

〔七五〕「也」，甲本無。

〔七六〕「穴」，甲本作「穴也」。甲本下句在此句前，於文義較順。

〔七七〕「埽埽」，底本原作「⿰氵帚⿰氵帚」，據甲本改，「⿰氵帚」應爲「埽」之俗字。

〔七八〕「土」，甲本脱。

〔七九〕「君子」，甲本作「而我君子」。

〔八〇〕「人」、「者」，甲本均無。

〔八一〕「專專」，甲本作「猶專專」。

〔八二〕『然』，甲本脱。
〔八三〕『瓜』，甲本作『瓜之』。
〔八四〕『也』，甲本無。
〔八五〕『又』，據甲本補；『野』，甲本脱。
〔八六〕『又』，當作『尤』，據文義及甲本改；『也』，據甲本補。
〔八七〕『同』，甲本作『同也』。
〔八八〕『也』，甲本無。
〔八九〕『蒼』，甲本作『倉』，均可通。
〔九〇〕『蒼』，甲本作『倉』，均可通。
〔九一〕『娶』，甲本作『取』，均可通。
〔九二〕『也』，據甲本補。
〔九三〕『婚』，甲本作『昬』，均可通。
〔九四〕『安樂』，甲本作『以樂之』。
〔九五〕『駮』，甲本作『駁』，均可通。
〔九六〕『駮』，甲本作『駁』，均可通。
〔九七〕『時』，甲本作『時也』。
〔九八〕『駮』，甲本作『駁』，均可通。

〔九九〕『者』，當作『也』，據甲本改。
〔一〇〇〕『離』，當作『縭』，據文義及甲本改，『離』爲『縭』之借字。
〔一〇一〕『離』，當作『縭』，據文義及甲本改，『離』爲『縭』之借字。
〔一〇二〕『也』，據甲本補。
〔一〇三〕『禮』，甲本作『施』。
〔一〇四〕『勑』，甲本無。
〔一〇五〕『善』，甲本作『善也』。
〔一〇六〕『叙』，甲本作『序』，均可通。
〔一〇七〕『周公也』係衍文，當刪。
〔一〇八〕『者』，甲本無。
〔一〇九〕『方砻曰』，甲本無，疑爲衍文，當刪。
〔一一〇〕『所』，甲本無。
〔一一一〕『者』，甲本無。
〔一一二〕『用』，甲本作『用也』。
〔一一三〕『威』，當作『成』，據甲本改。
〔一一四〕『也』，甲本無。
〔一一五〕『四國』，甲本作『此四國』。

〔一一六〕『僞』，當作『吪』，據甲本改，『僞』爲『吪』之通假字。

〔一一七〕『僞』，當作『吪』，據甲本改，『僞』爲『吪』之通假字。

〔一一八〕『者』，甲本無。

〔一一九〕『者』，甲本無。

〔一二〇〕『者』，甲本無。

〔一二一〕『周公也』，據甲本補。

〔一二二〕『貳』，甲本作『惑』。

〔一二三〕『欲』，甲本無。

〔一二四〕『之』，甲本無。

〔一二五〕『尅』，甲本作『克』。

〔一二六〕『也』，甲本無。

〔一二七〕『尅』，甲本作『克』。

〔一二八〕『尅』，甲本無。

〔一二九〕『報』，甲本作『類』。

〔一三〇〕第二個『者』字，甲本無。

〔一三一〕『娶』，甲本作『取』，均可通；『之』，甲本無。

〔一三二〕『也』，據甲本補。

〔一三三〕「人」，據甲本補；「者」，甲本無。

〔一三四〕「也」，據甲本補。

〔一三五〕「也」，甲本無。

〔一三六〕「邊」，當作「籩」，據甲本改，「邊」爲「籩」之借字。

〔一三七〕「也」，甲本無。

〔一三八〕「則」，據甲本補；「燕」，甲本作「歡」；「也」，甲本無。底本「之也」二字倒立書寫於前一行之末，以與前行文字相區分。

〔一三九〕「域」，當作「罭」，據甲本改，「域」爲「罭」之借字。以下同，不另出校。

〔一四〇〕「罔」，當作「網」，據文義及甲本改，「罔」爲「網」之借字；「也」，據甲本補。

〔一四一〕「之」，據甲本補；「者」，甲本無。

〔一四二〕「褻」，當作「衮」，據甲本改。

〔一四三〕「所見謂」，甲本作「所以見」。

〔一四四〕「變」，當作「衮」，據甲本改；「衣」，據甲本補。

〔一四五〕「云」，據甲本補。

〔一四六〕「鳥」，甲本作「鳥也」。

〔一四七〕「鳧鷖」，據甲本補。

〔一四八〕「亦」，甲本無；「所」，甲本作「所也」。

〔一四九〕「無」，據甲本補。

〔一五〇〕「迎」，甲本脫。

〔一五一〕「時」，據甲本補；「久」，當作「留」，據甲本改。

〔一五二〕「公」，據甲本補。

〔一五三〕「後」，當作「復」，據甲本改。

〔一五四〕「飛」，甲本作「非」，據上章「鴻飛遵渚」之傳箋，當以「飛」爲是；「也」，甲本無。

〔一五五〕「⿳亠䜌𧘇」，當作「衮」，據甲本改。

〔一五六〕「我」，甲本無。

〔一五七〕「爲之」，當作「之爲」，據甲本改。

〔一五八〕「以」，據甲本補；「變」，當作「衮」，據甲本改。

〔一五九〕「其」，據甲本補。

〔一六〇〕「變」，當作「衮」，據甲本改。

〔一六一〕「也」，甲本無。

〔一六二〕「東」，甲本作「而東」。

〔一六三〕「愛至深也」，據甲本補。

〔一六四〕「城」，當作「罭」，據甲本改。

〔一六五〕「句」，據甲本補。

〔一六六〕「三」，據甲本補。

〔一六七〕「跋」，原件作「狘」，爲「跋」之俗字，據甲本改。

〔一六八〕「公也」，據甲本補。

參考文獻

Descriptive Catalogue of the Chinese Manuscripts from Tunhuang in the British Museum, p.230；《敦煌遺書總目索引》一三八頁；《孔孟學報》一七期，一七七頁；《敦煌詩經卷子研究論文集》一五二至一五三頁（圖）、二六二至二六七頁（圖）；《華岡學報》六卷，一至一九頁；《敦煌寶藏》一〇册，六七九至六八一頁（圖）；《英藏敦煌文獻》三卷，五五至五八頁（圖）；《第三届詩經國際學術研討會論文集》三六六至三六七頁；《敦煌遺書總目索引新編》四四頁；《南京師範大學文學院學報》二〇〇四年二期，四六至四七頁；《敦煌典籍與唐五代歷史文化》三九頁、五四頁；《敦煌經籍叙録》一六八至一七〇頁。

斯一四四三　春秋左傳杜注（哀公十四年）

釋文

（前缺）

麟也〔一〕。

小邾射以句繹來奔〔二〕，曰〔三〕：使季路要我〔四〕，吾無盟矣〔五〕。子路信誠，故欲得與相要誓而不須盟〔六〕。孔子弟子既續書魯筞（策）〔七〕，以繫於經，丘明亦隨而傳之〔八〕，終於哀公以卒前事〔九〕，其異事則皆路（略）而不傳〔一〇〕，故此經無傳者多。使子路，子路辭〔一一〕。季康子使冉有謂之曰〔一二〕：『千乘之國，不信其盟〔一三〕，而信子之言〔一四〕，子何辱焉〔一五〕？』對曰〔一六〕：『魯有事于小邾〔一七〕，不敢問故〔一八〕，死其城下可也〔一九〕。彼不臣而濟其言〔二〇〕，是義之也〔二一〕。由弗能〔二二〕。』

齊簡公之在魯也〔二三〕，闞止有寵焉。簡公〔二四〕，悼公陽生子壬也〔二五〕，闞止，子我也〔二六〕，事在六年〔二七〕。及即位〔二八〕，使爲政〔二九〕，陳成子憚之，驟顧諸朝〔三〇〕。成子陳常心不安〔三一〕，故數顧之〔三二〕。諸御鞅言於公〔三三〕，鞅，齐（大）夫也〔三四〕。曰：『陳、闞不〔可〕並也〔三五〕。君其擇焉〔三六〕。』擇用□入〔三七〕。弗聽〔三八〕。子我夕〔三九〕，夕視事也〔四〇〕。陳逆煞人〔四一〕，逢之，陳逆〔四二〕，子行〔四三〕，陳氏宗也〔四四〕。子我逢之〔四五〕。遂執以入〔四六〕。執逆至朝〔四七〕。陳氏方睦。欲謀齊國，故宗族和。使疾〔四八〕，而遺之潘沐〔四九〕，備酒肉焉〔五〇〕，使詐病，因內潘沐，並得內酒肉也〔五一〕。潘，米汁，可以沐頭。饗守囚者〔五二〕，

醉而殺之而逃〔五三〕。子我盟諸陳於陳宗。失陳逆〔五四〕，懼其反爲患〔五五〕，故盟之〔五六〕。

初〔五七〕，陳豹欲爲子我臣〔五八〕，豹亦陳氏〔族〕〔五九〕。使公孫言己，言己，介達之也〔六〇〕。已有喪而止。既而言之，既，終喪也。曰：『有陳豹者，長而上僂，肩背僂也〔六一〕。望視，目望陽也〔六二〕。事君子必得志。得君子意。欲爲子臣，吾憚其爲人也，恐多詐也〔六三〕。故緩以告。』子我曰：『何害？是其在我也。』使爲臣。他日，與之言政，說，遂有寵。謂之曰：『我盡逐陳氏而立汝〔六四〕，若何？』對曰：『我遠於陳氏矣。言已疏遠也〔六五〕。且其違者不過數人，違，不從也。何盡逐焉？』遂告陳氏。子行曰：『彼（彼）得君〔六六〕，弗先，必禍子。』子行舍於公宮。子行逃而隱於陳氏，今又隱於公宮也〔六七〕。

夏，五月，壬申，成子兄弟四乘如公。成子之兄弟昭子莊、簡子齒、宣子夷、穆子安廩、丘子意、玆子芒盈〔六八〕、惠子得，凡八人，二人共一乘也〔六九〕。子我在幄，幄，帳也，聽政之處。出，逆之。遂入，閇（閉）門〔七〇〕。成子入，反閇（闭）門〔七一〕，不內子我也〔七二〕。侍人禦之，子我侍人。子行殺侍人。素在內，故得殺之也〔七三〕。公與婦人飲酒于檀臺，成子遷諸寢。徙公使居正寢〔七四〕。公執戈，將擊之。疑其欲作亂也〔七五〕。太史子餘曰：『非不利也，將除害也。』言將爲公除害。成子出舍于庫。以公怒故。聞公猶怒，將出，曰：『何所無君？』子行抽劍曰：『需，事之賊也。言需疑則害事。誰非陳宗？言陈氏宗族衆多。所不殺子者，有如陳宗。』言子若欲出，我必殺子，明如陳宗也〔七六〕。乃止。子我歸，屬徒，攻闈與大門，闈，宮中小門；大門，公門也。皆不勝，乃出。陳氏追之，失道於弇中，適豐丘。弇中，狹路也〔七七〕；豐丘，陳氏邑也〔七八〕。豐丘人執之，以告，殺諸郭關。齊關名也〔七九〕。成子將殺大陸子方，子方，子我臣也〔八〇〕。陳逆請而免之。以公命取車於道，子方取道中行人車也〔八一〕。及耏，衆知而東之。知其（下缺）

說明

此件首尾均缺，首部下殘，起『麟也』，訖『衆知而東之，知其』，爲《春秋左傳杜注》哀公十四年的一部分，經文爲大字，注釋爲雙行夾注。因卷中不見唐諱諸字，姜亮夫據此推斷爲六朝寫本（《莫高窟年表》一六三頁），而王重民則定爲唐時寫本（《敦煌古籍叙録》五七頁）。

以上釋文是以斯一四四三號爲底本，用通行的《十三經注疏》（中華書局，一九八〇年版）中之《春秋左傳正義》（稱其爲甲本）參校，所有異文及虚詞一一校出，以供參考。

校記

〔一〕『也』，甲本無。『麟也』，《敦煌寫卷〈春秋經傳集解〉校證》漏録。

〔二〕『以句繹來奔』，據甲本補。

〔三〕『曰』，據甲本補。

〔四〕『使季路要我』，據甲本補。

〔五〕『吾無』，據甲本補。

〔六〕『故欲得與相要誓而不須盟』，據甲本補。

〔七〕『孔子弟子既續書』，據甲本補；『桀』，當作『策』，據文義及甲本改。

〔八〕『丘明亦隨而傳之』，據甲本補。

〔九〕『終於哀公以卒前事』，據甲本補。

〔一〇〕『其異』，據甲本補；『路』，當作『略』，據文義及甲本改。
〔一一〕『子路』，《敦煌寫卷〈春秋經傳集解〉校證》漏録；『辭』，據甲本補。
〔一二〕『季康子使冉有謂之曰』，據甲本補。
〔一三〕『其盟』，據甲本補。
〔一四〕『而信子之言』，據甲本補。
〔一五〕『子何辱焉』，據甲本補。
〔一六〕『對曰』，據甲本補。
〔一七〕『邾』，據甲本補。
〔一八〕『不敢問故』，據甲本補。
〔一九〕『死其城下可也』，據甲本補。
〔二〇〕『彼不臣』，據甲本補。
〔二一〕『之也』，據甲本補。
〔二二〕『由弗能』，據甲本補。
〔二三〕『齊簡公之在魯』，據甲本補。
〔二四〕『公』，據甲本補。
〔二五〕『悼公陽生子壬也』，據甲本補。
〔二六〕『子我也』，據甲本補。

〔二七〕『事在六年』，據甲本補。
〔二八〕『及即位』，據甲本補。
〔二九〕『使爲政』，據甲本補。
〔三〇〕『朝』，據甲本補。
〔三一〕『成子陳常心不安』，據甲本補。
〔三二〕『故數顧之』，據甲本補。
〔三三〕『諸御鞅言於』，據甲本補。
〔三四〕『大』，據甲本補；『也』，甲本無。
〔三五〕『可』，據甲本補。
〔三六〕『其擇焉』，據甲本補。
〔三七〕『擇用一人』，據甲本補。
〔三八〕『弗聽』，據甲本補。
〔三九〕『子我』，據甲本補。
〔四〇〕『也』，甲本無。
〔四一〕『煞』，甲本作『殺』，均可通。以下底本之『煞』字，甲本均作『殺』，不另出校。
〔四二〕『陳逆』，據甲本補。
〔四三〕『子行』，據甲本補。

〔四四〕『陳氏宗也』，據甲本補。
〔四五〕『子我逢之』，據甲本補。
〔四六〕『遂執以入』，據甲本補。
〔四七〕『執逆至朝』，據甲本補。
〔四八〕『疾』，據甲本補。
〔四九〕『而遺之潘沐』，據甲本補。
〔五〇〕『備酒肉』，據甲本補。
〔五一〕『肉』字原爲俗體，《敦煌寫卷〈春秋經傳集解〉校證》釋作『安』，誤；『也』，甲本無。
〔五二〕『囚者』，據甲本補。
〔五三〕『醉而殺之而』，據甲本補。
〔五四〕『逆』，據甲本補。
〔五五〕『懼其反爲』，據甲本補。
〔五六〕『之』，據甲本補。
〔五七〕『初』，據甲本補。
〔五八〕『陳豹欲』，據甲本補。
〔五九〕『族』，據甲本補。
〔六〇〕『也』，甲本無。

〔六一〕『也』，甲本無。
〔六二〕『也』，甲本無。
〔六三〕『也』，甲本無。
〔六四〕『汝』，甲本作『女』，時『女』通『汝』。
〔六五〕『也』，甲本無。
〔六六〕『佊』，當作『彼』，據甲本改。
〔六七〕『也』，甲本無。
〔六八〕『慈』，甲本作『茲』；『子芒』，甲本作『芒子』。
〔六九〕『也』，甲本無。
〔七〇〕『閇』，當作『閉』，據甲本改。
〔七一〕『閇』，當作『閉』，據甲本改。
〔七二〕『內』，甲本作『納』，均可通；『也』，甲本無。
〔七三〕『之也』，甲本作『人』。
〔七四〕『正』，甲本同，《敦煌寫卷〈春秋經傳集解〉校證》漏録。
〔七五〕『也』，甲本無。
〔七六〕『也』，甲本無。
〔七七〕『也』，甲本無。

〔七八〕『也』，甲本無。

〔七九〕『也』，甲本無。

〔八〇〕『也』，甲本無。

〔八一〕『也』，甲本無。

參考文獻

Descriptive Catalogue of the Chinese Manuscripts from Tunhuang in the British Museum, p.231；《敦煌古籍叙録》五六至五七頁；《敦煌遺書總目索引》一三八頁；《大陸雜誌》四一卷，二一三至二一七頁；《孔孟學報》二一期，一三九至一四〇頁；《敦煌寶藏》一〇册，六八四至六八五頁（圖）；《莫高窟年表》一六三頁；《敦煌古籍叙録新編》三册，一五三頁、二五九至二六二頁（圖）；《英藏敦煌文獻》三卷，五九頁（圖）；《高雄師大學報》九期，三八頁；《敦煌遺書總目索引新編》四四頁；《敦煌寫卷〈春秋經傳集解〉校證》四〇一至四〇六頁（録）；《敦煌典籍與唐五代歷史文化》四〇頁、五六頁；《敦煌經籍叙録》二六〇至二六一頁。

釋文

（前缺）祥〔一〕，吉凶之先見〔者〕〔二〕，襄公以爲執（石）隕鷁退〔三〕，能爲禍〔福〕之始〔四〕，故問其所在〔五〕。對曰〔六〕：今茲魯多大喪〔七〕，今茲此歲〔八〕。明年齊有亂〔九〕，君將得諸侯而不終〔一〇〕。魯喪齊亂〔一一〕，宋襄公不終〔一二〕，別以政刑吉凶他占知之〔一三〕。退而告人曰：『君失問，是陰陽之事〔一四〕，非吉凶所生也〔一五〕。言石隕鷁退〔一六〕，陰陽錯逆所爲〔一七〕，非人所生也〔一八〕。襄公不知而陰陽而問人事〔一九〕，故曰君失問〔二〇〕。叔興自以此對非其實也〔二一〕，恐爲〔有〕識所譏〔二二〕，故退而告人〔二三〕。吉凶由人〔二四〕，吾不敢逆君故也〔二五〕。』積善餘慶〔二六〕，積惡餘殃，故曰吉凶由人〔二七〕。君問吉凶〔二八〕，不敢逆之，故假他占以對〔二九〕。

□王□辛有適伊川〔三〇〕，見被髮而祭於野者〔三一〕，辛有〔三二〕，周大夫〔三三〕；伊川〔三四〕，周地〔三五〕，伊水也〔三六〕。曰〔三七〕：『不及佰年〔三八〕，此其戎乎！其禮先亡矣〔三九〕。』被髮而祭〔四〇〕，有象夷狄〔四一〕。秋〔四二〕，秦晉遷陸渾之戎于伊川〔四三〕。允姓之戎居陸〔渾〕〔四四〕，在秦、晉西北。二國誘而徙之伊川〔四五〕，遂從戎號〔四六〕，至今爲陸渾縣也〔四七〕。計去此辛有過百年〔四八〕，而去（云）不及伯（百）年〔四九〕，傳舉其事〔五〇〕，驗不必其年信〔五一〕。

晉大子圉爲質於秦〔五二〕，將逃歸，謂羸（嬴）氏曰〔五三〕：『與子歸乎〔五四〕？』嬴氏〔五五〕，秦所妻子圉懷嬴也〔五六〕。對曰〔五七〕：『子〔五八〕，晉太子〔五九〕，而辱於秦。子之欲歸，不亦宜乎〔六〇〕！寡君之使婢子侍執巾櫛〔六一〕，婢子，婦人之卑稱也。以固子也。從子而歸〔六二〕，棄君命也〔六三〕。不敢從〔六四〕，亦不

敢言〔六五〕。』遂逃歸。傳終史蘇之占。

晉公子重耳之及於難也〔六六〕，晉人伐諸蒲成（城）〔六七〕。事在五年。蒲城人欲戰，重耳不可〔六八〕。曰〔六九〕：『保君父之命〔七〇〕，而享其生禄，享，受也；保猶待（恃）〔也〕〔七一〕。於是乎得人。以致（禄）禄（致）衆〔七二〕。有人而校，罪莫大焉。教（校）〔七三〕，軌（報）〔也〕〔七四〕。吾其奔也。』遂奔狄，從者狐偃、趙衰、衰，趙風（夙）弟〔七五〕。顛頡、魏武子、武子魏犨。司空季子。胥臣臼季〔七六〕。時狐毛、賈他（佗）皆從而獨學（舉）此五賢人〔七七〕。

狄人伐屬（廧）辠（咎）如〔七八〕，屬（廧）辠（咎）如〔七九〕，赤狄之别種〔八〇〕，隗姓〔八一〕。獲其二女叔隗、季隗，納諸公子。公子取季隗，生伯儵〔八二〕、叔劉。以叔隗妻趙衰，生遁（盾）。遁（盾），趙宣子之也〔八三〕。將適齊，謂季隗曰：『待我廿五年〔八四〕，不來而後嫁。』對曰：『我廿五〔年〕矣〔八五〕，又而（如）是嫁〔八六〕，則就木焉，言將死入木〔八七〕，不復成嫁。請待子。』處狄十二年而行。以五年奔狄，至十六年而去也〔八八〕。

過衛，衛文公不禮焉。出於五麄（鹿）〔八九〕，五麄（鹿）〔九〇〕，衛地。今衛〔縣〕西北有〔地〕名五麄（鹿）〔九一〕，陽〔平〕元成縣東亦有五〔鹿〕〔九二〕。乞食於野人。野人與之塊，公子〔怒〕〔九三〕，欲鞭之。子犯曰：『天賜〔也〕〔九四〕。』得士（土）〔九五〕，有國之巳（祥）〔九六〕，故爲天賜也〔九七〕。稽首，受而載之。

及齊，齊桓公妻之，有馬廿乘〔九八〕。四馬爲乘，八十疋馬〔九九〕。公子安之，從者以爲不可。將行，謀於桑下。齊桓既卒，知孝公不可博（恃）故也〔一〇〇〕。蠶妾在其上，以告姜氏，姜氏煞之〔一〇一〕。姜氏，重耳妻。恐李（孝）〔公〕怒其去〔一〇二〕，故煞妻（妾）以威（滅）己（口）也〔一〇三〕。而謂公子曰：『子有四方之志，其聞之者，吾煞之矣〔一〇四〕。』公子曰：『無之。』姜曰：『行〔也〕〔一〇五〕，懷與安，實敗名。』公子曰〔一〇六〕：『不可。』姜氏與子犯謀〔一〇七〕，醉而遣之。

醒而以戈逐子犯〔一〇八〕。無去志，故恐（怒）也〔一〇九〕。

及曹，曹共公聞其駢脅，欲觀其倮〔一一〇〕。欲（浴）〔一一一〕，薄而觀之。薄，迫（迫）〔也〕〔一一二〕；駢脅，合觀（幹）〔一一三〕。僖負羈之妻曰：『吾觀晉公子之從者，皆足以相國。若以相，若遂以爲傳相。夫子必返其國〔一一四〕；反其國，必得志於諸侯；〔得〕〔志〕〔於〕〔諸〕〔侯〕〔一一五〕，而諫（誅）無禮〔一一六〕，曹其首也。子盍蚤自貳焉。』自貳，自別異於曹也〔一一七〕。乃饋盤飧〔一一八〕，寘璧（璧）焉〔一一九〕。臣無境外之交〔一二〇〕，故用盤藏璧（璧）飧申（中）〔一二一〕，不欲令〔人〕見也〔一二二〕。公子受飧反璧（璧）〔一二三〕。

及宋，宋哀（襄）公贈之以馬廿乘〔一二四〕。贈，宋（送）〔也〕〔一二五〕。

及鄭，鄭文公亦不禮焉。叔詹諫曰：『臣聞天之所啟，人不及也〔一二六〕。啓，聞（開）〔一二七〕。晉公子有三焉〔一二八〕，天其或者將建諸乎〔一二九〕？君其禮焉！男女同姓，其生〔不〕蕃〔一三〇〕，蕃，息〔一三一〕。晉公子，姬出也，而至於今，一也；犬戎，狐姬之子，故曰姬出也〔一三二〕。離外之患，出奔在外。而天不靖晉國，殆將啟之，二也；有三士，足以上（下缺）

說明

此件抄於斯一四四三『春秋左傳杜注（哀公十四年）』卷背，亦首尾均缺，但與正面起首部分下部殘缺不同，此件是起首部分上部殘缺，這說明抄寫者在利用紙背時是倒着抄寫的（正面文字頭向下）。

此件所抄雖亦爲『春秋左傳杜注』，也是經文爲大字，注釋爲雙行夾注，但筆跡與正面不同。更重要的

是，此件不是像正面一樣按原書内容連續抄寫，而是摘抄其中的部分段落，現存部分保存了僖公十六年、廿二年、廿三年的部分内容。陳鐵凡認爲是魏徵所輯《群書治要》内之《左傳》節本（陳鐵凡《〈左傳〉節本考——從英法收藏敦煌兩殘卷之綴合論左傳節本與群書治要之淵源》，《大陸雜誌》四一卷七期，二一三至二一七頁，一九七〇年；《敦煌本禮記、左、穀考略》，《孔孟學報》二一期，一三九至一四〇頁，一九七一年）。

以上釋文是以斯一四四三背爲底本，用通行的《十三經注疏》（中華書局，一九八〇年版）中之《春秋左傳正義》（稱其爲甲本）參校，所有異文均一一校出，以供參考。

校記

〔一〕「祥」，據甲本補。

〔二〕「吉凶之」、「者」，據甲本補。

〔三〕「孰」，當作「石」，據甲本改；「隕鷁」，據甲本補。

〔四〕「福」，據甲本補。

〔五〕「其所在」，據甲本補。

〔六〕「對曰」，據甲本補。

〔七〕「今茲魯多大喪」，據甲本補。

〔八〕「今茲此歲」，據甲本補。

〔九〕「明」，據甲本補。

〔一〇〕『而不終』，據甲本補。
〔一一〕『魯喪齊亂』，據甲本補。
〔一二〕『宋襄公不終』，據甲本補。
〔一三〕『别以政刑吉凶他占知之』，據甲本補。
〔一四〕『之事』，據甲本補。
〔一五〕『非吉凶所生也』，據甲本補。
〔一六〕『言石隕鷁退』，據甲本補。
〔一七〕『陰陽錯逆』，據甲本補。
〔一八〕『也』，甲本無。
〔一九〕第一個『而』字衍，當刪；『人事』，據甲本補。
〔二〇〕『故曰君失問』，據甲本補。
〔二一〕『叔興』，據甲本補；『此』、『也』，甲本無。
〔二二〕『有』、『所譏』，據甲本補。
〔二三〕『故退而告人』，據甲本補。
〔二四〕『吉凶由人』，據甲本補。
〔二五〕『吾不敢逆君故也』，據甲本補。
〔二六〕『積善餘』，據甲本補。

〔二七〕『人』，據甲本補。
〔二八〕『君』，據甲本補。
〔二九〕『以對』，據甲本補。以上爲僖公十六年傳及注文。
〔三〇〕自此句至『傳終史蘇之占』一段爲僖公廿二年傳及注文。此行雖有殘缺，但此行和上一行的下半部均保存完整，可知此行和上一行之間被抄寫者省略了僖公十六年夏至二十二年三月的内容。
〔三一〕『髮而祭於野者』，據甲本補。
〔三二〕『辛有』，據甲本補。
〔三三〕『周大夫』，據甲本補。
〔三四〕『伊川』，據甲本補。
〔三五〕『周地』，據甲本補。
〔三六〕『伊水也』，據甲本補。
〔三七〕『曰』，據甲本補。
〔三八〕『不及』，據甲本補；『佰』，甲本作『百』。
〔三九〕『先亡矣』，據甲本補。
〔四〇〕『被髮而祭』，據甲本補。
〔四一〕『有象夷狄』，據甲本補。
〔四二〕『秋』，據甲本補。

〔四三〕「秦晉遷陸渾之戎于伊川」，據甲本補。
〔四四〕「允姓之」、「渾」，據甲本補。
〔四五〕「川」，據甲本補。
〔四六〕「遂從戎號」，據甲本補。
〔四七〕「至今爲陸渾縣也」，據甲本補。
〔四八〕「去此」，甲本作「此去」。
〔四九〕「去」，當作「云」，據文義及甲本改；「伯」，當作「百」，據文義及甲本改，「伯」爲「百」之借字。
〔五〇〕「其事」，據甲本補。
〔五一〕「驗不必其年信」，據甲本補。
〔五二〕「晉大子圉爲質」，據甲本補。
〔五三〕「贏」，當作「嬴」，據甲本改，「贏」爲「嬴」之借字，《敦煌寫卷〈春秋經傳集解〉校證》逕釋作「嬴」。
〔五四〕「歸乎」，據甲本補。
〔五五〕「嬴氏」，據甲本補。
〔五六〕「秦所妻子圉懷嬴也」，據甲本補。
〔五七〕「對曰」，據甲本補。
〔五八〕「子」，據甲本補。
〔五九〕「晉」，據甲本補；「太」，甲本作「大」，「大」通「太」。

〔六〇〕「宜乎」，據甲本補。
〔六一〕「寡君之使婢子侍執巾」，據甲本補。
〔六二〕「歸」，據甲本補。
〔六三〕「棄君命也」，據甲本補。
〔六四〕「不敢從」，據甲本補。
〔六五〕「亦不」，據甲本補。
〔六六〕「耳之及於難也」，據甲本補。此句以下爲僖公廿三年傳及注文。此句與上句間亦有省略。
〔六七〕「晉人」，據甲本補；「成」，當作「城」，據甲本改，「成」爲「城」之借字。
〔六八〕「不可」，據甲本補。
〔六九〕「曰」，據甲本補。
〔七〇〕「保君父之命」，據甲本補。
〔七一〕「待」，當作「恃」，據甲本改；「也」，據甲本補。
〔七二〕「致禄」，當作「禄致」，據甲本改；「禄」，《敦煌寫卷〈春秋經傳集解〉校證》釋作「徒」。
〔七三〕「教」，當作「校」，據文義及甲本改，「教」爲「校」之借字。
〔七四〕「軌」，當作「報」，據甲本改，《敦煌寫卷〈春秋經傳集解〉校證》逕釋作「報」；「也」，據甲本補。
〔七五〕「風」，當作「夙」，據甲本改，《敦煌寫卷〈春秋經傳集解〉校證》逕釋作「夙」。
〔七六〕「季」，甲本作「季也」。

〔七七〕「他」，當作「佗」，據甲本改；「學」，當作「舉」，據文義及甲本改；「賢人」，甲本作「人，賢而有大功」。
〔七八〕「屬辠」，當作「廧咎」，據甲本改。
〔七九〕「屬辠」，當作「廧咎」，據甲本改。
〔八〇〕「種」，甲本作「種也」。
〔八一〕「隗姓」，《敦煌寫卷〈春秋經傳集解〉校證》漏録。
〔八二〕「儵」，甲本作「儵」，《敦煌寫卷〈春秋經傳集解〉校證》認爲「儵」是「儵」之通假字。
〔八三〕「之也」，甲本無，「之」字爲補白。
〔八四〕「廿」，甲本作「二十」。
〔八五〕「廿」，甲本作「二十」；「年」，據文義及甲本補。
〔八六〕「而」，當作「如」，據甲本改，「而」爲「如」之借字；「嫁」，甲本作「而嫁」。
〔八七〕「死」，據甲本補。
〔八八〕「也」，甲本無。
〔八九〕「麁」，當作「鹿」，據甲本改。
〔九〇〕「麁」，當作「鹿」，據甲本改。
〔九一〕「縣」，據甲本補；「地」，據甲本補；「麁」，當作「鹿」，據甲本改。
〔九二〕「平」，據甲本補；「鹿」，據甲本補。
〔九三〕「怒」，據甲本補。

〔九四〕「也」，據甲本補。

〔九五〕「士」，當作「土」，據甲本改。

〔九六〕「已」，當作「祥」，據甲本改。

〔九七〕「爲天賜也」，甲本作「以爲天賜」。

〔九八〕「廿」，甲本作「二十」。

〔九九〕「疋馬」，甲本作「匹也」，「疋」，《敦煌寫卷〈春秋經傳集解〉校證》釋作「匹」，「疋」通「匹」。

〔一〇〇〕「愽」，當作「恃」，據文義及甲本改；「故」，《敦煌寫卷〈春秋經傳集解〉校證》釋作「雄」，誤；「也」，甲本無。

〔一〇一〕「煞」，甲本作「殺」，均可通。

〔一〇二〕「李」，當作「孝」，據文義及甲本改，《敦煌寫卷〈春秋經傳集解〉校證》逕釋作「孝」；「公」，據甲本補。

〔一〇三〕「煞」，甲本作「殺」，均可通；「妻」，當作「妾」，據文義及甲本校改；「威己」，當作「滅口」，據文義及甲本改，《敦煌寫卷〈春秋經傳集解〉校證》逕釋作「滅口」；「也」，甲本無。

〔一〇四〕「煞」，甲本作「殺」，均可通。

〔一〇五〕「也」，據甲本補。

〔一〇六〕「曰」，甲本無。

〔一〇七〕「氏」，甲本無。

〔一〇八〕「而」，甲本脫。

〔一〇九〕「恐」，當作「怒」，據文義及甲本改；「也」，甲本無。

〔一一〇〕「倮」，甲本作「裸」，均可通。

〔一一一〕「欲」，當作「浴」，據文義及甲本改，「欲」爲「浴」之借字。

〔一一二〕「迪」，當作「迫」，據甲本改，《敦煌寫卷〈春秋經傳集解〉校證》逕釋作「迫」；「也」，據甲本補。

〔一一三〕「觀」，當作「幹」，據甲本改。

〔一一四〕「返」，甲本作「反」，「反」通「返」。

〔一一五〕「得志於諸侯」，據甲本補。

〔一一六〕「諫」，當作「誅」，據文義及甲本改。

〔一一七〕「也」，甲本無。

〔一一八〕「喰」，甲本作「飧」，均可通。

〔一一九〕「壁」，當作「璧」，據文義及甲本改，「壁」爲「璧」之借字。

〔一二〇〕「境」，甲本作「竟」。

〔一二一〕「壁」，當作「璧」，據文義及甲本改，「壁」爲「璧」之借字；「喰」，甲本作「飧」，均可通；「申」，當作「中」，據文義及甲本改。

〔一二二〕「人」，據甲本補；「也」，甲本無。

〔一二三〕「壁」，當作「璧」，據文義及甲本改，「壁」爲「璧」之借字；「喰」，甲本作「飧」，均可通。

〔一二四〕「哀」，當作「襄」，據甲本改，《敦煌寫卷〈春秋經傳集解〉校證》逕釋作「襄」；「廿」，甲本作「二十」。

〔一二五〕「宋」，當作「送」，據文義及甲本改，「宋」爲「送」之借字；「也」，據甲本補。

〔一二六〕「不」，甲本作「弗」。

〔一二七〕「聞」，當作「開」，據文義及甲本改，《敦煌寫卷〈春秋經傳集解〉校證》逕釋作「開」；「聞（開）」，甲本作「開也」。

〔一二八〕「焉」，甲本同，《敦煌寫卷〈春秋經傳集解〉校證》漏録。

〔一二九〕「乎」，甲本無。

〔一三〇〕「不」，據甲本補。

〔一三一〕「息」，甲本作「息也」。

〔一三二〕「也」，甲本無。

參考文獻

《敦煌——偉大的文化寶藏》九六頁；*Descriptive Catalogue of the Chinese Manuscripts from Tunhuang in the British Museum*, p.231；《敦煌古籍敘録》五六至五七頁；《敦煌遺書總目索引》一三八頁；《大陸雜誌》四一卷，二一三至二一七頁；《孔孟學報》二一期，一三九至一四〇頁；《敦煌寶藏》一〇冊，六八四至六八五頁（圖）；《莫高窟年表》一六三頁；《敦煌古籍敘録新編》三冊，二五三頁、二五九至二六二頁（圖）；《英藏敦煌文獻》三卷，五九頁（圖）；《高雄師大學報》九期，三八頁；《敦煌遺書總目索引新編》四四頁；《河北師範大學學報》二〇〇五年二期，九四頁；《敦煌寫卷〈春秋經傳集解〉校證》六九頁、八一至八二頁、九二至九六頁（録）；《敦煌典籍與唐五代歷史文化》九頁、三一頁、四〇頁、五六頁；《敦煌經籍敘録》二六五至二六六頁。

斯一四五三背　一　雜寫（五臺山讚）

釋文

佛子。道場屈請暫時間，至心聽讚五（以下原缺文）

説明

此卷正面爲《金剛般若波羅蜜經》，背面有『社司轉帖』、『五臺山讚』等。此件爲背面第一行，原未書完，其前後均數行空白，從内容看爲『五臺山讚』的第一句。

參考文獻

《敦煌寳藏》一一册，五七頁（圖）；《英藏敦煌文獻》三卷，六一頁（圖）。

斯一四五三背　二　光啟二年（公元八八六年）社司轉帖抄

釋文

社司　轉帖。　右緣年支

座社局席，幸請諸公等，帖至並限

今月十日於節如蘭若門前取〔齊〕〔一〕。如

右（若）於時不到者〔二〕，罰酒壹角；全不到者，罰

半瓮。其帖速遞相分付，不得停帶（滯）〔三〕，如帶（滯）

帖者〔四〕，准條科罰。帖周却付本司，用〔憑〕告〔罰〕〔五〕。

光啟二年丙午歲十月録〔事〕張欺〔六〕。

社官梁再晟　社長張弁弁　張犬兒　梁猶猶　鄧替果

王再晟　王和奴　王像奴　安伯忠　陳興晟

說明

此件是社司通知社人參加座社宴飲活動的轉帖抄件。座社係社邑舉行的宴樂活動。

校記

〔一〕「齊」，《敦煌社邑文書輯校》據文義及其他社司轉帖例校補。

〔二〕「右」，當作「若」，《敦煌社邑文書輯校》據文義校改。

〔三〕「帶」，當作「滯」，《敦煌社邑文書輯校》據文義及其他社司轉帖例校改。

〔四〕「帶」，當作「滯」，《敦煌社邑文書輯校》據文義及其他社司轉帖例校改。

〔五〕「憑」，據其他社司轉帖例補；「罰」，《敦煌社邑文書輯校》據文義及其他社司轉帖例校補。

〔六〕「事」，《敦煌社邑文書輯校》據文義及其他社司轉帖例校補。

參考文獻

Giles, *BSOS*, 9.4 (1937), 1038 Ⓡ; Mair, *Chinoper Papers* No.10 (1981), 49 Ⓡ;《敦煌寶藏》一一冊，五八頁（圖）；《英藏敦煌文獻》三卷，六一頁（圖）；《敦煌社邑文書輯校》一三七至一三八頁（録）。

斯一四五三背　三　雜寫（智惠迴向薩婆若等）

釋文

智惠 迴向 薩婆若 智惠 是名不（？）兮 波羅蜜
以色不白可所誡乃（？）至德
右 社司轉帖 右

説明

此件抄於上件社司轉帖之後，中間無空行間隔，筆跡相同，爲同一人抄寫。

參考文獻

《敦煌寶藏》一一册，五八頁（圖）；《英藏敦煌文獻》三卷，六一頁（圖）。

斯一四五三背　四　五臺山讚

釋文

佛子〔一〕。道場屈請暫時間，至心聽讚五臺〔山〕〔二〕。
獨（毒）能（龍）有（雨）降如大海〔三〕，文殊震（鎮）濳（厭）不能〔飜〕〔四〕。（以下原缺文）

說明

此件無標題，僅抄寫四句，係《五臺山讚》的開頭部分。敦煌文獻中保存了十幾件《五臺山讚》，內容並不相同，杜斗城將其分爲四類（參看《敦煌五臺山文獻校録研究》，山西人民出版社，一九九一年版）。其中與此件同類（甲類）的《五臺山讚》最多，超過了十件。因這些寫本多爲在佛事活動中念誦的文本，其主要用途是口耳相傳，或者是經過口頭流傳後形成的文本，所以這些內容原本應該完全相同的文本文字差異很大，借字很多。杜斗城認爲此類《五臺山讚》創作於中晚唐（參看《關於敦煌本〈五臺山讚〉與〈五臺山曲子〉的創作年代問題》，《敦煌學輯刊》一九八七年一期）。

以上釋文是以斯一四五三背爲底本，以斯四〇三九（稱其爲甲本）、斯五四八七（稱其爲乙本）和斯

五五七三（稱其爲丙本）參校。

校記

〔一〕『佛子』，乙、丙本同，甲本無。

〔二〕『至』，甲、乙本同，丙本作『志』，『志』爲『至』之借字；『山』，據甲、乙、丙本補。

〔三〕『獨』，當作『毒』，據甲、乙、丙本改，『獨』爲『毒』之借字；『能』，當作『龍』，據甲、乙、丙本改，『能』爲『龍』之借字；『有』，甲本作『猶』，乙本作『遊』，當作『雨』，據丙本改，『有』、『猶』、『遊』均爲『雨』之借字；『降』，丙本同，甲、乙本作『江』，『江』爲『降』之借字；『大』，甲、丙本同，乙本作『火』。

〔四〕『震』，甲本作『進』，當作『鎮』，據乙、丙本改，『震』爲『鎮』之借字；『潛』，甲本作『押』，當作『厭』，據乙、丙本改，『押』爲『厭』之借字；『飜』，據乙、丙本補，甲本作『返』。

參考文獻

《敦煌寶藏》一一册，五八頁（圖）；《敦煌學輯刊》一九八七年一期，五〇至五三頁；《英藏敦煌文獻》三卷，六二頁（圖）；《敦煌五臺山文獻校録研究》，山西人民出版社，一九九一年版。

斯一四五三背　五　雜寫（社司轉帖等）

釋文

社司轉帖　右緣
智慧迴向薩

參考文獻

《敦煌寶藏》一一冊，五八頁（圖）；《英藏敦煌文獻》三卷，六二頁（圖）。

斯一四五六　妙法蓮華經卷第五題記

釋文

上元三年五月十三日秘書省楷書孫玄爽寫。
用紙廿一張〔一〕。
裝潢手解集〔二〕。
初校化度寺僧法界。
再校化度寺僧法界。
三校化度寺僧法界。
詳閲太原寺大德神符〔三〕。
詳閲太原寺大德嘉尚。
詳閲太原寺主慧立。
詳閲太原寺上座道成。
判官司農寺上林署令李德。

使朝散大夫尚舍奉御閻玄道監。

說明

此件《英藏敦煌文獻》未收，現予補録。上元三年，《敦煌遺書總目索引》定爲公元七六二年，翟理斯、池田溫、施萍婷定爲公元六七六年，此從之。

校記

〔一〕「一」，《敦煌遺書總目索引新編》釋作「五」，誤。

〔二〕「解集」，《敦煌遺書總目索引》、《敦煌遺書總目索引新編》釋作「解善集」，按，「解集」與「解善集」爲同一人，簡稱「解集」。

〔三〕「符」，《敦煌遺書總目索引新編》釋作「苻」。

參考文獻

Descriptive catalogue of the Chinese Manuscripts from Tunhuang in the British Museum, p.77；《敦煌遺書總目索引》一三八頁（録）；《スタインペリオ蒐集敦煌法華經目録》二六三頁（圖）、四〇頁（録）；《敦煌佛經卷子巡禮》二七六頁；《敦煌寶藏》一一册，七五頁（圖）；《敦煌學要籥》一〇三頁；《中國古代寫本識語集録》二二五頁（録）；《敦煌大藏經》三六册，二四二至二五六頁（圖）；《敦煌遺書總目索引新編》四四頁（録）。

斯一四五七背　題記

釋文

十二月廿一日。

説明

此卷正面爲《金光明最勝王經》卷第六，此件寫於該經背面，原文爲倒寫。《英藏敦煌文獻》未收，現予補録。

參考文獻

《敦煌寶藏》一一册，八二頁（圖）。

圖書在版編目（CIP）數據

英藏敦煌社會歷史文獻釋録　第六卷／郝春文，趙貞編著.—北京：社會科學文獻出版社，2009.6（2022.7 重印）
（敦煌社會歷史文獻釋録　第一編）
ISBN 978－7－5097－0822－4

Ⅰ.①英…　Ⅱ.①郝…　②趙　Ⅲ.①敦煌學－文獻－注釋　Ⅳ.①K870.6

中國版本圖書館 CIP 數據核字（2009）第 081425 號

·敦煌社會歷史文獻釋録　第一編·
英藏敦煌社會歷史文獻釋録　第六卷

編　　著／郝春文　趙　貞

出 版 人／王利民
項目統籌／宋月華
責任編輯／魏小薇
責任印製／王京美

出　　版／社會科學文獻出版社·人文分社（010）59367215
地址：北京市北三環中路甲 29 號院華龍大厦　郵編：100029
網址：www.ssap.com.cn
發　　行／社會科學文獻出版社（010）59367028
印　　裝／北京虎彩文化傳播有限公司

規　　格／開　本：889mm×1194mm　1/32
印　張：14.125　字　數：290 千字
版　　次／2009 年 6 月第 1 版　2022 年 7 月第 3 次印刷
書　　號／ISBN 978－7－5097－0822－4
定　　價／58.00 圓

讀者服務電話：4008918866